国家社会科学基金（教育学）重大项目（VDA200004）阶段性研究成果
北京外国语大学"双一流"建设标志性项目（BW202018）阶段性研究成果

"一带一路"国家文化教育大系　　　　总主编　王定华

安哥拉
文化教育研究

República de Angola
Cultura e Educação

张方方　李丛　著

外语教学与研究出版社
FOREIGN LANGUAGE TEACHING AND RESEARCH PRESS
北京 BEIJING

图书在版编目 (CIP) 数据

安哥拉文化教育研究 / 张方方，李丛著. -- 北京：外语教学与研究出版社，2021.5
("一带一路"国家文化教育大系 / 王定华总主编)
ISBN 978-7-5213-2608-6

Ⅰ. ①安… Ⅱ. ①张… ②李… Ⅲ. ①教育研究 - 安哥拉 Ⅳ. ①G547.4

中国版本图书馆 CIP 数据核字 (2021) 第 084248 号

出 版 人　徐建忠
项目负责　孙凤兰　巢小倩
责任编辑　孙　慧
责任校对　孙凤兰
装帧设计　李　高
出版发行　外语教学与研究出版社
社　　址　北京市西三环北路 19 号（100089）
网　　址　http://www.fltrp.com
印　　刷　北京盛通印刷股份有限公司
开　　本　787×1092　1/16
印　　张　22.5
版　　次　2021 年 6 月第 1 版 2021 年 6 月第 1 次印刷
书　　号　ISBN 978-7-5213-2608-6
定　　价　158.00 元

购书咨询：（010）88819926　电子邮箱：club@fltrp.com
外研书店：https://waiyants.tmall.com
凡印刷、装订质量问题，请联系我社印制部
联系电话：（010）61207896　电子邮箱：zhijian@fltrp.com
凡侵权、盗版书籍线索，请联系我社法律事务部
举报电话：（010）88817519　电子邮箱：banquan@fltrp.com
物料号：326080001

"一带一路"国家文化教育大系编写委员会

顾　　问：顾明远　　马克垚　　胡文仲

总主编：王定华

委　　员（按姓氏音序排列）：

常福良	戴桂菊	郭小凌	金利民	柯　静	李洪峰
刘宝存	刘　捷	刘生全	刘欣路	钱乘旦	秦惠民
苏莹莹	陶家俊	王　芳	谢维和	徐　辉	徐建中
杨慧林	张民选	赵　刚			

"一带一路"国家文化教育大系编审委员会

主　　任：王　芳

副主任：徐建中　　刘　捷

秘书长：孙凤兰

委　　员（按姓氏音序排列）：

蔡　喆	柴方圆	巢小倩	陈秋实	刘相东	刘真福
马庆洲	彭立帆	石筠弢	孙　慧	万作芳	杨鲁新
姚希瑞	苑大勇	张小玉	赵　雪		

宽扎河

罗安达市

安哥拉国民议会

安哥拉国家银行

安哥拉军事博物馆

安哥拉人类学博物馆

安哥拉国父纪念碑

安哥拉儿童

比耶省若昂·坎戎戈小学

安哥拉小学课堂

安哥拉中学课堂

罗安达葡文学校课堂

让·皮亚杰大学阶梯教室

让·皮亚杰大学图书馆

罗安达工业中级学院

安哥拉教育部

内图大学孔子学院文化交流活动

安哥拉驻华使馆代表在北京外国语大学参加学术活动

中安文化交流活动

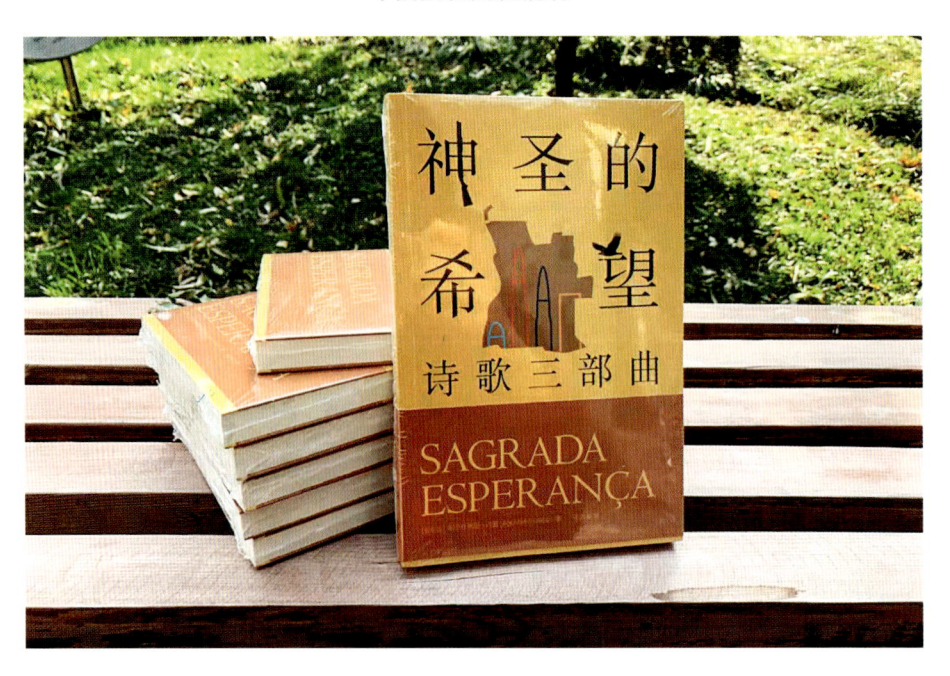

内图诗歌中文译本

出版说明

2013年9月7日，国家主席习近平提出共建"丝绸之路经济带"重大倡议。2013年10月3日，习近平主席提出共建"21世纪海上丝绸之路"重大倡议。两者合称"一带一路"倡议。以2013年金秋为起点，"一带一路"倡议作为构建人类命运共同体的伟大设想，在开拓和平、繁荣、开放、绿色、创新、文明之路的非凡征程中，孕育生机和活力，汇聚信心和期待，在世界范围内广受欢迎和响应。

文化交流、文明互鉴是构建人类命运共同体的人文基础。文化发展，教育先行。作为"共和国外交官的摇篮"、文化教育的主动践行者、"一带一路"倡议的踊跃响应者和构建人类命运共同体的积极参与者，北京外国语大学在党委书记王定华教授的带领下，放眼世界，找准坐标，勇于担当，主动作为，深耕文化教育相关领域，研究、策划并组织编写了"一带一路"国家文化教育大系（以下简称大系）。国内相关高校和研究机构的众多专家学者献计献策，踊跃参加，形成了一个范围广泛、交流互动、共同进步的"一带一路"国家文化教育学术研究共同体。大系旨在填补国内相关研究领域的学术空白，实现"一带一路"国家教育研究全覆盖，为中国教育"走出去"和相关国家先进教育理念"请进来"提供科学理论和实践指导，具有重要的学术价值。同时，大系服务国家重大战略，通过分期分批出版，形成规模和品牌，向中国共产党建党一百周年和"一带一路"倡议提出十周年献礼，具有深远的意义。

作为国家社会科学基金（教育学）重大项目"新时代提升中国参与全球教育治理的能力及策略研究"、北京外国语大学"双一流"建设标志性项目"'一带一路'国家文化教育研究"的课题研究成果和北京外国语大学党委的"奋进之举"，大系秉承学术性与可读性兼顾的原则，对"一带一路"国家文化教育理论与实践问题展开深入研究，从国情概览、文化传统、教育历史、学前教育、基础教育、高等教育、职业教育、成人教育、教师教育、教育政策、教育行政、教育交流等方面，全景擘画"一带一路"国家的教育风貌，帮助读者了解"一带一路"国家教育的历史与现状、经验与特点，为我国教育的发展和对外交流合作提供有益的借鉴、思考与启迪。

肆虐全球的新冠肺炎疫情严重影响了各国人民的生产生活，带来了二战以来人类面临的最严重的全球性危机，同时也再次阐述了人类命运共同体深刻内涵的世界性意义。在疫情防控常态化背景下，大系所有专家学者不畏困难，齐心协力，直面挑战，守望相助，化危为机，切实履行了响应和支持"一带一路"倡议的承诺。在此，特别感谢大系总策划、总主编王定华教授，以及所有顾问、编委和作者的心血倾注、智慧贡献和努力付出。

外语教学与研究出版社对大系的编写和出版工作给予了高度重视。自2019年项目启动以来，外研社抽调精锐力量成立大系工作组，多次组织相关部门和人员召开选题论证会，商建编委会，召开全体作者大会，制订周密、科学的出版计划，以保证项目的顺利开展和图书的优质出版。目前，大系的出版工作已取得阶段性成果，预计在2023年"一带一路"倡议提出十周年之前，将分期分批推出数量和规模可观的、具有相当科研价值和学术价值的系列专著。期望大系的编写和出版能为"一带一路"建设、中外教育交流及我国文化教育发展发挥基础性、服务性、广远性的作用。

外语教学与研究出版社
2021年4月

总　序

王定华

改革开放以来，中国各项事业取得了巨大成就。中国经济和世界经济高度关联，中国一以贯之地坚持对外开放的基本国策，构建全方位开放新格局，深度融入世界经济体系。2013年9月和10月，习近平主席在出访中亚和东南亚国家期间，先后提出共建"丝绸之路经济带"和"21世纪海上丝绸之路"的重大倡议（以下简称"一带一路"倡议），得到国际社会的高度关注。其中，"丝绸之路经济带"东边牵着亚太经济圈，西边系着发达的欧洲经济圈，是世界上最长、最具发展潜力的经济大走廊；"21世纪海上丝绸之路"串起连通东盟、南亚、西亚、北非、欧洲等各大经济板块的市场链，发展面向南海、太平洋和印度洋的战略合作经济带，以亚欧非经济贸易一体化为发展的长期目标。

一、精准把握"一带一路"倡议的时代意蕴

"经济带"概念是对地区经济合作模式的创新。其中经济走廊涵盖中蒙

俄经济走廊、新亚欧大陆桥、中国—中亚—西亚经济走廊、孟中印缅经济走廊、中国—中南半岛经济走廊等，以经济增长极辐射周边，超越了传统发展经济学理论。"丝绸之路经济带"概念不同于历史上所出现的各类"经济区"与"经济联盟"，同后两者相比，经济带具有灵活性高、适用性广以及可操作性强的特点，各国都是平等的参与者，本着自愿参与、协同推进的原则，发扬古丝绸之路兼容并包的精神。

"一带一路"倡议是我国在新时代推进全方位对外开放的重要举措，为当今世界提供了一个充满东方智慧、实现共同发展的中国方案，也是对历史文化传统的高度尊重，凝聚了世界各国利益的最大公约数。丝绸之路是起始于古代中国，连接亚洲、非洲和欧洲的古代陆上商业贸易路线，最初的作用是运输古代中国出产的丝绸、瓷器等商品，后来成为东方与西方之间在经济、政治、文化等方面进行交流的主要通道。1877 年，德国地质、地理学家李希霍芬（F. P. W. Richthofen）在其著作《中国》一书中，把公元前 114 年至公元 127 年，中国与中亚、中国与印度间以丝绸贸易为媒介的这条西域交通道路命名为"丝绸之路"，这一名词很快为学术界和大众所接受，并正式运用。其后，德国历史学家赫尔曼（A. Herrmann）在 20 世纪初出版的《中国与叙利亚之间的古代丝绸之路》一书中，根据新发现的文物考古资料，进一步把丝绸之路延伸到地中海西岸和小亚细亚，并确定了丝绸之路的基本内涵，即它是中国古代与中亚、南亚、西亚以及欧洲、北非的陆上贸易交往通道。进入 21 世纪，海上丝绸之路也被纳入丝绸之路的涵盖范围，即从中国沿海港口过南海到印度洋并延伸至欧洲，从中国沿海港口过南海到南太平洋。随着时代的发展，"丝绸之路"成为古代中国与西方所有政治经济文化往来通道的统称。

推进"一带一路"建设既是中国扩大和深化对外开放的需要，也是加强和世界各国互利合作的需要，中国愿意承担更多责任和义务，为人类和平发展做出更大的贡献。文明交流互鉴是构建人类命运共同体的重要途径，是推动人类文明共同进步、实现世界和平发展的重要动力。共建"一带一路"要顺应世界多极化、经济全球化、文化多样化、社会信息化的潮流，秉持开放的区域合作精神，致力于推动"一带一路"各国实现经济政策协调，开展更大范围、更高水平、更深层次的区域合作，共同打造开放、包容、均衡、普惠的区域经济合作架构，维护全球自由贸易体系和开放型世界经济格局。

"一带一路"贯穿亚欧非大陆，一头是活跃的东亚经济圈，一头是发达的欧洲经济圈，中间广大腹地国家经济发展潜力巨大。根据"一带一路"走向，陆上依托国际大通道，以中心城市为支撑，以重点经贸产业园区为合作平台，共同打造新亚欧大陆桥以及中蒙俄、中国-中亚-西亚、中国-中南半岛等国际经济合作走廊；海上以重点港口为基点，共同建设通畅安全高效的运输大通道。

"一带一路"建设是有关国家开放合作的宏大经济愿景，需要各国携手努力，朝着互利互惠、共同安全的目标相向而行：努力实现区域基础设施更加完善，安全高效的陆海空通道网络基本形成，互联互通达到新水平；投资贸易便利化水平进一步提升，高标准自由贸易区网络基本形成，经济联系更加紧密，政治互信更加深入；人文交流更加广泛深入，不同文明互鉴共荣，各国人民相知相交、和平友好。

"一带一路"倡议是具有开放性和包容性的友好建议。当今世界是一个开放的世界，开放带来进步，封闭导致落后。中国认为，只有开放才能发现机遇、抓住并用好机遇、主动创造机遇，才能实现国家的奋斗目标。"一带一路"倡议就是要把世界的机遇转变为中国的机遇，把中国的机遇转变为世界的机遇。正是基于这种认知与愿景，"一带一路"倡议以开放为导向，冀望通过加强交通、能源和网络等基础设施的互联互通建设，促进经济要素有序自由流动、资源高效配置和市场深度融合，开展更大范围、更高水平、更深层次的区域合作，打造开放、包容、均衡、普惠的区域经济合作架构，以此来解决经济增长和平衡问题。"一带一路"倡议的开放包容性是区别于其他区域性经济倡议的一个突出特点。

"一带一路"倡议是超越地缘政治的务实合作的广阔平台。"和平合作、开放包容、互学互鉴、互利共赢"的丝路精神是人类共有的历史财富，"一带一路"倡议就是秉承这一精神与原则提出的新时代重要倡议，通过加强相关国家间的全方位多层面交流合作，充分发掘与发挥各国的发展潜力与比较优势，形成互利共赢的区域利益共同体、命运共同体和责任共同体。在这一机制中，各国是平等的参与者、贡献者、受益者。因此，"一带一路"倡议从一开始就具有平等性、和平性特征。平等是中国坚持的重要国际准则，也是"一带一路"建设的关键基础。只有建立在平等基础上的合作才能是持久的合作，也才会是互利的合作。"一带一路"倡议平等包容的合作特征为其推进减轻了阻力，提升了共建效率，有助于国际合作真正"落地生根"。同时，"一带一路"建设离不开和平安宁的国际环境和地区环境，和平是"一带一路"建设的本质属性，也是保障其顺利推进所不可或缺的重要因素。这些就决定了"一带一路"倡议不应该也不可能沦为大国政治较量的工具，更不会重复地缘博弈的老路。

"一带一路"倡议是政府、企业、团体共同发力的项目载体。"一带一路"建设是在双边或多边联动基础上通过具体项目加以推进的，是在进行充分政策沟通、战略对接以及市场运作后形成的发展倡议与规划。2017年5月发布的《"一带一路"国际合作高峰论坛圆桌峰会联合公报》强调了建设"一带一路"的合作原则，其中就包括市场运作原则，即充分认识市场作用和企业主体地位，确保政府发挥适当作用，政府采购程序应开放、透明、非歧视。可见，"一带一路"建设的核心主体与支撑力量并不是政府，而是企业，根本方法是遵循市场规律，并通过市场化运作模式来实现参与各方的利益诉求，政府在其中发挥构建平台、创立机制、政策引导等指向性、服务性功能。

"一带一路"倡议是与现有相关机制对接互补的有益渠道。参与"一带一路"建设的国家要素禀赋各异,比较优势差异明显,互补性很强。有的国家能源资源富集但开发力度不够,有的国家劳动力充裕但就业岗位不足,有的国家市场空间广阔但产业基础薄弱,有的国家基础设施建设需求旺盛但资金紧缺。我国目前经济总量居全球第二,外汇储备居全球第一,优势产业越来越多,基础设施建设经验丰富,装备制造能力强、质量好、性价比高,具备资金、技术、人才、管理等综合优势。这就为我国与其他"一带一路"建设参与方实现产业对接与优势互补提供了现实可能与重大机遇。因而,"一带一路"倡议的核心内容就是要加强基础设施建设和促进互联互通,对接各国政策和发展战略,以便深化务实合作,促进协调联动发展,实现共同繁荣。由此可见,"一带一路"倡议不是对现有地区合作机制的替代,而是与现有机制互为助力、相互补充。实际上,"一带一路"建设已经与俄罗斯主导的欧亚经济联盟、印尼全球海洋支点发展规划、哈萨克斯坦光明之路经济发展战略、蒙古国草原之路倡议、欧盟欧洲投资计划、埃及苏伊士运河走廊开发计划等实现了对接与合作,并形成了一批标志性项目,如中哈(连云港)物流合作基地。作为新亚欧大陆桥经济走廊建设成果之一,中哈(连云港)物流合作基地初步实现了深水大港、远洋干线、中欧班列、物流场站的无缝对接。该项目与哈萨克斯坦光明之路经济发展战略高度契合。

"一带一路"倡议是促进人文交流的沟通桥梁。"一带一路"倡议跨越不同区域、不同文化、不同宗教信仰,但它带来的不是文明冲突,而是各文明间的交流互鉴。"一带一路"倡议在推进基础设施建设、加强产能合作与发展战略对接的同时,也将"民心相通"作为工作重心之一。民心相通是"一带一路"建设的社会根基。民心相通就是要传承和弘扬丝绸之路友好合作精神,广泛进行文化交流、学术交流、人才交流往来、媒体合作、青年和妇女交往、志愿者服务等,为深化双边和多边合作奠定坚实的民意基础。一是扩大相互间留学生规模,开展合作办学;国家间互办文化年、艺术节、电影节、电视周和图书展等活动，深化国家间人才交流合作。二是加强旅游合作，扩大旅游规模，联合打造具有丝绸之路特色的国际精品旅游线路和旅游产品。三是强化与周边国家在传染病疫情信息沟通、防治技术交流、专业人才培养等方面的合作，提高合作处理突发公共卫生事件的能力。四是加强科技合作，共建联合实验室（研究中心）、国际技术转移中心、海上合作中心，促进科技人员交流，合作开展重大科技攻关，共同提升科技创新能力。五是整合现有资源，开拓和推进参与国家在青年就业、创业培训、职业技能开发、社会保障管理服务、公共行政管理等共同关心领域的务实合作。六是充分发挥政党、议会交往的桥梁作用，加强国家之间立法机构、主要党派和政治组织的友好往来，互结友好城市。七是加强各国民间组织的交流合作，重点面向基层民众，广泛开展教育、医疗、减贫开发、生物多样性和生态环保等主题的各类公益慈善活动，改善贫困地区生产生活条件；加强文化传媒领域的国际交流合作，积极利用网络平台，运用新媒体工具，塑造和谐友好的文化生态和舆论环境；通过强化民心相通，弘扬丝绸之路精神，开展智力丝绸之路、健康丝绸之路等建设，在科学、教育、文化、卫生、民间交往等领域广泛合作，使"一带一路"建设的民意基础更为坚实，社会根基更加牢固。"一带一路"建设就是要以文明交流超越文明隔阂，以文明互鉴超越文明冲突，以文明共存超越文明优越，为相关国家人民加强交流、增进理解搭起新的桥梁，为不同文化和文明加强对话、交流互鉴织就新的纽带，推动各国相互理解、相互尊重、相互信任。

　　"一带一路"是促进共同发展、实现共同繁荣的友谊之路。共建"一带一路"旨在促进各国发展战略的对接和耦合，有利于发掘区域市场的潜力，推动经济要素有序自由流动、资源高效配置和市场深度融合，促进投资和消费，创造需求和就业，增进各国人民的人文交流与文明互鉴，从而让各国人民相逢相知、互信互敬，共享和谐、安宁、富裕的生活。共建"一带

"一路"符合国际社会的根本利益,彰显了人类社会的共同理想和美好追求,是国际合作及全球治理新模式的积极探索,将为世界和平发展增添新的正能量。中国政府倡议秉持和平合作、开放包容、互学互鉴、互利共赢的理念,全方位推进务实合作,打造政治互信、经济融合、文化包容的利益共同体、命运共同体和责任共同体。

"一带一路"倡议已经得到世界上众多国家和地区的积极响应,成为维护全球自由贸易体系和开放型世界经济的重要支撑。截至2021年1月30日,中国已经同171个国家和国际组织签署205份共建"一带一路"合作文件。[1] 特别是2017年5月第一届"一带一路"国际合作高峰论坛、2019年4月第二届"一带一路"国际合作高峰论坛和2019年5月亚洲文明对话大会的成功举办,充分彰显了我国开放、包容的大国外交风范。在此背景下,我们一方面应致力于向世界介绍中国,推动中国文化"走出去",讲好中国故事;另一方面也应加强对"一带一路"国家的历史、文化、语言、教育、艺术等方面的介绍和研究,让中国人民更多地了解"一带一路"国家的具体国情,特别是文化传统和教育体系。

"一带一路"倡议合作范围不断扩大,合作领域愈加广阔。它不仅给参与各方带来了实实在在的合作红利,也为世界贡献了应对挑战、创造机遇、强化信心的智慧与力量。

当今世界,新冠肺炎疫情带来诸多挑战,局部战争风险依然存在,经济增长动能不足,"逆全球化"思潮涌动,地区动荡持续,恐怖主义蔓延。和平赤字、发展赤字、治理赤字带来的严峻问题,已摆在全人类面前。这充分说明现有的全球治理体系面临结构性问题,亟须找到新的破解之策与应对方略。作为一个新兴大国,中国有能力、有意愿同时也有责任为完善全球治理体系贡献智慧与力量。面对新挑战、新问题、新情况,中国给出

---

[1] 中国一带一路网. 我国已签署共建"一带一路"合作文件205份[EB/OL].(2021-01-30)[2021-02-23]. https://www.yidaiyilu.gov.cn/xwzx/gnxw/163241.htm.

的全球治理方案是：构建人类命运共同体，实现共赢共享。"一带一路"倡议正是朝着这个目标努力的具体实践。"一带一路"倡议强调各国的平等参与、包容普惠，主张携手应对世界经济面临的挑战，开创发展新机遇，谋求发展新动力，拓展发展新空间，共同朝着人类命运共同体方向迈进。正是本着这样的原则与理念，"一带一路"倡议针对各国发展的现实问题和治理体系的短板，创立了亚洲基础设施投资银行、丝路基金等新型国际机制，构建了多形式、多渠道的交流合作平台。这既能缓解当今全球治理机制代表性、有效性、及时性难以适应现实需求的困境，在一定程度上扭转公共产品供应不足的局面，提振国际社会参与全球治理的士气与信心，又能满足发展中国家尤其是新兴市场国家变革全球治理机制的现实要求，大大增强了新兴国家和发展中国家的话语权，是推进全球治理体系朝着更加公正合理方向发展的重大突破。

"一带一路"倡议涵盖了发展中国家与发达国家，实现了"南南合作"与"南北合作"的统一，有助于推动全球均衡可持续发展。"一带一路"建设以基础设施建设为着眼点，促进经济要素有序自由流动，推动中国与相关国家的宏观政策的对接与协调。对于参与"一带一路"建设的发展中国家来说，这是一次搭中国经济发展"快车""便车"，实现自身工业化、现代化的历史性机遇，有利于推动"南南合作"的广泛展开，同时也有助于增进"南北对话"，促进"南北合作"的深度发展。不仅如此，"一带一路"倡议的理念和方向同联合国《2030年可持续发展议程》也高度契合，完全能够加强对接，实现相互促进。联合国秘书长古特雷斯表示，"一带一路"倡议与《2030年可持续发展议程》都以可持续发展为目标，都试图提供机会、全球公共产品和双赢合作，都致力于深化国家和区域间的联系。

二、深入推动"一带一路"国家的教育交流

2020年6月印发的《教育部等八部门关于加快和扩大新时代教育对外开放的意见》指出,教育对外开放是教育现代化的鲜明特征和重要推动力,要以习近平新时代中国特色社会主义思想为指导,坚持教育对外开放不动摇,主动加强同世界各国的互鉴、互容、互通,形成更全方位、更宽领域、更多层次、更加主动的教育对外开放局面。

教育为国家富强、民族繁荣、人民幸福之本,在共建"一带一路"中具有基础性和先导性作用。教育交流为各国民心相通架设桥梁,人才培养为各国政策沟通、设施联通、贸易畅通、资金融通提供支撑。各国间教育交流源远流长,教育合作前景广阔,大家携手发展教育,合力共建"一带一路",是造福各国人民的伟大事业。推进"一带一路"国家教育共同繁荣,既是加强与各国教育互利合作的需要,也是推进中国教育改革发展的需要,中国愿意在力所能及的范围内承担更多责任和义务,为区域教育大发展做出更大的贡献。

(一)教育合作的原则

"一带一路"国家教育合作应遵循四个重要原则。

一是育人为本,人文先行。加强合作育人,提高区域人口素质,为共建"一带一路"提供人才支撑。坚持人文交流先行,建立区域人文交流机制,搭建民心相通桥梁。

二是政府引导,民间主体。政府加强沟通协调,整合多种资源,引导教育融合发展。发挥学校、企业及其他社会力量的主体作用,活跃教育合作局面,丰富教育交流内涵。

三是共商共建,开放合作。坚持共商、共建、共享,推进各国教育发

展规划相互衔接，实现各国教育融通发展、互动发展。

四是和谐包容，互利共赢。加强不同文明之间的对话，寻求教育发展最佳契合点和教育合作最大公约数，促进各国在教育领域互利互惠。

（二）教育合作的重点

"一带一路"各国教育特色鲜明、资源丰富、互补性强、合作空间巨大。中国将以基础性、支撑性、引领性三方面举措为建议框架，开展三方面重点合作，对接各国意愿，互鉴先进教育经验，共享优质教育资源，全面推动各国教育提速发展。

1. 开展教育互联互通合作

一是加强教育政策沟通。开展"一带一路"国家教育法律、政策协同研究，构建各国教育政策信息交流通报机制，为各国政府推进教育政策互通提供决策建议，为各国学校和社会力量开展教育合作交流提供政策咨询。积极签署双边、多边和次区域教育合作框架协议，制定各国教育合作交流国际公约，逐步疏通教育合作交流政策性瓶颈，实现学分互认、学位互授联授，协力推进教育共同体建设。

二是助力教育合作渠道畅通。推进"一带一路"国家间签证便利化，扩大教育领域合作交流，形成往来频繁、合作众多、交流活跃、关系密切的携手发展局面。鼓励有合作基础、相同研究课题和发展目标的学校缔结姊妹关系，逐步深化和拓展教育合作交流。举办校长论坛，推进学校间开展多层次、多领域的务实合作。支持高等学校依托优势学科和专业，建立"产学研用"相结合的国际合作联合实验室（研究中心）、国际技术转移中心，共同应对各国在经济发展、资源利用、生态保护等方面面临的重大挑战与机遇。打造"一带一路"国家学术交流平台，吸引各国专家学者、青年学生开展研究和学术交流。推进"一带一路"国家优质教育资源共享。

三是促进语言互通。研究构建语言互通协调机制，共同开发语言互通开放课程，逐步将国家语言课程纳入各国的学校教育课程体系。拓展政府间语言学习交换项目，联合培养、相互培养高层次语言人才。发挥外国语院校人才培养优势，推进基础教育多语种师资队伍建设和外语教育教学工作。扩大语言学习国家公派留学人员规模，倡导各国与中国院校合作在华开办本国语言专业。支持更多社会力量助力孔子学院和孔子课堂建设，加强汉语教师和汉语教学志愿者队伍建设，全力满足不同国家的汉语学习需求。

四是推进民心相通。鼓励学者开展或合作开展中国课题研究，增进各国对中国发展模式、国家政策、教育文化等各方面的理解。建设国别和区域研究基地，与对象国合作开展经济、政治、教育、文化等领域研究。逐步将理解教育课程、丝路文化遗产保护纳入各国中小学教育课程体系，加强青少年对不同国家文化的理解。加强"丝绸之路"青少年交流，注重通过志愿服务、文化体验、体育竞赛、创新创业活动和新媒体社交等途径，增进不同国家青少年对其他国家文化的理解。

五是推动学历学位认证标准联通。推动落实联合国教科文组织《亚太地区承认高等教育资历公约》，支持联合国教科文组织建立世界范围学历互认机制，实现区域内双边、多边学历学位关联互认。呼吁各国完善教育质量保障体系和认证机制，加快推进本国教育资历框架开发，助力各国学习者在不同种类和不同阶段教育之间进行转换，促进终身学习社会的建设。共商、共建区域性职业教育资历框架，逐步实现就业市场的从业标准一体化。探索建立各国教师专业发展标准，促进教师流动。

2．开展人才培养培训合作

一是实施"丝绸之路"留学推进计划。设立"丝绸之路"中国政府奖学金，为各国专项培养行业领军人才和优秀技能人才。全面提升来华留学人才培养质量，把中国打造成为深受各国学子欢迎的留学目的地。以国家公派留学为引领，推动更多中国学生到"一带一路"其他国家留学。坚持"出国留学和来华留学并重、公费留学和自费留学并重、扩大规模和提高质量并重、依法管理和完善服务并重、人才培养和发挥作用并重"，完善全链条的留学人员管理服务体系，保障平安留学、健康留学、成功留学。

二是实施"丝绸之路"合作办学推进计划。有条件的中国高等学校开展境外办学要集中优势学科，选好合作契合点，做好前期论证工作，构建科学的人才培养模式、运行管理模式、服务当地模式、公共关系模式，使学校顺利落地生根、开花结果。发挥政府引领、行业主导作用，促进高等学校、职业院校与行业企业深度产教融合。鼓励中国优质职业教育配合高铁、电信运营等行业企业"走出去"，探索开展多种形式的境外合作办学，合作设立职业院校、培训中心，合作开发教学资源和项目，开展多层次职业教育和培训，培养当地急需的各类"一带一路"建设者。整合资源，积极推进与各国在青年就业培训等共同关心领域的务实合作。倡议国家之间开展高水平合作办学。

三是实施"丝绸之路"师资培训推进计划。开展"丝绸之路"教师培训，加强先进教育经验交流，提升区域教育质量。加强"丝绸之路"教师交流，推动各国校长交流访问、教师及管理人员交流研修，推进优质教育模式在各国的互学互鉴。大力推进各国优质教学仪器设备、教材课件和整体教学解决方案的输出，跟进教师培训工作，促进各国教育资源和教学水平均衡发展。

四是实施"丝绸之路"人才联合培养推进计划。推进国家间的研修访学活动。鼓励各国高等院校在语言、交通运输、建筑、医学、能源、环境工程、水利工程、生物科学、海洋科学、生态保护、文化遗产保护等国家发展急需的专业领域联合培养学生，推动联盟内或校际教育资源共享。

3．共建丝路合作机制

一是加强"丝绸之路"人文交流高层磋商。开展国家间的双边、多边人文交流高层磋商，商定"一带一路"教育合作交流总体布局，协调推动各国建立教育双边和多边合作机制、教育质量保障协作机制和跨境教育市场监管协作机制，统筹推进"一带一路"教育共同行动。

二是充分发挥国际合作平台作用。发挥上海合作组织、东亚峰会、亚太经合组织、亚欧会议、亚洲相互协作与信任措施会议、中阿合作论坛、东南亚教育部长组织、中非合作论坛、中巴经济走廊、孟中印缅经济走廊、中蒙俄经济走廊等现有双边、多边合作机制的作用，增加教育合作的新内涵。借助联合国教科文组织等国际组织力量，推动各国围绕实现世界教育发展目标形成协作机制。充分利用中国–东盟教育交流周、中日韩大学交流合作促进委员会、中阿大学校长论坛、中非高校20+20合作计划、中日大学校长论坛、中韩大学校长论坛、中俄综合性大学联盟等已有平台，开展务实的教育合作交流。支持在共同区域、有合作基础、具备相同专业背景的学校组建联盟，不断延展教育务实合作平台。

三是实施"丝绸之路"教育援助计划。发挥教育援助在"一带一路"教育共同行动中的重要作用，逐步加大教育援助力度，重点投资于人、援助于人、惠及于人。发挥教育援助在"南南合作"中的重要作用，加大对相关国家尤其是最不发达国家的支持力度。统筹利用国家、教育系统和民间资源，为相关国家培养培训教师、学者和各类技能人才。积极开展优质教学仪器设备、整体教学方案、配套师资培训一体化援助。加强中国教育培训中心和教育援外基地建设。倡议各国建立政府引导、社会参与的多元化经费筹措机制，通过国家资助、社会融资、民间捐赠等渠道，拓宽教育经费来源，做大教育援助格局，实现教育共同发展。

三、精心组织"一带一路"国家文化教育大系的编著出版

在编写"一带一路"国家文化教育大系过程中，应当全面了解国内外对"一带一路"倡议的响应情况，关注进展，总结做法；应当在新冠肺炎疫情得到控制后到对象国去走一走，看一看，实地感受其教育情况和发展变化；应当广泛收集对象国一手资料，认真阅读，消化分析，吐故纳新；应当多方检索专家学者已经开展的相关研究，虚心参阅已有的研究成果。肆虐全球的新冠肺炎疫情，给人类身体健康和生命安全带来了巨大威胁，对世界格局和世界治理体系产生了重大影响，给全球各行各业带来了巨大挑战。教育置身其间，影响十分明显。因而，对"一带一路"国家文化教育进行研究时，必须观察分析疫情对相关国家文化教育和全球教育治理的深刻影响。

"一带一路"倡议提出后，中外已形成多个"一带一路"多边大学联盟。2015年5月22日，由西安交通大学发起的新丝绸之路大学联盟成立，迄今已吸引38个国家和地区的150余所大学加盟。该联盟是海内外大学结成的非政府、非营利性的开放性、国际化高等教育合作平台，以"共建教育合作平台，推进区域开放发展"为主题，推动"新丝绸之路经济带"国家和地区大学之间在校际交流、人才培养、科研合作、文化沟通、政策研究、医疗服务等方面的交流与合作，增进青少年之间的了解和友谊，培养具有国际视野的高素质、复合型人才，服务"新丝绸之路经济带"及欧亚地区的发展建设。

2015年10月17日，丝绸之路（敦煌）国际文化博览会筹委会文化传承创新高端学术研讨会在敦煌举行。中国的复旦大学、北京师范大学、兰州大

学和俄罗斯乌拉尔国立经济大学、韩国釜庆大学等46所中外高校在甘肃敦煌成立了"一带一路"高校战略联盟，以探索跨国培养与跨境流动的人才培养新机制，培养具有国际视野的高素质人才。46所高校当日达成《敦煌共识》，联合建设"一带一路"高校国际联盟智库。联盟将共同打造"一带一路"高等教育共同体，推动"一带一路"国家和地区大学之间在教育、科技、文化等领域的全面交流与合作，服务"一带一路"国家和地区的经济社会发展。

2016年9月，中国、中亚及丝绸之路经济带沿线7个国家的51所高校共同发起成立了中国-中亚国家大学联盟，旨在打造开放性、国际化互动平台，深化"一带一路"科教合作。

此外，高等教育合作研讨会也日渐增多，既有官方推动形成的研讨会，也有民间自发举办的研讨会。比如，中外大学校长论坛、新加坡-中国-印度高等教育论坛、"一带一路"教育对话论坛，以及北京师范大学举办的"一带一路"国家教育交流与合作高端研讨会，北京外国语大学举办的"一带一路"与行业国际化人才培养高峰论坛，北京理工大学主办的"一带一路"高等教育研究国际会议，浙江大学举办的"一带一路"背景下的工程科技人才培养国际研讨会等。这些多边研讨会的召开，不仅吸引了大量"一带一路"沿线国家的教育研究者与实践者参会，推动了研究与实践合作，而且创新了教育合作模式，促进了国际化高端人才培养，为"一带一路"建设奠定了民意基础。

"一带一路"倡议提出之后，中国学术界迅速开展了关于"一带一路"的研究活动，有关"一带一路"主题的图书主要有以下五类。第一类是倡议解读类图书，一般是梳理"一带一路"倡议的提出、发展及其理论内涵与外延。第二类是经济贸易类图书，专业性较强，主要为理论研究型图书。第三类是国情文史类图书，多为介绍"一带一路"国家国情概览、历史情况、发展概况的工具书，语言平实，部分图书学术性较强。第四类是丝路历史类图书，一般回顾古代丝绸之路的形成与发展、丝绸之路上的人物和大事记等，追古溯源，以便更好地开启"一带一路"新篇章。第五类是法律税收类图书，多为法律指引、税务规范手册等。

可以看出，国内对"一带一路"国家的研究已有一定基础，但是囿于语言翻译的障碍，已经出版的"一带一路"图书，大多是政策解读、数据报告、概况介绍等，对对象国的研究广度和深度还很不够，尤其是针对"一带一路"国家文化教育的系统研究还比较少。

在"一带一路"国家中，遴选具有代表性的对象，对其文化、教育进行系统性的研究，并在此基础上编写"一带一路"国家文化教育大系，分期分批出版，对于帮助中国普通读者和研究人员了解"一带一路"国家的文化教育情况，以及对于拓展我国比较教育研究领域、丰富比较教育研究文献，乃至对于促进中外文明互通、更好地参与推进"一带一路"建设，都具有重要意义。基于对选题背景与意义、相关出版产品调研和北京外国语大学比较优势的分析，"一带一路"国家文化教育大系坚持学术性、可读性兼顾原则，分批次推出，不断积累，以形成规模和品牌。

大系在内容上，一方面呈现"一带一路"国家的文化概貌，展示"一带一路"国家教育发展的文化背景和社会依托。大系采用专题形式，力求用简洁平实的语言生动活泼地介绍"一带一路"国家的自然地理、人文景观、历史发展、风土人情、文化遗产等内容，重点呈现对象国独有的文化现象和独特风貌，集中揭示其民族文化内涵、民族精神、人文意蕴。另一方面，大系重点研究、评价、介绍"一带一路"国家教育的基本情况、发展历史、发展战略、政策法规、现存体系、治理模式与师资队伍等，这方面内容占较大篇幅，是全书的重点和主要内容。

"一带一路"倡议正在成为我国参与全球开放合作、改善全球治理体系、促进全球共同发展繁荣、推动构建人类命运共同体的中国方案。作为国家社会科学基金（教育学）重大项目"新时代提升中国参与全球教育治理的能力及策略研究"的部分研究成果和北京外国语大学"双一流"建设重大标志性成果，"一带一路"国家文化教育大系计划在2021年中国共产党建党100周年和北京外国语大学建校80周年之际，推出首批图书。2023年"一带一路"倡议提出10周年时，推出该项目二期成果。同时积极参与党和国家相关主题纪念活动，以及国家重大图书项目的申报评选工作。

北京外国语大学以外语见长，国际交往活跃，被誉为"共和国外交官的摇篮"，先后培养了400多位大使、2 000多位参赞，以及更多的外交外事外贸工作者。凡是有五星红旗飘扬的地方，都能看到北外人的身影。北外不仅承担着培养各类国际化人才的任务，更担负着向中国介绍世界、向世界介绍中国的历史使命。迄今为止，北外已获批开设101种外国语言，成立了37个区域与国别研究中心，丰富的涉外资源正在助力"一带一路"国家的研究。

大系由外研社具体组织实施。外研社隶属北外，多年来致力于"一带一路"国家的合作交流，服务讲好"中国故事"，在中华思想文化传播、打造中外出版联盟、推动中外学术互译等方面积累了丰富经验，对于协助研究、编著、出版"一带一路"国家文化教育大系具有良好的工作基础。这也是北外及外研社的使命和担当之所在。

大系编著者以北外教师为主。服务国家重大战略，北外人责无旁贷。同时，国内有研究专长和研究意愿的专家学者也踊跃参与，他们或独自撰著一书，或与北外同仁合作。大系还邀请了驻外使领馆的同志和对象国的学者参加撰写或审稿，他们运用一手资料，开展实地调研，力图提升大系的准确性。

四、结语

"一带一路"倡议植根历史，更面向未来；源于中国，更属于世界。"一带一路"作为文明互鉴的桥梁，从亚欧大陆延伸到非洲、美洲、大洋洲，与世界各国发展战略及众多国际和地区组织的发展实现对接联通，在通路、通航的基础上更好地通商，进而开展文化教育交流与沟通，加强商品、资金、技术、文化、教育流通，达成互学互鉴的文明愿景。"一带一路"倡议的目标是中国与"一带一路"国家在互联互通基础上分享优质产能，共商项目投资，共建基础设施，共享合作成果，内容包括政策沟通、设施联通、贸易畅通、资金融通、民心相通"五通"。"一带一路"倡议肩负重大使命，它要探寻经济增长之道，将中国自身的产能优势、技术与资金优势、经验与模式优势转化为市场与合作优势，实行全方位开放，共享中国改革发展红利；它要实现全球化再平衡，鼓励向西开放，带动西部开发以及中亚、蒙古等内陆国家和地区的开发，在国际社会推行全球化的包容性发展理念，主动向西推广中国优质产能和比较优势产业，惠及沿途、沿岸国家，避免西方国家所开创的全球化造成的贫富差距和地区发展不平衡情况，推动建立持久和平、普遍安全、共同繁荣的和谐世界；它要开创地区新型合作，强调共商、共建、共享原则，超越了马歇尔计划和传统的对外援助活动，给21世纪的国际合作带来了新的理念。所以，新时代中国的教育学者应当将"一带一路"国家文化教育研究作为比较教育新的增长点，全面深入开展研究，以自己的聪明才智丰富学术，为国出力，服务国家重大发展战略；在加强与"一带一路"国家的交流合作中，推动"一带一路"建设高质量发展，努力建设高质量的中国教育体系，并积极参与全球教育治理体系改革，加快构建以国内大循环为主体、国际国内双循环相互促进的新发展格局。

2021年春
于北京外国语大学

（王定华，北京外国语大学党委书记、博士、教授、博士生导师，国家督学。历任河南大学教师、中国驻纽约总领事馆教育领事、教育部基础教育一司司长、教育部教师工作司司长等。）

本书前言

安哥拉位于非洲西南部，领土面积居非洲国家第七位，是南大西洋和印度洋航运的要冲，矿产资源丰富，素有南部非洲"聚宝盆"之称，其石油和天然气储量位居非洲大陆第二位，是世界第五大钻石生产国。安哥拉河流密布，拥有非洲12%的水系资源，动植物种群多样，境内的马永贝森林是世界第二大森林。历史上，安哥拉曾经是葡萄牙的殖民地，于1975年获得独立。安哥拉自2002年结束内战之后政治基本稳定，经济快速发展，并积极参与国际和地区事务，努力提升影响力和话语权，已成为南部非洲的重要国家之一。

安哥拉和中国于1983年1月12日建交。建交以来，两国关系日益紧密，双边合作富有成果。在安哥拉战后和平重建过程中，中国向安哥拉的重大基础设施、社会救助等项目提供无任何附加条件的优惠贷款，而安哥拉则以石油还贷。这种石油换工程的能源外交被称为"安哥拉模式"，在国际上成为热门话题。安哥拉已连续多年成为中国在非洲的第二大贸易伙伴、第二大承包工程市场和主要的直接投资目的地。除了经贸领域合作成果丰硕外，在"中非合作论坛"和"中国-葡语国家经贸合作论坛（澳门）"等多边合作框架下，双方在文化、教育、卫生等领域的交流合作也全面展开，成为中非合作、南南合作的典范。

目前，中国对安哥拉的研究多集中在政治、经贸方面，聚焦于文化、教育领域的研究尚为数不多。随着"一带一路"倡议的不断深化落实和新时代教育对外开放政策的推广，加强对安哥拉文化教育领域的多层次和全方位的认识，推动中安两国在文化教育领域的全面交流合作，对于促进两国的互鉴、互容、互通将起到重要作用。

本书对安哥拉的国情概况、文化传统和教育历史等方面进行全面介绍，梳理了安哥拉的学前教育、基础教育、高等教育、职业教育、成人教育、教师教育等不同教育阶段、教育类型的发展和特点，总结安哥拉的教育政策和教育行政的现状与问题，对中安两国的教育交流合作进行分析。葡萄牙语是安哥拉的官方语言，70%以上的安哥拉国民讲葡萄牙语。笔者均为北京外国语大学葡萄牙语系教师。我们尽可能收集来自安哥拉的葡萄牙文第一手资料。全书共十二章，张方方负责第一、二、三、十、十一和十二章的撰写，李丛负责第四章至第九章的撰写。

衷心感谢北京外国语大学党委书记、"一带一路"国家文化教育大系总主编王定华教授和外语教学与研究出版社有关编审人员提供的专业支持和指导，感谢北京外国语大学葡萄牙语系研究生梁清弦和中国葛洲坝集团安哥拉有限公司总经理李清宝为本书提供的部分文字和图片资料。

由于本书在撰写期间正值全球暴发新冠肺炎疫情，笔者没有机会去安哥拉开展实地调查研究，因此，本书的研究资料主要为文献，缺乏实地调查数据和对安哥拉的直观性认识。尽管如此，笔者还是希望本书能够为读者全面了解安哥拉的文化教育提供参考，希望越来越多的专业人士参与到安哥拉文化教育研究之中，为推动中安两国的文化教育交流与合作贡献力量。欢迎各位专家学者和广大读者对本书给予批评和指正。

张方方　李丛

2021年4月于北京外国语大学

目　录

第一章　国情概览 1
第一节 自然地理 1
　　一、地理位置 1
　　二、自然资源 2
第二节 国家制度 4
　　一、行政区划 5
　　二、政治体制 6
　　三、外交关系 9
第三节 社会生活 15
　　一、人口 15
　　二、经济 17
　　三、旅游 20
　　四、社会 30

第二章　文化传统 33
第一节 历史沿革 33
　　一、前殖民地时期 33
　　二、殖民地时期 36
　　三、独立后 39
第二节 风土人情 40
　　一、饮食、服饰和民居 40
　　二、风俗、习惯和节假日 43
　　三、多样的艺术形式 47

第三节 文化名人 ······ 49
　　一、维埃拉 ······ 50
　　二、佩佩特拉 ······ 51
　　三、塔瓦雷斯 ······ 53

第三章 教育历史 ······ 55
第一节 历史沿革 ······ 55
　　一、前殖民地时期 ······ 55
　　二、殖民地时期 ······ 57
　　三、独立后 ······ 71
第二节 内图的教育活动和观点 ······ 83
　　一、主要人生经历 ······ 84
　　二、主要教育活动和观点 ······ 85

第四章 学前教育 ······ 90
第一节 学前教育的发展和现状 ······ 91
　　一、历史沿革 ······ 91
　　二、现状 ······ 97
第二节 学前教育的特点 ······ 106
　　一、儿童接受学前教育的比例较低 ······ 106
　　二、强调以儿童为中心，关注儿童全面发展 ······ 107
　　三、高度依赖私立儿童中心 ······ 108
第三节 学前教育的挑战和对策 ······ 109
　　一、挑战 ······ 109
　　二、对策 ······ 111

第五章 基础教育 ... 113
第一节 基础教育的发展和现状 ... 113
一、历史沿革 ... 113
二、现状 ... 115
第二节 基础教育的特点 ... 129
一、安哥拉的语言学习情况 ... 129
二、初等教育中的全科教师制 ... 131
第三节 基础教育的挑战和对策 ... 132
一、挑战 ... 132
二、对策 ... 134

第六章 高等教育 ... 135
第一节 高等教育的发展和现状 ... 136
一、历史沿革 ... 136
二、现状 ... 141
第二节 高等教育的特点 ... 149
一、高等教育机构及其课程合法性 ... 149
二、七大学术区 ... 150
第三节 高等教育的挑战和对策 ... 152
一、挑战 ... 152
二、对策 ... 154

第七章 职业教育 ... 155
第一节 职业教育的发展和现状 ... 155
一、历史沿革 ... 155
二、现状 ... 160

第二节 职业教育的特点 ……………………………163
一、依靠中国的资金支持，恢复职业教育机构
基础设施建设 ……………………………164
二、依靠葡萄牙的帮助，完成职业教育改革
方案的设计与实施 ………………………165
三、依靠非盟的教育政策协调，推进职业教育
与培训计划的实施 ………………………166
第三节 职业教育的挑战和对策 ……………………166
一、挑战 ……………………………………166
二、对策 ……………………………………167

第八章 成人教育 ………………………………………169
第一节 成人教育的发展和现状 ……………………169
一、历史沿革 ………………………………169
二、现状 ……………………………………170
第二节 成人教育的特点 ……………………………174
一、依靠外部力量，借鉴别国的学习经验 ………174
二、依靠私营部门和民间社会的支持，推进
成人扫盲教育的实施 ……………………176
第三节 成人教育的挑战和对策 ……………………177
一、挑战 ……………………………………177
二、对策 ……………………………………178

第九章 教师教育 ………………………………………180
第一节 教师教育的发展和现状 ……………………180
一、历史沿革 ………………………………180
二、现状 ……………………………………183

第二节 教师教育的特色····187
  一、多语言和多文化的国家····187
  二、教师是多语言使用者····187
第三节 教师教育的挑战和对策····188
  一、挑战····188
  二、对策····190

第十章 教育政策····192
第一节 法律与政策····192
  一、法律法规····192
  二、政策规划····194
第二节 实施与挑战····216
  一、安哥拉教育战略的演变····216
  二、问题与挑战····219

第十一章 教育行政····229
第一节 中央教育行政····229
  一、行政管理机构····229
  二、革新主张与实践····234
第二节 地方教育行政····240
  一、行政管理机构····240
  二、革新主张与实践····241

第十二章 中安教育交流····244
第一节 交流历史····244

一、建交前的中安关系⋯⋯⋯⋯⋯⋯⋯⋯⋯⋯⋯⋯⋯244
　　二、建交后的中安关系⋯⋯⋯⋯⋯⋯⋯⋯⋯⋯⋯⋯⋯246
　第二节 现状、模式与原则⋯⋯⋯⋯⋯⋯⋯⋯⋯⋯⋯⋯⋯⋯250
　　一、交流现状与模式⋯⋯⋯⋯⋯⋯⋯⋯⋯⋯⋯⋯⋯⋯250
　　二、交流原则⋯⋯⋯⋯⋯⋯⋯⋯⋯⋯⋯⋯⋯⋯⋯⋯⋯257
　第三节 案例与思考⋯⋯⋯⋯⋯⋯⋯⋯⋯⋯⋯⋯⋯⋯⋯⋯⋯259
　　一、安哥拉内图大学孔子学院概况⋯⋯⋯⋯⋯⋯⋯⋯⋯259
　　二、问题与思考⋯⋯⋯⋯⋯⋯⋯⋯⋯⋯⋯⋯⋯⋯⋯⋯262

结　语⋯⋯⋯⋯⋯⋯⋯⋯⋯⋯⋯⋯⋯⋯⋯⋯⋯⋯⋯⋯⋯266

附　录⋯⋯⋯⋯⋯⋯⋯⋯⋯⋯⋯⋯⋯⋯⋯⋯⋯⋯⋯⋯⋯272

参考文献⋯⋯⋯⋯⋯⋯⋯⋯⋯⋯⋯⋯⋯⋯⋯⋯⋯⋯⋯⋯309

第一章 国情概览

第一节 自然地理

一、地理位置

安哥拉（全称"安哥拉共和国"）位于非洲西南部（南纬4°22′和18°02′之间，东经11°41′和24°05′之间），北邻刚果（金）和刚果（布），东接赞比亚，南连纳米比亚，西濒大西洋，总面积为124.67万平方公里，领土面积居非洲国家第七位。安哥拉是南大西洋和印度洋航运的要冲，海岸线长达1 650公里，陆地边界线全长为4 837公里，其本土以北的大西洋沿岸有一块飞地卡宾达，介于刚果（布）和刚果（金）之间。全国主要由平原、丘陵和高原组成，65%的土地海拔在1 000—1 600米，西部沿海地区地势低，东部内陆地区地势较高。最高峰莫科峰位于万博省，海拔2 620米；第二高峰是梅科峰，海拔2 583米。境内河流密布，水资源丰富，主要河流有宽扎河、库内内河、库邦戈河、开赛河、宽果河等，主要湖泊有迪洛洛湖、潘吉拉湖和穆希玛湖等。

二、自然资源

安哥拉北部大部分地区属热带草原气候,南部属亚热带气候,中东部高海拔地区则为温带气候。受大西洋本格拉寒流影响,安哥拉的气候并不十分炎热。全年分为旱、雨两季,旱季是五月至九月,雨季是十月至次年四月,全年平均气温在17—27℃。因为旱季的典型特征是有浓重的晨雾,所以安哥拉人又称其为雾季。雨季的大量降水助长了蚊虫的繁殖,使疟疾成为安哥拉的"超级地方病",这也是安哥拉一直地广人稀的原因之一。全国降水量从东北向西南逐渐递减,东北高原地区年均降水量可达1 500毫米,沿海平原年均降水量为250—1 000毫米,南部纳米贝沙漠地区年均降水量仅为50毫米。安哥拉沙漠化严重,39.2%的国土面积属于干旱地区。[1]

安哥拉自然资源丰富。在能源资源方面,据美国《油气杂志》2009年终号报道,2009年安哥拉的石油剩余探明可采储量为95亿桶(约合13.02亿吨),占世界总储量的0.7%,居世界第18位;天然气剩余探明可采储量为2 718.43亿立方米,占世界总储量的0.2%。[2] 安哥拉的油气资源主要赋存于大西洋沿岸盆地的刚果盆地和宽扎盆地下,且主要分布在海域,油气产量在非洲大陆排名第二。在矿产资源方面,安哥拉素有南部非洲"聚宝盆"之称,目前已发现的矿产资源有钻石、铁、金、磷酸盐、铜、锰、钨、锌、铅、锡、钒、铬、钛、铀、煤、石膏、绿柱石、高岭土、石英、大理石、花岗岩、云母、褐煤等。安哥拉是世界第五大钻石生产国,钻石总储量约为2亿克拉。安哥拉已探明的铁矿储量为17亿吨,锰矿储量为1亿吨,磷酸盐储量为2亿吨。

---

[1] 刘海方. 安哥拉[M]. 北京:社会科学文献出版社,2006:18.
[2] 2009年安哥拉油气资源现状[EB/OL]. (2010-09-03)[2020-12-01]. http://wenku.baidu.com/view/b2f7c6717fd5360cba/adb52.html.

安哥拉森林面积大约为5 300万公顷，占全国总面积的56%，植物群系多种多样，盛产乌檀、乌木、檀香木、非洲白檀木等名贵木材。北部的典型植被是热带草原，在飞地卡宾达地区分布着马翁贝热带雨林。该雨林属于世界第二大热带雨林刚果雨林的一部分。安哥拉拥有8 000多种植物，其中1 200种属于地区特有品种，是非洲第二大特有植物保护区。安哥拉野生动物种类繁多，有许多非洲大型动物，如大象、犀牛、水牛、羚羊、猩猩、狮子、斑马、鳄鱼、河马等。1909年，安哥拉境内首次发现大黑马羚。安哥拉独有的大黑马羚是这个国家的象征，1933年大黑马羚被列入世界珍稀物种特别保护名单。此外，安哥拉还有很多濒临灭绝的特有鸟类，如灰纹鹟鸲、安哥拉绿鸠、安哥拉黑鹟等。安哥拉境内有卢安多自然保护区、基萨马国家公园、卡梅亚国家公园、约纳国家公园、比夸尔国家公园、穆帕国家公园、卢恩盖禁猎区、隆加马温加禁猎区等十处保护名贵珍稀动物的园区。

　　安哥拉的水系资源占非洲水系资源的22%，最重要的两条河流是宽扎河和库内内河。这两条河的上游流经山地，水力资源极为丰富。宽扎河完全位于安哥拉境内，全长为960公里，流域面积为15.26万平方公里。它发源于安哥拉中部的比耶高原东南部，向北转西而流，在罗安达以南注入大西洋。宽扎河支流密布，水量丰富，是安哥拉水力发电的主要河川，可以通航，在商业和军事上具有重要意义。安哥拉的货币宽扎就以这条河的名字命名，北宽扎省和南宽扎省也因地处这条河的两岸而得名。库内内河源于比耶高原南部，先向南流，继而转西，其下游构成安哥拉和纳米比亚的界河，最后注入大西洋。库内内河全长为1 200公里，流域面积为27.2万平方公里，其中在安哥拉境内的河流长度为960公里，流域面积为15.08万平方公里。库内内河多急流瀑布，落差大，水力资源丰富，流域偏旱，被称为"纳米贝沙漠的母亲河"。安哥拉有矿泉水泉源37个，每年的可更新水资源约为840亿立方米，在南部非洲和东部非洲所有国家中位居第三。

第二节 国家制度

国名：安哥拉共和国。

国旗：安哥拉国旗启用于1975年11月11日。国旗呈长方形，长与宽之比为3∶2。旗面由红、黑两个平行长方形构成。红色象征安哥拉人民在殖民压迫下所流的鲜血、民族自由斗争与国防。黑色表达了对非洲大陆的颂扬。旗面正中是相互交叉的金色弧形齿轮和砍刀，在弧形齿轮和砍刀之间有一颗金色五角星。齿轮和砍刀象征着工农劳动者和军队的团结，并表示对早年起来进行武装斗争的农民和战士的纪念。五角星代表了国际主义与进步事业，齿轮、星与砍刀的黄色象征国家的财富。

国徽：安哥拉国徽的左侧是由玉米、咖啡和棉花枝叶组成的半弧形，它们是国家农业生产的缩影；其右侧是象征工人和工业生产的半圈齿轮，代表工农结合和民族团结。国徽的下方有一本打开的书，代表文化教育事业是未来发展与兴旺之本。书的上面为初升的太阳，代表安哥拉这个新生的国家。国徽的中央（太阳的光芒中）交叉着一把砍刀和一把锄头，象征武装斗争；其上为一颗金色五角星，寓意同国旗的金色五角星。国徽底部的黄色饰带上有用葡萄牙文书写的"安哥拉共和国"字样。

国歌：安哥拉的国歌《安哥拉，前进！》由鲁伊·维埃拉·迪亚士·明加斯作曲，马努埃尔·鲁伊·蒙特罗作词。歌词如下：

啊，祖国，我们决不忘记二月四日的英雄。

啊，祖国，我们尊敬你儿女们为独立献身。

我们以过去和历史为荣，新的民族创造在劳动中。

我们以过去和历史为荣，新的民族创造在劳动中。

前进吧，安哥拉！革命是人民的力量所推动！

统一的国家，自由，一个民族、一个国家！

前进吧，安哥拉！革命是人民的力量所推动！

统一的国家，自由，一个民族、一个国家！

让我们为非洲人民的荣誉提高解放呼声。

安哥拉的战士与被压迫人民团结向前进！

与世界的进步力量一同，为了和平而战斗多光荣！

与世界的进步力量一同，为了和平而战斗多光荣！

前进吧，安哥拉！ 革命是人民的力量所推动！

统一的国家，自由，一个民族、一个国家！

前进吧，安哥拉！革命是人民的力量所推动！

统一的国家，自由，一个民族、一个国家！

简史：安哥拉中世纪分属刚果等四个王国统治，1884—1885年被划为葡萄牙殖民地，1975年1月15日获葡萄牙承认独立，11月11日成立了安哥拉人民共和国，1992年改国名为安哥拉共和国。

独立日（国庆日）：11月11日。

首都：罗安达。

货币：宽扎。

一、行政区划

安哥拉的行政区划分为四级，即：省、市、镇、街道（村）。全国共有18个省（见表1.1）、164个市和518个镇。

表 1.1 安哥拉的 18 个省份及省会城市

省份	省会城市
本戈省	卡希托
本格拉省	本格拉
比耶省	奎托
卡宾达省	卡宾达
宽多-库邦戈省	梅农盖
北宽扎省	恩达拉坦多
南宽扎省	孙贝
库内内省	翁吉瓦
万博省	万博
威拉省	卢班戈
罗安达省	罗安达
北隆达省	卢卡帕
南隆达省	绍里木
马兰热省	马兰热
莫希科省	卢埃纳
纳米贝省	纳米贝
威热省	威热
扎伊尔省	姆班扎刚果

二、政治体制

1975 年 11 月 11 日，安哥拉颁布了第一部宪法，并曾先后四次修改。

现行宪法于 2010 年 2 月颁布，其中规定安哥拉是人民行使主权、尊重宪法和法律、三权分立、民族团结、代议制和参与式民主、言论自由和政治组织多元的民主法治国家。安哥拉实行总统共和制，主权机关包括共和国总统、国民议会、政府和法院。

总统是国家元首、政府首脑和武装部队总司令，由议会选举中获胜的政党或政党联盟的领袖担任，任期 5 年，得票数排名第二的为副总统。总统在副总统、国务部长和部长的协助下行使行政权。总统有权公布或废除法律，宣布战争或和平状态，任免政府部长、军队高级将领、省长、总检察长、最高法院法官等。现任安哥拉总统是执政党安哥拉人民解放运动（简称安人运）的主席若昂·曼努埃尔·贡萨尔维斯·洛伦索，他是安哥拉第三位总统。安哥拉的历任和现任总统见表 1.2。

表 1.2 安哥拉的历任和现任总统

安哥拉人民共和国（1975—1992 年）	安哥拉共和国（1992 年至今）
阿戈斯蒂纽·内图 （1975.11.11—1979.9.10）	若泽·爱德华多·多斯桑托斯 （1992.8.27—2017.9.26）
若泽·爱德华多·多斯桑托斯 （1979.9.10—1992.8.27）	若昂·曼努埃尔·贡萨尔维斯·洛伦索 （2017.9.26 至今）

安哥拉的国民议会实行一院制，代表所有安哥拉国民，表达人民的主权意志并行使国家的立法权。国民议会共有 223 个议席，议会选举是普遍、自由、平等、直接的无记名定期选举。议会选举分为 20 个选区，其中全国范围为一个选区，设 130 个议席；18 个省份每省为一个选区，每区设 5 个议席；此外还有一个海外选区，设 3 个议席。国民议会每届任期 5 年，每年举行两次例会，其主要职权包括修改宪法，批准、修改或取消法律，审批国民议会常务委员会的立法工作，监督宪法和法律的实施，监督国家和政府

机关的工作，批准国民经济计划和国家预算并监督执行，批准大赦，宣布戒严和紧急状态法，以及授权总统宣布战争或和平状态等。本届议会成立于 2017 年 9 月，现任议长是费尔南多·达皮耶达德·迪亚斯·多斯桑托斯。

法院是代表人民行使司法权的主权机构，其主要职能包括解决公共或私人的利益冲突，捍卫受法律保护的权益，制止侵犯民主合法性的行为等。所有公共和私人实体都有义务与法院合作，并且必须在其权限范围内执行法院要求的行为。法院在行使其司法职能时独立且公正，仅服从宪法和法律。安哥拉的高级司法机构包括最高法院、宪法法院、审计法院、最高军事法院和总检察院。安哥拉的法律属于大陆法系。

安哥拉本届政府于 2017 年 9 月成立，2020 年 4 月进行大幅调整。政府部门有国防和老战士部，内政部，外交部，财政部，国土管理和国家改革部，公共管理、就业和社会保障部，农业和渔业部，工业和贸易部，能源和水利部，矿产资源、石油和天然气部，交通部，公共工程和国土规划部，电信、信息技术和新闻部，经济和计划部，教育部，高等教育、科学、技术和创新部，卫生部，社会行动、家庭和妇女促进部，文化、旅游和环境部，青年和体育部，司法和人权部。

安哥拉自 1991 年起实行多党制，全国现有 77 个合法政党和 8 个政党联盟。安哥拉的主要政党如下：安哥拉人民解放运动，简称安人运，成立于 1956 年 12 月，在安哥拉独立后一直为执政党，现有 500 余万名正式党员；争取安哥拉彻底独立全国联盟，简称安盟，为主要反对党，成立于 1966 年 3 月，若纳斯·萨文比为其创始人；安哥拉国民解放阵线，简称安解阵，是安哥拉摆脱葡萄牙殖民统治的独立战争中的重要力量。其他较有影响的政党还有安哥拉自由民主党、安哥拉共和党、安哥拉广泛救助同盟、社会革新党、新民主竞选联盟、发展人民党等。

三、外交关系

安哥拉奉行和平共处和不结盟的对外政策，主张在相互尊重主权、互不干涉内政和平等互利的基础上发展同世界各国的关系，坚持独立自主的多元化外交路线，重视外交为国内经济建设服务，呼吁建立国际政治经济新秩序，加强南南合作，积极参与地区和国际事务，努力提高自身影响力。安哥拉现为联合国、不结盟运动、非洲联盟、南部非洲发展共同体、中部非洲国家经济共同体、葡萄牙语国家共同体、石油输出国组织、七十七国集团、世界银行、国际货币基金组织、国际民航组织、世界贸易组织等国际和地区组织成员，与世界上100多个国家建立了外交关系。2002年内战结束后，安哥拉政府外交工作的主要目标是巩固和平和战后重建，把经济外交作为外交工作的重点，寻求更多的外援和投资，积极参与国际和地区事务，努力提高在国际和地区事务中的影响力，为地区和平与稳定做出贡献。

（一）对中关系

安哥拉和中国于1983年1月12日建交。自建交以来，两国关系发展顺利。2002年，安哥拉结束了长达27年的内战，开始了国内重建工作，在外交政策上谋求国际社会对其重建工作给予援助，中安两国关系也进入了快速发展的新阶段，高层交往密切，政治互信不断增强，经贸合作成果丰硕，文化、教育、卫生等领域的交流合作全面展开，成为中非合作、南南合作的典范。

在政治方面，中安双边互访不断，并且具有高层次、高频率的特点。2006年，时任中国国务院总理的温家宝出访安哥拉，这是中国政府首脑首次访问安哥拉。2008年，安哥拉总统多斯桑托斯第三次访华，两国政府签订了新的文化合作协定和航空运输协定。2010年9月，时任中国国家副主席的习近平在上海会见安哥拉副总统费尔南多。同年11月，习近平对安哥拉进行正式访问，两国在罗安达发表了《中华人民共和国和安哥拉共和国关于建立战略伙伴关系的联合声明》。声明指出："中国和安哥拉互为战略合作伙伴，加强两国全面合作符合两国人民根本和长远利益。为此，并为在新的国际形势下抓住机遇、应对挑战，双方决定建立战略伙伴关系。"[1] 2015年，安哥拉多斯桑托斯总统访华。2018年9月和10月，中国国家主席习近平同安哥拉洛伦索总统两度会晤，引领中安两国关系和合作进入了全新阶段。

在经济方面，中国一向秉持1954年提出的和平共处五项原则，对安哥拉伸出援手，积极参与到安哥拉的重建过程中，大量中资企业投资安哥拉，双边贸易关系飞速发展。2003年，安哥拉政府制定了紧急重建公路和铁路基础设施、发展社会救助和教育事业的重大规划，中国立即向安哥拉提供无任何附加条件的优惠贷款。2004年，中国进出口银行向安哥拉提供20亿美元贷款，用于基础设施建设、发电输电、卫生和教育设施重建等项目，而安哥拉则以石油还贷。2007年，中安又分别签署了合同价值为5亿美元和20亿美元的协议，重建包括本格拉铁路在内的若干基础设施。[2] 中国的大批资金和技术人员涌向安哥拉，这种石油换工程的能源外交被称为"安哥拉模式"，在国际上成为热门话题。

安哥拉已连续多年成为中国在非洲的第二大贸易伙伴、第二大承包工程市场和主要的直接投资目的地。中国主要从安哥拉进口原油、天然气，向安哥拉出口机电、钢材、汽车及高新技术产品等。中安两国都面临经济发展模式转型升级和经济结构调整的重大任务，双方在电力、铁路、农业、能矿、制造业、基础设施等领域的合作潜力巨大。中国企业利用在基础设

---

[1] 中华人民共和国和安哥拉共和国关于建立战略伙伴关系的联合声明（全文）[EB/OL]. (2011-11-04)[2020-06-05]. http://www.china.com.cn/guoqing/zwxx/2011/11/04/content_23825391.htm.

[2] DE SOUSA I C. 中国与安哥拉三十年外交关系 [N]. 澳门论坛日报，2013-07-15（特刊）.

施建设和管理方面的优势和经验，积极参与安哥拉铁路、公路、电网等项目，并且向安哥拉企业提供技术转让和人员培训，努力将经营模式向本地化经营转变。截至2014年，中国在安哥拉累计签署承包劳务合同额478亿美元，完成营业额434亿美元。中国在安哥拉的国有和民营企业超过100家，在安哥拉的人员超过26万人。[1]

中国在安哥拉投资的主要项目如下：于2017年全线交付运营的本格拉铁路是中国企业进入21世纪以来海外一次性建成的最长的铁路，也是安哥拉有史以来修建的线路最长、速度最快、规模最大的现代化铁路项目；中国援建的安哥拉罗安达省总医院是安哥拉最大的省级综合性医院；中国注资的水泥厂使安哥拉实现了水泥的自给自足；于2017年开工的安哥拉卡库洛卡巴萨水电站是目前中资企业在非洲承建的最大水电站；[2]2019年4月，由中铁二十局集团承建的安哥拉卡奇温戈-希尼亚马公路项目胜利竣工，公路全长为74.7公里，使卡奇温戈和希尼亚马两地间的通行时间由原来的15小时缩短至1.5小时；[3]2019年10月，由中铁二十局承建的安哥拉奎托机场竣工，它是安哥拉政府的重点工程之一，也是安哥拉比耶高原的重要空中交通枢纽。

中安两国在"中非合作论坛"和"中国-葡语国家经贸合作论坛（澳门）"的多边框架下，进一步扩大在各个领域的合作，比如，两国积极拓展在农业、民生、金融、医疗领域的合作，使安哥拉人民切实感受到中安合作带来的福利。2019年，中国援助安哥拉的农业技术示范中心项目完成交接。该项目位于罗安达省的依库洛和本戈市，占地54公顷，包括种植示范

---

[1] 贾丁. 安哥拉共和国国别报告 [M]// 王成安，等. 葡语国家发展报告（2014—2015）. 北京：社会科学文献出版社，2015：159，198.

[2] 贾丁. 安哥拉共和国国别报告 [M]// 王成安，等. 葡语国家发展报告（2016—2017）. 北京：社会科学文献出版社，2018：198.

[3] 中企承建的安哥拉卡奇温戈-希尼亚马公路项目竣工 [EB/OL]. (2019-04-09)[2020-12-10]. http://www.xinhuanet.com/2019-04/09/c_1124344819.htm.

区、养殖示范区、生产加工区和办公生活区四个区域，进一步深化了两国在农业领域的交流合作。中国先后向安哥拉派出五批援安医疗队，第五批于 2019 年 6 月抵达安哥拉，为当地民众提供免费医疗服务。中国还帮助安哥拉提升治安治理能力。2019 年 11 月，中国企业承建的安哥拉国家身份证制作中心以及安哥拉公民身份与刑事信息综合管理平台项目完成并交付使用。[1]

（二）对美关系

安哥拉和美国于 1993 年正式建立外交关系。在安哥拉内战期间，美国先后支持安解阵和安盟。随着冷战结束以及安盟领导人萨文比不断破坏安哥拉和平进程，美国于 1993 年停止了对安盟的支持并承认安人运政府。建立外交关系后，安美两国在经贸、能源等领域的合作不断扩大，关系发展较为顺利。安哥拉是美国《非洲增长与机遇法案》的受益国，也是美国在非洲重要的贸易合作伙伴和石油供应国。2014 年，在美非峰会期间，美国第一次与安哥拉签署政府间融资合作框架协议，即安哥拉财政部与美国进出口银行签署的合作备忘录。根据备忘录，美国向安哥拉政府提供贷款，支持美国企业在安哥拉承建的运输、电信、能源等基建项目，并提供这些领域的设备、技术和知识，这表明美国将在以能源领域为基础的经贸合作上，进一步拓宽在安哥拉承包工程市场的份额。[2]2019 年 9 月，安哥拉总统洛伦索在出席联合国第 74 届大会期间，在美国安排了多场活动，包括会见美外交官、商人和记者等。他在美国对外关系委员会发表讲话时称，安哥拉和美国已经签署了国防、财政和金融等多方面的合作协议，并且呼吁

---

[1] 贾丁. 安哥拉共和国国别报告 [M]// 王成安，等. 葡语国家发展报告（2020）. 北京：社会科学文献出版社，2020：158-159.

[2] 贾丁. 安哥拉共和国国别报告 [M]// 王成安，等. 葡语国家发展报告（2014—2015）. 北京：社会科学文献出版社，2015：157.

美国商界人士投资安哥拉的农业、渔业、高速公路建设、矿产开发与加工、旅游业、港口与机场管理及铁路等领域。[1]

（三）对欧关系

欧盟是安哥拉的最大援助伙伴，也是重要的经济合作伙伴。作为欧盟成员国之一的葡萄牙是安哥拉的前殖民宗主国，与安哥拉在政治、经济、社会等各领域一直保持着比较密切的联系。1976年3月，两国建立外交关系。2010年，两国建立战略伙伴关系。2011年，两国签署放宽签证要求的协议，大量葡萄牙人前往安哥拉谋生。目前，在安哥拉的葡萄牙侨民约为20万人。葡萄牙是安哥拉最主要的贸易伙伴之一，葡萄牙企业在安哥拉的投资集中在建筑、银行、食品和饮料出口领域。葡萄牙是安哥拉海外投资的主要目的地之一，安哥拉企业在葡萄牙的能源、电信和银行领域表现活跃。2019年10月，安哥拉洛伦索总统在出席首届俄非峰会期间，与俄罗斯总统普京进行了充分交流，双方表态都很积极，俄安关系迅速升温。俄罗斯政府将提供至少100亿美元，用于资助安哥拉的能源部门。[2]

（四）与邻国和本地区国家关系

安哥拉重视并优先发展与非洲其他国家的关系，与邻国津巴布韦、纳米比亚、刚果（金）等联系密切，并结成共同防务联盟。安哥拉重视提升在非盟、南共体、西共体、几内亚湾委员会等地区组织中的影响力和话语

---

[1] 贾丁. 安哥拉共和国国别报告 [M]// 王成安，等. 葡语国家发展报告（2020）. 北京：社会科学文献出版社，2020：154-155.

[2] 贾丁. 安哥拉共和国国别报告 [M]// 王成安，等. 葡语国家发展报告（2020）. 北京：社会科学文献出版社，2020：155.

权，为促进地区和平与稳定、解决冲突与争端发挥了积极作用。比如，自2013年12月起，安哥拉担任非洲大湖地区国际会议组织轮值主席国；自2014年2月起，安哥拉担任非洲大湖地区会议部长级委员会轮值主席国；2014年，安哥拉在参与几内亚湾打击海盗、解决刚果（金）和中非共和国的危机、与纳米比亚加强边界安全合作等活动中，为地区安全与和平做出的努力得到了国际社会的认可。2015—2016年，安哥拉担任联合国安理会非常任理事国，这是继2003年之后安哥拉第二次当选联合国安理会非常任理事国。安哥拉自2019年11月起担任联合国中部非洲安全问题常设咨询委员会轮值主席国，任期至2020年7月，并且在2019年12月接任非盟和平与安全理事会轮值主席国，任期至2020年3月。从经济社会到和平安全，安哥拉积极承担起一个地区大国在振兴区域发展中的重任。

（五）在葡萄牙语国家共同体 [1] 中的表现

葡萄牙语国家共同体是一个由宗主国葡萄牙和其原来的殖民地组成的组织，也就是说，是由于原来的殖民关系而联系在一起的一个多边机制。安哥拉在2002年内战结束后，凭借其丰富的石油储备实现了经济的快速增长，成为非洲葡语国家的领头羊。以经济实力为保障，加上安哥拉领导人在地区发展的进取心，安哥拉在葡共体内部的多边关系和双边关系中表现积极，在推动共同体成长壮大的过程中，安哥拉起到了至关重要的作用。安哥拉在葡共体框架下开展了诸多行动，安哥拉政府做出的努力也得到共同体成员国的认可。例如，2005年和2014年，安哥拉分别主办了第五届和第九届葡共体运动会；2010年，第八届葡共体首脑会议在安哥拉首都罗安达

---

[1] 葡萄牙语国家共同体，简称"葡共体"，于1996年7月17日成立，总部设在葡萄牙首都里斯本。初始成员国包括葡萄牙、巴西、安哥拉、莫桑比克、佛得角、几内亚比绍、圣多美和普林西比七国。2002年和2014年，东帝汶和赤道几内亚分别成为共同体第八和第九个成员国。

举行，安哥拉总统多斯桑托斯担任为期两年的葡共体轮值主席；2010年和2013年，安哥拉与几内亚比绍和佛得角分别签署了军事合作协议；安哥拉还积极向圣多美和普林西比、佛得角、莫桑比克等葡共体成员国提供资助，为这些国家的社会发展提供力所能及的帮助；2014年，非洲葡语国家论坛成立大会在罗安达举行，多斯桑托斯总统当选论坛轮值主席，任期两年；2020年8月，安哥拉担任葡语国家共同体轮值主席国。由于葡萄牙和巴西的国情和外交政策造成的葡共体领导者的"缺失"，致使安哥拉拥有了更多积极表现的空间，安哥拉对于成员国事务的介入也更加频繁，显示出一种帮助其他非洲葡语国家发展、推动地区合作的积极态度。[1]

第三节 社会生活

一、人口

根据安哥拉国家统计局（INE）2016年的数据，安哥拉人口约为2 750万，预计2020年将突破3 000万；人口密度为22人/平方公里，其中罗安达省人口最多，占27.1%，本戈省人口最少，仅占1.4%；年均人口增长率为3.1%，男女人口比例为94∶100；人口结构年轻化，0—14岁的人群占总人口的47%，15—64岁的占50%，65岁及以上的人群占3%，出生时的预期寿命为61.5岁。[2]

安哥拉的官方语言是葡萄牙语，71%的国民（多为城市居民）讲葡

---

[1] 贾丁，刘海方. 安哥拉在葡萄牙语国家共同体中的表现及原因分析 [M]// 王成安，等. 葡语国家发展报告（2014—2015）. 北京：社会科学文献出版社，2015：28-43.

[2] Instituto Nacional de Estatística. Anuário de estatísticas sociais (dados de 2011-2016)[R]. Luanda: 2018.

语。安哥拉有多种方言，其中使用最多的是温本杜语，使用该方言的人口占全国总人口的23%，其次是基刚果语和金邦杜语，这两种方言的使用者均为8%。

安哥拉是一个多民族国家，约有100多个民族，其中规模较大的族群是奥文本杜人（约占总人口的37%）、姆邦杜人（25%）、巴刚果人（13%）、恩甘格拉人和隆达-乔奎人。更小的族群有奥万博人、恩雅尼卡-洪贝人、赫雷罗人、辛东加人。安哥拉还有人口很少的小部落，他们是传统的游牧或半游牧族群，以打猎和采集为生。此外，安哥拉还有两个重要的群体，即占人口1%的欧洲人（主要是生活在大的沿海城市的葡萄牙人）和占人口2%的黑白混血人。

奥文本杜人主要集中在本格拉省、万博省和比耶省，他们使用的语言是温本杜语。19世纪末以前，他们被分成12个王国，其中最强大的几个王国是拜伦多、比耶、查雅卡、加兰古和安杜洛。在王国下面，还有很多被称为"阿顿布"的子王国。

姆邦杜人居住在宽扎河和丹德河之间的区域内，包括从沿海的罗安达到马兰热东部的卡桑热盆地。姆邦杜人可以分成20个小的民族分支，他们吸收了很多葡萄牙殖民者的风俗习惯，也是最早开始创作安哥拉文学作品的民族之一。

巴刚果人有8个民族分支，主要分布在卡宾达、扎伊尔和威热等地区。在葡萄牙人抵达非洲时，巴刚果人是当时非洲中部最强盛、最具组织性的民族。他们与殖民者合作，共同参与奴隶贸易，但在政治上最终还是走向了衰败。

奥万博人分布在安哥拉与纳米比亚的交界处，以农牧业为生，负责全国大多数的牲口饲养，约100—300户的家庭组成一个社区，被称为"施隆哥"。

恩雅尼卡-洪贝人居住在威拉、库内内等地区，包含10个民族分支。这是一个保守的民族，并且受欧洲文化影响较小。

安哥拉国民主要信奉罗马天主教，49%的国民为天主教徒，其次是基督教新教徒，占比13%，其余人口大多信奉原始宗教。[1]

二、经济

在2002年以前，长达27年的内战严重破坏了安哥拉的基础设施，给国民经济发展带来较大影响。进入重建阶段的安哥拉逐步开始恢复经济和社会发展，目前已成为撒哈拉以南非洲第三大经济体和最大引资国之一。石油产业是安哥拉国民经济的支柱，在安哥拉国内生产总值、出口总额和政府收入的占比分别为50%、90%和80%。[2] 由于过度依赖石油部门，国际原油价格的任何波动都会造成安哥拉经济的不稳定。为了改变长期单一化的产业结构，维持经济的可持续发展，安哥拉政府加大对农、林、渔业的扶持力度，并且推动实现经济的多元化。

安哥拉有广阔的可耕地，河流密布，农作物可实现一年两收，农业潜力巨大。在独立前，安哥拉粮食可以完全实现自给自足，并且还能大量出口，被誉为"南部非洲粮仓"。但是长期内战给农业生产带来严重影响，目前安哥拉的粮食供给需要进口。家庭耕作是安哥拉农业的基础，根据2014年全国人口普查数据，农业人口约为963.5万人，占全国总人口的37.7%，约合177万家农户。[3] 北部为经济作物产区，主要种植咖啡、剑麻、甘蔗、棉花等作物。中部高原和西南部地区为产粮区，主要种植玉米、木薯、水稻、小麦、土豆、豆类等作物。农业是安哥拉经济多元化的关键，目前安

---

[1] 安哥拉国家概况 [EB/OL]. (2020-10-01)[2020-12-15]. https://www.fmprc.gov.cn/web/gjhdq_676201/gj_676203/fz_677316/1206_677390/1206x0_677392/.

[2] 资料来源于安哥拉国家统计局官网。

[3] 资料来源于 Land Portal 基金会官网。

哥拉的农业产值仅占国内生产总值的 12%，仍有很大的发展空间。安哥拉拥有 3 500 万公顷的可耕地，其中有 500 万公顷用于农业种植。由于农业机械化程度低，安哥拉仅有 10 万公顷实现了机械化生产。虽然化肥的普及一定程度上提高了农业生产率，但是安哥拉仍然无法实现粮食的自给自足。联合国粮食及农业组织的数据显示，2014—2016 年，安哥拉平均每年有 350 万人营养不良，约占总人口的 14%。[1]

安哥拉的主要工业有汽车组装、建材、电力、纺织、食品加工等。旅游业被称为安哥拉的"毛坯钻石""未来的石油"。由于安哥拉拥有丰富的自然地理资源，政府把旅游业作为投资和开发的重点行业。在战后重建时期，建筑业市场容量巨大，在国民经济中占重要地位。来自巴西、葡萄牙、中国等国家的建筑商的涌入，与安哥拉当地企业在基础设施、民用住房建设方面形成竞争局面。

多年内战严重破坏了安哥拉的交通设施，目前安哥拉的公路、铁路、机场等设施正处于大规模的修复和重建之中。全国共有各类机场 180 多座，各个省会城市均设有机场。罗安达的二月四日国际机场是全国最大的机场，安哥拉国家航空公司是国际民航组织成员，航空客货运输量居非洲前列，运营数条国内和国际航线。全国铁路线总里程为 3 000 多公里，有本格拉、纳米贝和罗安达-马兰热三条主干线。其中，本格拉铁路全长为 1 350 公里，与刚果（金）的铁路连接，曾是南部非洲铁路运输干线之一。中国铁建集团承担了本格拉铁路的重建项目，于 2014 年全线竣工，这是继 20 世纪 70 年代在非援建坦赞铁路之后，中国在新世纪承建的海外最长铁路。2015 年 2 月，本格拉铁路正式通车，与安赞、坦赞铁路及周边国家铁路网接轨，实现了南部非洲铁路的互联互通，极大地促进了该地区的发展。在海运方面，安哥拉的沿海省份正大力扩建港口设施，罗安达、洛比托、纳米贝、卡宾

---

[1] 贾丁. 安哥拉共和国国别报告 [M]// 王成安，等. 葡语国家发展报告（2016—2017）. 北京：社会科学文献出版社，2018：196.

达等主要港口均可停靠万吨级货船，其中洛比托港是非洲西海岸最佳港口之一。

在金融方面，安哥拉政府继续调控通货膨胀，实施稳健的债务和货币政策，规范金融行业，维护宏观经济稳定。安哥拉国家银行是唯一的国有银行，其他20余家为商业银行，如储蓄和信贷银行、国际信贷银行、安哥拉发展银行、安哥拉投资银行、太阳银行、千禧银行等。2017年，中国银行罗安达分行正式开始对外营业，中国银行成为第一家在安哥拉设立经营性机构的亚洲商业银行，不仅为在安哥拉的华企、华侨带来了便利，也为中安两国在金融领域的务实合作提供了新的机遇。[1]

在对外贸易领域，安哥拉主要出口石油、钻石、天然气等矿产，以及咖啡、剑麻、棉花等农产品，还有水产品和其他养殖产品，其主要出口目的国有新加坡、以色列、巴西、南非、法国、刚果（金）、比利时、刚果（布）、美国、葡萄牙、英国、哥伦比亚、阿联酋、中国等。为了促进出口，安哥拉政府设立了投资和出口促进局，作为安哥拉政府、企业和国际市场之间的联系纽带，推动安哥拉产品在全球市场的销售。安哥拉主要进口机电设备、交通工具及其零部件、药品、食品、纺织品等。根据安哥拉《2013—2017年国家发展计划》，为保护国内生产、限制垄断操作、淘汰低端进口商，安哥拉政府对进口商设有进口配额，并将逐步限制制成品进口，鼓励大宗商品进口。

安哥拉是吸引外资最多的非洲国家之一，首都罗安达是外资最集中的投向地，此外北宽扎、南宽扎、万博、威拉、扎伊尔和卡宾达等省也吸引了较多外资，主要集中在石油工业、钻石开采、液化天然气、公共工程、建筑、渔业和加工工业等部门。2015年8月，安哥拉颁布新的《私人投资法》，在简化私人投资审批程序、提高税费优惠和激励力度等方面推出具体措施，以吸引外国在安哥拉投资，推进经济多元化进程。根据该法律，安

---

[1] 贾丁. 安哥拉共和国国别报告[M]//王成安, 等. 葡语国家发展报告（2016—2017）. 北京：社会科学文献出版社，2018：199.

哥拉分为四个开发区（见表1.3），投资者享有的税费优惠取决于项目所在地，即位于A开发区的投资项目税费受益最小，C区最大。

表1.3 安哥拉开发区

A区	罗安达省，本格拉省、威拉省的省会城市和洛比托市
B区	比耶省、本戈省、北宽扎省、南宽扎省、万博省、纳米贝省，本格拉省、威拉省的其他城市
C区	宽多-库邦戈省、库内内省、北隆达省、南隆达省、马兰热省、莫希科省、威热省和扎伊尔省
D区	卡宾达省

安哥拉政府将如下领域设定为优先投资领域：教育、职业培训、高等教育、科研和创新，农业、饮食、农业加工，医疗机构和卫生服务，造林、林业、森林资源的产业转型，纺织业、服装业和制鞋业，酒店业、旅游业和休闲娱乐，建筑、公共工程、电信和信息技术、机场和铁路基础设施、发电、输电，垃圾收集和处理等。

总之，国际市场原油价格的低迷以及由此导致的外汇储备的流失，使得安哥拉面临严峻的经济形势。安哥拉政府正在努力刺激经济转型，推动经济多元化，以便停止对石油出口的严重依赖，实现国家宏观经济的平衡和稳定。安哥拉政府致力于改善营商环境，吸引海外投资者，并且推进国有企业的私有化进程。

三、旅游

安哥拉自然资源丰富，地形和植被多样，历史文化悠久，人民热情友好，这些都构成了安哥拉独特的旅游资源，旅游业被视为安哥拉具有巨大发展潜力的行业。下面将分别介绍安哥拉各省的旅游资源。

（一）本戈省

本戈省位于安哥拉的北部沿海地区，北面与扎伊尔省、威热省交界，西邻北宽扎省，南接南宽扎省，东连罗安达省。1980年，本戈升为省级区划，是安哥拉重要的工业区，并且向首都罗安达提供蔬菜和鱼类供给。省会为卡希托，正是在这座城市一批爱国者于1961年2月4日发起了民族独立运动。位于卡特特市的卡西卡内村是安哥拉首任总统阿戈斯蒂纽·内图的故乡。

本戈省保留着重要的历史建筑遗迹，如位于穆希玛古城的建于16—17世纪的穆希玛城堡和17世纪的孔塞桑圣母教堂。在安布里斯坐落着18世纪的奴隶之家、旧市政厅，后者被列为国家纪念地。此外，该省还有很多的教堂、灯塔、纪念碑等遗址。

本戈省的自然遗产包括基宾达森林保护区以及安哥拉最大的国家公园之一——基萨马国家公园。基萨马国家公园占地99万公顷，是大象、水牛、红羚羊和各种珍稀鸟类的栖息地。本戈省还有莱多角、桑加诺、潘巴拉、圣地亚哥等海滩旅游资源。

（二）本格拉省

本格拉省位于安哥拉的中部沿海地区，因美丽的沙滩风景而闻名。省会本格拉城建于1617年，由于历史上葡萄牙殖民者修建的本格拉铁路由此开始并横穿安哥拉，一直延伸至赞比亚和津巴布韦，所以该地区成为重要的商埠。

本格拉城的老城区是著名的文化景点，这里有本格拉海关大楼旧址（现今的国家考古博物馆）、海底电缆公司大楼旧址等古建筑群。在港口城市洛比托，人们可以看到本格拉铁路的第一辆火车头，它由英国生产，被命名为"马沙多将军"，于1905年投入使用。

距离本格拉城24公里的什马拉维拉地区公园是该省的主要自然保护区，面积为150平方公里，主要物种有灰猴、豹、斑马、山羊等。该省还有专门为黑水牛而建的自然保护区，占地400平方公里，除了黑水牛外，豹、狮、鬣狗等也栖居于此。

（三）比耶省

比耶省位于安哥拉中部，省会奎托在内战时期遭受严重破坏。这个地区是安哥拉主要河流（如宽扎河）的发源地，因此也是全国水力资源最为丰富的省份。省内有湖泊、瀑布、森林、河滩、石窟、保护区（如面积4500平方公里的翁普罗森林保护区和位于与马兰热省交界处的卢班戈自然保护区）等。

该省的文化遗产包括坐落于奎托市的内图总统故居，以及坐落于卡玛库帕市的耶稣像。这座雕像是安哥拉地理中心的原点坐标。

（四）卡宾达省

卡宾达省是安哥拉北面的一块飞地，与刚果（金）和刚果（布）交界，该地区注重保护和尊重传统。马翁贝雨林是当地最著名的景点，在土著语中"马翁贝"是"森林海"的意思。这里林木茂密，盛产乌木、红木、檀木等，生活着猩猩、大象和稀有鸟类等。马翁贝雨林为当地人民提供了想象空间，很多民间故事和文学作品都与它息息相关。卡宾达省还有风景秀丽的海滩、河口、湖泊等。

省会卡宾达建于 1883 年，当时建成时还只是一个小港口，于 1956 年升级为市。市内有医学院（原监狱旧址）、图书馆、人民会堂、圣母教堂、省博物馆、卡宾达国王陵园等文化遗产。卡宾达市以北 30 公里处的马伦博保存着奴隶登船时的遗址。

该省的第二大城市兰达纳始建于 1873 年，目前依然保留着安哥拉最古老的天主教教区。圣蒂亚戈教堂和位于欣弗卡村落的奴隶聚居地被列为国家级文化遗产。

（五）宽多-库邦戈省

宽多-库邦戈省位于安哥拉的东南部，是安哥拉面积第二大的省份，仅次于莫希科省。这里曾是安哥拉内战的重要战场，也是遭受破坏最大的省份。该省地处非洲大草原，并且随着南部非洲发展共同体区域计划的实施，具有良好的发展前景。由于与赞比亚和纳米比亚交界，该省将成为安哥拉与周边国家进行商业贸易的重要枢纽。

省会梅农盖保留着穆埃内·伍农格堡垒旧址。库西市有博托托岩画、马库伦刚果瀑布、库塔托河瀑布、玛洛瓦山等人文和自然景观。该省有两大自然保护区，即路易安娜自然保护区和马温加自然保护区。它们分别占地 8 400 平方公里和 5 950 平方公里，在其辽阔的平原和沼泽地里栖息着多种多样的动物。

（六）北宽扎省

北宽扎省是安哥拉内陆面积较小的一个省份，周边与威热省、马兰热省、南宽扎省和本戈省交界。宽扎河流经这里，构成北宽扎省与南宽扎省的边界，此外，卢卡拉河、增扎河也穿越本地区。

该省的北部地区由繁茂的热带森林覆盖，在殖民统治时期这里被称为"花园"。这里肥沃的红土地上曾经生产出全球最优质的咖啡。领导安哥拉人抗击葡萄牙侵略者的恩津加女王就诞生于该省的卡库洛·卡巴萨市。

省会恩达拉坦多位于宾达山麓，保留了殖民时期的建筑特征，圣·若昂·巴蒂斯塔教堂是其代表性文物古迹。坎班贝市有多处国家文化遗产，包括坎班贝圣母教堂和马桑加诺堡垒，其中马桑加诺堡垒建于1583年。在格伦戈·阿尔托市有圣·伊拉里奥教堂、马扎拉拉瀑布、宽扎河吉亚玛弗罗河滩，以及占地558平方公里的格伦戈·阿尔托森林保护区等人文和自然景观。

（七）南宽扎省

南宽扎省位于安哥拉的中西部沿海地区，主要为山区。省内有宽扎河、隆加河、库沃河、库巴尔河等多条河流经过，优越的灌溉条件和肥沃的土壤为农业生产提供了保障。渔业也是该省的重要支柱产业。

南宽扎省保留了很多城堡建筑。省会孙贝市的新雷东多城堡建于18世纪；孙贝市的基孔博城堡建于1645年荷兰占领时期，并且已被列入国家文化遗产；利博洛市的卡卢洛城堡建于19世纪末。

该省的国家文化遗产还有恩达兰比里古村落新石器时代的岩画。该省的自然遗产包括孙贝市东南4公里处的钟乳石洞、孔达市的宾加瀑布和基孔博海滩等。

（八）库内内省

库内内省位于安哥拉的最南端，与纳米比亚交界，由于地处安纳两国的贸易走廊，该省具有便利的发展条件。省会翁吉瓦距离首都罗安达1 424公里，在内战中遭到严重毁坏。

省内的历史文化遗产有尚刚果镇以南的穆菲洛纪念碑（19世纪曼杜梅国王反击葡萄牙殖民侵略的激战之地）、纳马昆德市的曼杜梅国王纪念馆、宽哈马王国十一国王纪念地和建于1906年宽扎河右岸的洛萨达斯城堡。

库内内省自然风光优美，适合生态游和探险游，东北部的穆帕国家公园、库内内河的鲁阿卡纳瀑布，以及黑山等都是特色景观。省内最具代表性的植物是位于尚刚果的一棵国内最大的猴面包树。这棵猴面包树被认为是安哥拉的国树。

（九）万博省

万博省与威拉省、本格拉省、比耶省和南宽扎省交界，矿产丰富，农业潜力巨大，并且有本格拉铁路经过，是安哥拉的工业重地。

省会万博市是安哥拉的第二大城市。该市殖民时期的古建筑在内战时遭到破坏，但战后得到了修复。万博市被誉为安哥拉最美的城市之一，有内图广场、万博考古博物馆、万博主教堂等人文景观。

该省的历史古迹有基萨拉城堡、万博卡伦加酋长墓地、艾奎奎国王和卡迪亚瓦拉国王墓地、卡宁基里岩画等。自然景观有距离万博市20公里的宽多河滩、卡阿拉市的戈韦大坝、距离万博市42公里的阿莫雷斯岛旅游区和安哥拉的最高峰莫科峰等。

（十）威拉省

威拉省位于安哥拉的南部，与马兰热省一并成为安哥拉有待开发的最具旅游潜力的省份。1885 年，布尔人[1]和葡萄牙人曾争夺该省的归属权。省内自然景观有莱达山、顿达瓦拉裂隙、盖伦盖和栋果森林保护区，以及占地 7 900 平方公里的比夸尔国家公园。

省会卢班戈位于威拉高原，被誉为安哥拉最美的城市之一。市内历史遗迹有总督府旧址、市政厅和火车站旧址、主教堂等。

（十一）罗安达省

罗安达省是安哥拉面积最小的省份，面积约为 18 826 平方公里，但是人口却最为密集，大约有 750 多万。[2]省会罗安达市是全国的首都，面积为 2 257 平方公里。这座由葡萄牙探险家、首任安哥拉总督保罗·迪亚斯·德·诺瓦斯建于 1576 年的城市，在历史上曾经是葡萄牙殖民帝国最重要的商品贸易和奴隶贸易港口之一，如今已成为繁华的非洲大都市。

圣米格尔堡垒位于罗安达市，是在首任安哥拉总督的命令下于 1575 年建成的安哥拉首个防御建筑，标志着葡萄牙殖民统治的开始。堡垒内现设有军事博物馆。1936 年，该堡垒被列为国家文化遗产。该省同为国家文化遗产的还有建于 1575 年的卡博圣母教堂（安哥拉的第一座教堂）、建于 1664 年的纳扎雷圣母教堂、建于 1660 至 1689 年的卡尔莫圣母教堂，以及建于 17 世纪的现罗安达主教堂、慈善教堂和耶稣会教堂。

罗安达市内集中了很多地标性建筑，二月四号大街是罗安达城的"名片"，下城区的埃菲尔铁屋由法国巴黎埃菲尔铁塔的设计师于 19 世纪设计，建于 17 世纪的"贵族之家"现在是人类学博物馆，还有建于 18 至 19 世纪的罗安达海关大楼旧址和建于 17 世纪的上城区政府大楼。此外，建于 1938 年的自然历史博物馆和距离罗安达市 20 公里的国家奴隶博物馆也位于该省。

---

[1] 又称阿非利卡人，是南非和纳米比亚的白人种族之一，以 17—19 世纪移民南非的荷兰裔为主。

[2] Instituto Nacional de Estatística. Anuário de estatísticas sociais (dados de 2011-2016)[R]. Luanda: 2018.

该省的自然景观包括位于罗安达市 40 公里以南的月亮观景台和位于罗安达市 8 公里以南的鸟岛，还有宽扎河口、穆苏罗岛、圣地亚哥海滩等。

在罗安达市生活着来自不同民族、不同文化背景的各类人群，他们中的有些人已经成为这个城市的标志，如开着蓝白色出租车的司机、手推独轮车的搬运工、背着孩子叫卖的流动商贩、工地建筑工人，以及近十几年到安哥拉投资的中国商人。20 世纪 60 年代，这里被称为"非洲的巴黎"，现在的罗安达城摩天大楼林立，新的街区不断涌现，彰显出国家的经济发展活力。

（十二）北隆达省

隆达区成立于 19 世纪，首府是今天的绍里木。1978 年由于政治原因，隆达区被一分为二，卢卡帕成为北隆达省的省会。

北隆达省位于安哥拉的东北部，与刚果（金）接壤。该省具有丰富的水力资源，并且金刚石开采业潜力巨大，大多数居民为乔奎族，是全国的文化大省。

位于希塔托市的栋多博物馆是安哥拉的第一座博物馆，由安哥拉钻石公司于 1936 年建立，里面收藏了大量宝贵的历史文物。此外，该省的巴拉巴拉考古站在 1995 年被列为国家文化遗产。

（十三）南隆达省

南隆达省成立于 1978 年，深受北隆达省和莫希科省的影响。该省以钻石生产和乔奎文化为特色，并且蕴藏旅游潜力。省会是绍里木，市内的代表性建筑有政府大楼旧址、安哥拉钻石公司大楼、卢尔德斯圣母教堂等。多条河流流经该省，如卢阿希河、希卡帕河、卢阿西诺河等，并且该省遍布茂密的森林。

（十四）马兰热省

马兰热省位于安哥拉的中北部，与刚果（金）接壤，并与威热省、南宽扎省、北宽扎省、南北隆达省和比耶省交界。省会马兰热市建于1852年，与首都罗安达市有铁路相通。

该省的自然风光很是秀丽，是非洲大陆热门的旅游目的地之一，主要景观包括位于蓬果·安东果并象征恩津加王国权力的黑岩，安哥拉最大、非洲第二高的瀑布——卡兰杜拉瀑布，以及落差105米、占地600平方公里、为保护大黑马羚而设立的坎干达拉国家公园。省内还有沿着铁路线而设的马兰热铁路森林保护区、卢安多自然保护区、米兰多特别保护区和桑巴卢卡拉森林保护区。历史遗迹包括恩果拉国王和恩津加女王墓地、马兰热主教堂、克苏阿福音教堂等，其中克苏阿福音教堂被列为国家文化遗产。

马兰热省的前身是曾经在安哥拉历史上写下辉煌篇章的恩津加王国。该地区的人民自称是勇敢的恩津加女王的后代，他们充满了地域自豪感。马兰热省是安哥拉的农业大省，鉴于其在农业、能源、水力和旅游领域的巨大潜力，政府已将马兰热省列入重点发展规划中。

（十五）莫希科省

莫希科省位于安哥拉的最东端，面积为22万多平方公里，是安哥拉面积最大的省份，与南隆达省、比耶省和宽多-库邦戈省交界。省内居住着以乔奎族为主的六大民族，多民族文化共生共存。该省的人民因奋斗精神而著称，省名"莫希科"的原意是指一种用来装物件的筐子，后来用于指代部落酋长，因为酋长是解决民众所有问题的保护者，再后来就成为整个地区的代名词。省会卢埃纳距离罗安达市 1 314 公里。

该省有草原、森林保护区、国家公园等自然景观,其中卡梅亚国家公园占地 1.4 万平方公里,位于省会卢埃纳以东 102 公里处,公园旁边有安哥拉最大的湖泊迪洛洛湖及卡梅亚湖。该省还有一处国家文化遗产,即位于卡梅亚市的卡梅亚碉堡遗址。

(十六)纳米贝省

纳米贝省位于安哥拉的西南端,面积为 57 091 平方公里,省会是建于 1840 年的纳米贝城,是继罗安达、洛比托之后的第三大港口。

"纳米贝"意思是巨大的,该省被纳米贝荒漠覆盖。纳米贝特别保护区和约纳国家公园是该地区的两大主要自然景观。约纳国家公园位于大西洋和库内内河、库罗卡河之间,占地 1.5 万平方公里,由沙丘和草原构成。省内的人文景观包括纳米贝市的老城区和被列入国家文化遗产的圣费尔南多城堡、卡潘贡贝城堡、圣阿德里昂教堂。

(十七)威热省

威热省位于安哥拉的北部,与刚果(金)接壤,并与扎伊尔省、北宽扎省、本戈省和马兰热省交界。历史上,威热省是刚果王国的重要组成部分,是全球最大的咖啡生产基地之一。全省被原始热带森林覆盖。如今,威热省是连接安哥拉与刚果(金)的重要通道。省会威热市建于 1917 年。

该省的文化遗产有位于基特谢市建于 18 世纪的圣若泽教堂和堡垒、位于本贝市建于 19 世纪的本贝城堡、位于基塞克市建于 20 世纪的基塞克堡垒、基萨迪岩画等。该省还有湖泊、瀑布、森林保护区等自然景观。

（十八）扎伊尔省

扎伊尔省位于安哥拉西北部，面积为40 130平方公里，省会姆班扎刚果距离首都罗安达480公里。历史上，姆班扎刚果是刚果王国的都城。该省油气资源丰富，虽然是全国的贸易大省，但是仍然属于欠发达地区。

姆班扎刚果聚集了丰富的历史文化遗迹，正在申请列入世界文化遗产。这里有建于1491年的撒哈拉以南最早的天主教堂——恩库伦宾比教堂。该教堂于1596年升级为大教堂，1992年教皇若昂·保罗二世曾莅临于此。于1982年开放的刚果国王博物馆，也称扎伊尔博物馆，收藏着珍贵的刚果王国历史文物。北部沿海矗立着葡萄牙人在安哥拉竖立的第一块纪念碑，以纪念1482年在扎伊尔河口靠岸的葡萄牙人迪奥戈·康。

四、社会

在医疗方面，安哥拉实行免费医疗，全国共有各类医疗机构2 000多家，平均每千人拥有医生1.5名、护士23.9名，医疗卫生服务覆盖率为44%。疟疾、黄热病、霍乱、寨卡等是当地常见的疾病。近些年，安哥拉艾滋病流行趋于稳定，感染率约为5%，是非洲艾滋病感染率最低的国家之一。长期以来，中国一直对安哥拉给予医疗援助，通过派遣医疗队、捐助药品和医疗设备、提供人员培训、与当地医院开展联合诊疗、进行学术交流和病例讨论等形式，帮助安哥拉提升健康卫生服务的水平。

在通信方面，安哥拉正在逐步升级电信系统，并引入先进的数字系统。2012年4月，安哥拉的移动电信公司推出了新一代LTE服务，标志着安哥拉首个LTE商用网络开始运营。2012年12月，安哥拉的联合电信公司也推出了4G LTE服务。截至2018年，安哥拉固定电话用户数超17万，互联网用户数约 593 万，手机用户数超 1 300 万。[1]

在新闻传媒方面，安哥拉通讯社是安哥拉唯一的国家通讯社，1975 年 7 月在罗安达成立，现有编辑、记者数百人，驻外有 7 个分社，全天 24 小时播发国内和国际新闻，对内每天发布约 300 条新闻，对外使用葡萄牙语、法语、英语和西班牙语发布新闻。安哥拉的报刊分为两大类。第一类是由政府所有和国家控制的出版物，如《安哥拉日报》《共和国日报》《罗安达日报》等。第二类是私营报刊，如《8 页报》《现在》《安哥拉周刊》等。安哥拉还有与政党和政治组织有关的报纸，如安人运的《每周邮报》《新时代》以及安盟的《工人之声》。安哥拉国家电台是国有广播电台，总部设在罗安达，在 18 个省份都设有分支机构，使用调频、中波和短波播出，信号覆盖全国，用葡萄牙语和当地语言广播。安哥拉还有大量的私营电台，大部分设在罗安达，如罗安达商业电台、第 5 电台等。安哥拉电视台是国有电视台，总部也在罗安达，1975 年 10 月 18 日在罗安达首播，现有 TPA-1（综合）、TPA-2（娱乐和青年）和 TPA 国际等频道，对内使用葡萄牙语和多种民族语言播出，对外用葡、西、英、法等语言播出。该电视台通过卫星和有线电视网播出，与葡萄牙电视台建有伙伴关系。

安哥拉人民的娱乐休闲活动丰富多彩。农村地区较为普遍的是传统的休闲形式，例如，夜晚时分，男性长者在月光下、火堆旁给孩子们讲故事；男子们一边饮杜松子酒，一边玩传统的曼卡拉游戏[2]；女子们通过编织或者聊天来打发时光等。乡村的节日和传统仪式，比如，孩子生日、成人礼、婚礼、葬礼等也给人们提供了聚会的机会。而在城市中，现代的休闲活动更为常见，如家庭派对、沙滩活动、看电影、购物等，年轻人更喜欢夜生活。

---

[1] 安哥拉国家概况 [EB/OL]. (2020-10-01)[2020-12-15]. https://www.fmprc.gov.cn/web/gjhdq_676201/gj_676203/fz_677316/1206_677390/1206x0_677392/.

[2] 一个古老的游戏，可以追溯到三千多年前的埃及，在非洲特别流行。游戏木板上有 12 个可以装筹码的凹槽，玩家需要计算和巧妙地移动筹码，来赢得对方的所有筹码。

体育运动已成为大多数安哥拉人的休闲方式，其中最流行的就是篮球。安哥拉国民热衷于观看各类篮球比赛，安哥拉国家篮球队是非洲最优秀的球队之一，在各种国际大赛中屡获佳绩。足球在安哥拉也非常受欢迎，是一项国民运动。此外，手球、网球、高尔夫、潜水等运动也吸引着越来越多的爱好者。

第二章 文化传统

安哥拉是非洲大陆上历史悠久的国家。在安哥拉境内生活着约 100 多个民族，每个民族都有其独特的文化传统。同时，历史上，安哥拉曾经遭受葡萄牙的殖民统治，欧洲元素在安哥拉文化中随处可见，所以多样性、跨文化和文化融合构成了安哥拉文化的突出特点。在这一章中，我们将从历史沿革、风土人情和文化名人三个部分梳理安哥拉的文化生态和文化传统。

第一节 历史沿革

本节将从前殖民地时期（1575 年以前）、殖民地时期（1575—1975 年）和独立后（1975 年以后）这三个阶段来梳理安哥拉文化的历史演变过程。

一、前殖民地时期

两千多年前，生活于非洲其他地区的班图人向南迁徙，在安哥拉境内建立了多个王国，刚果和恩东戈是其中两个最大的王国。有学者认为，安哥拉的国名 Angola 来自恩东戈国王的名字 Ngola Nzinga（恩哥拉·恩津加），或者源于土著语 Ana-a-Ngola 或 Akua-Ngola，意思分别是恩哥拉的子女和恩哥拉的人民。

当时，各王国的人民分为贵族、自由人和奴隶三个等级。贵族是精英阶层，不能与平民通婚。王国的政治等级则划分为国王、地区首领、部落酋长和村落长老三个级别，由国王任命地区首领，再由地区首领任命部落酋长和村落长老。

要想了解安哥拉的文化，首先要从班图人的世界观谈起。在班图人眼中，过去或者说历史被赋予了重要的意义，没有过去就不会有现在。所以，班图人非常尊重先人，奉行祖先崇拜，重视保护世代相传下来的传统。[1] 在班图人看来，时间周期循环，且不可逆转。班图人把世界看作一个金字塔，处于塔顶的是神祇，其下面是祖先，然后最下面的是活着的人类。人类与世界之间存在着力量的较量，当人类自身的力量被削弱时，人类就会患上疾病，而当人类自身的力量不断得到增强时，人类就会变得健康。班图人相信世间存在恶魔，恶魔是个体或集体遭受不幸的根源，所以巫师和巫术活动在他们的生活中占据重要的位置。

基于这样的世界观，班图人形成了多种多样的土著宗教，虽然每个宗教会有各自的一套信仰、价值、仪式和崇拜体系，但同时它们又具有某些共同的特征。班图文化是非洲黑人文化的特殊标志，尽管后来经历了殖民化、现代化和全球化，但至今仍然对安哥拉人民的社区生活，尤其是对安哥拉的农村地区产生着重要影响。概括地讲，班图文化的主要特征是父权制和长老制。老年人拥有绝对的权力，并且被认为是社区规范的制定者，而且老年人还是智者的象征，"一位长者的逝去好比毁了一座图书馆"[2]；妇女在社会中扮演着次要角色，在家庭中作为妻子、母亲和教育者处于较低

---

[1] KAGAME A. As culturas e o tempo[M]. São Paulo: Vozes, 1975.

[2] BA A H. Aspects de la civilisation africaine[M]. Paris: Présence Africaine, 1972.

的地位；男女青年都必须经历成人礼才能获得正式社会成员的地位；女孩儿普遍早婚，早婚传统直到现在也在阻碍着安哥拉义务教育的实施，人们普遍觉得成为家庭主妇不需要接受义务教育；妇女处于从属地位，必须以家庭为重，接受婚姻，维护夫姓的尊严，用心经营家庭；一夫多妻制在许多社区盛行，进一步解释了妇女的社会地位。

在寻求通往印度的航海之路上，葡萄牙人迪奥戈·康于1482年在扎伊尔河口靠岸，开始了与当地居民和刚果王室的交往。他们互换使者，开展贸易，葡萄牙人还派去了天主教教士。1490年，葡萄牙的船只停靠在姆平达港口，船只上装载着货物商品、葡萄牙国王赠送给刚果国王的礼物、方济各会神父，以及帮助刚果王国修建教堂和王宫的石匠。船只返回时，将刚果王国的奴隶、象牙和精美的手工织布带回了欧洲。双方之间的交往改变了当地非洲人的生活：一方面，欧洲货物极大地丰富了非洲市场的产品多样性；另一方面，葡萄牙人从事的军火交易大大增加了当地人之间的内战频率。而对于葡萄牙人来说，他们不仅想要从刚果王国那里获得奴隶和象牙，更企图通过宗教以文化渗透的方式占领非洲土地。1491年，刚果国王恩津加·阿·恩库沃接受洗礼，取名为"堂·若昂一世"。他之所以接受白人传教士并信奉天主教，是因为他与葡萄牙人勾结贩卖奴隶引起了当地人民的不满和反叛，因此他想借助天主教压制民间的反抗。[1]

对若昂一世的不满导致非洲各王国陷入长期的混乱和危机之中，最终导致这些王国逐渐衰败。与此同时，葡萄牙人秉持着"分裂以更好地统治"的格言，加大对非洲的侵略战争，他们俘虏奴隶，屠杀大象，对当地人实行残暴压迫。非洲土著人并没有被葡萄牙人的各种侵略手段压倒，他们坚持与侵略者抗争。而葡萄牙人面对当地人的反抗阻挠非但没有撤退，

---

[1] PÉLISSIER R, WHEELER D. História de Angola[M]. Lisboa: Tinta da China, 2011.

反而继续推进和巩固他们的"十字军东征"。这种情况贯穿于整个殖民统治时期。

口头文学是前殖民地时期的主要文化表现形式。人们通过口口相传的民间寓言、格言、谚语、神话等，将世界观、价值观等代代传承下去，可以说口头文学构成了安哥拉早期教育的基础。此外，歌曲、舞蹈、巫术、宗教仪式等也是安哥拉早期文化的组成部分，它们共同构建了安哥拉丰富多彩的土著文化。

二、殖民地时期

在殖民地时期，西方的文化和教育通过宗教传播到安哥拉，宗教被视为殖民统治的工具。在安哥拉，首先被引入的宗教是天主教。葡萄牙人大多信奉天主教，15世纪末，葡萄牙传教士开始了在安哥拉传布福音的早期工作。传教士修建教堂，并且设立教育机构，以培训非洲的牧师。目前，49%的安哥拉国民都是天主教信徒，他们主要集中在人口稠密的西部沿海地区。19世纪末，来自美国、加拿大和英国的新教传教士加入了在安哥拉的传教工作。新教采取了比罗马天主教会更为积极的传教态度，他们把福音传道和社会服务（如医疗救助）结合在一起，并且学习当地语言，努力了解当地人的文化。

在1884—1885年的柏林会议之后，欧洲列强掀起了瓜分非洲大陆的高潮。宗主国葡萄牙在殖民统治期间推崇西方的文化教育理念，遏制非洲本土文化的发展。19世纪中叶，葡萄牙人将印刷术带到非洲殖民地。[1] 新闻业和教育的兴起，以及葡萄牙在殖民地国家执行的同化政策（即拼命压制当

---

[1] 印刷术被引入到五个非洲葡语国家的时间分别是佛得角1842年、安哥拉1845年、莫桑比克1854年、圣多美和普林西比1857年、几内亚比绍1879年。

地的民族语言和文学）[1] 催生了安哥拉本土知识分子和葡萄牙语书面文学的出现。起初，这些本土知识分子以被同化人口为主，后来逐渐出现了土著黑人知识分子，他们为殖民地时期安哥拉的文化发展做出了贡献。

安哥拉的殖民地文学最早由在葡萄牙出生的白人所垄断，他们的作品深受欧洲文学模式的影响，所以作品几乎都源自城市，与乡村几乎没有直接关联，并且带有种族偏见，旨在宣扬葡萄牙文化。后来，少数白人作家从欧洲中心主义中摆脱出来，如被称为"非洲第一位新现实主义小说家"的费尔南多·蒙特罗·德·卡斯特罗·索罗梅尼奥。他的早期作品反映的是殖民者到来之前安哥拉人民的生活。按照索罗梅尼奥本人的说法，那时的非洲人还不是人的儿子，而是神的儿子和奴隶。[2] 他的作品中反映的生活充满恐怖和危险，富有神话的妙趣和诗意，而其三部曲《死亡的大地》（1949年）、《转折》（1957年）、《创伤》（1970年）标志着索罗梅尼奥创作的成熟阶段。这些作品揭露了非洲被殖民者残暴掠夺的社会现实和等级森严的社会关系，极具现实主义特征。

在罗安达和其他主要沿海城市，被同化人口中的知识分子成为一支强大的文化力量，他们开始创作关注安哥拉文化的民族文学，罗安达逐渐成为重要的文化和文学中心。在19世纪向20世纪过渡之际，安哥拉文学以自由主义和自治主义为主要创作主题。这一时期，值得一提的是出版机构"自由新闻界"[3]（1866年至19世纪末），它相继出版发行了50种期刊。葡萄牙在安哥拉的殖民统治严重影响了安哥拉的文化发展，导致黑人作家很晚才登上文学舞台。究其原因，一方面，葡萄牙在安哥拉实行的教育政策不鼓励对土著人的教育，延缓了黑人知识分子阶层的出现；另一方面，殖民制度下严厉的新闻和文学审查制度也阻碍了安哥拉当地文化的

---

[1] 比如，安哥拉的金邦杜语和莫桑比克的龙珈语直到20世纪30年代才开始被用于文学创作和新闻领域。

[2] PIRES L. Literaturas africanas de expressão portuguesa[M]. Lisboa: Universidade Aberta de Portugal, 1995.

[3] 是一群追求自由主义思想的知识分子成立的出版机构，他们反对种族主义和殖民主义，倡导维护安哥拉民族传统和民族团结。

发展。直到20世纪初，安哥拉才涌现出一批黑人作家，他们把传统文学元素融入创作，其作品以殖民、狩猎、草原或野外探险等题材为主，所呈现的非洲异域特色吸引了不少欧洲读者。

第二次世界大战后，国际政治形势趋于缓和，安哥拉人民渴望摆脱殖民统治的热情高涨。伴随着一系列的文化运动，安哥拉的文学领域兴起了新现实主义和"黑人精神"运动的思潮。这一时期的作品突出泛非洲、团结的主题，通过对黑人品质的描写和赞扬来确认自己的黑人身份和价值。1948年，"安哥拉新知识分子运动"成立，并提出"让我们来发现安哥拉"的口号。1951年，以维里亚托·达·克鲁兹、安东尼奥·雅辛托、阿戈斯蒂纽·内图为代表的萨尔瓦多·科雷亚国家教会中学的学生们创办《消息》杂志，传播爱国主义和民族解放的思想。[1] 20世纪50年代是安哥拉葡萄牙语文学成形的关键阶段，这一时期的文学作品涵盖了三个要素，即：赞美人民（尤其是农民和工人）和反对资产阶级、国民身份的找寻、黑人世界的融合。而表达这些要素的最恰当的文学形式就是诗歌。诗人们在诗歌中歌颂黑人精神，号召人们反抗殖民主义。20世纪50年代后期，安哥拉出现了第一批短篇小说集，如卡洛斯·埃维多萨整理的《安哥拉短篇小说》（1959年）、卢安迪诺·维埃拉整理的《城市和童年》（1960年），以及阿尔弗雷多·马尔加里多整理的《安哥拉短篇小说集》（1960年）。其中，很多作家都是参加民族运动的积极分子。比如，内图是安人运的领导人；佩佩特拉是安人运的一名游击战士，曾在卡宾达参加独立战争；维埃拉因参与反殖民主义活动在20世纪60年代被殖民政府当成政治犯。很多革命作家在安哥拉独立后仍然活跃于政治生活中，比如，内图成为安哥拉的首任总统，佩佩特拉在安人运政府任教育部部长。[2]

20世纪60年代是安哥拉文化领域中民族主义的大爆发时期。1961年，

---

[1] PIRES L. Literaturas africanas de expressão portuguesa[M]. Lisboa: Universidade Aberta de Portugal. 1995.
[2] 奥耶巴德. 安哥拉的风俗与文化 [M]. 李国武, 邓煜平, 译. 北京：民主与建设出版社, 2015.

安哥拉爆发了民族解放武装战争,随之出现了以游击战为主题的文学作品。殖民地人民缺乏自由的痛苦生活和对当家作主的渴望仍然是这一时期安哥拉诗歌的主要题材。安哥拉与民族主义运动相关的政客和文人受到镇压,部分出版物被禁。1965年,在狱中的卢安迪诺·维埃拉因小说《罗安达》获得葡萄牙作家协会颁发的小说大奖,在葡萄牙和国际社会引起反响,他与内图成为当时安哥拉最著名的作家。

20世纪70年代是安哥拉争取民族独立的阶段。在1975年独立前,受到国际大环境的影响,安哥拉文学创作的审美发生改变,出现了一批并不明确表达政治立场的作品。它们放眼于世界,不宣扬政治,更具有现代性。

三、独立后

在1974年4月25日葡萄牙"四·二五革命"和1975年11月11日安哥拉独立以后,安哥拉文学创作环境大为改观。在言论自由的氛围下,1975年安哥拉作家联盟成立,很多"禁书"得以出版。这一时期的作品以歌颂国家和新政权的爱国主义题材为主。

旋即,安哥拉又陷入了长期内战。内战给国家和民生带来严重破坏,大量人民迫于生计逃往国外。很多文学作品反映了内战时期安哥拉物资匮乏、民不聊生的状况。内战时期是安哥拉当代文化和文学繁荣发展、不断革新的阶段,涌现出大量具有国际声誉的作家和不同审美、不同意识形态的各类作品,创作主题更加多元化,包括对战争的思考、对社会现实的批判、对黑人精神的颂扬和对未来世界的想象等。

1981年,安哥拉成立了青年文学先锋队,旨在鼓励年轻人探索自由的文学创作。佩佩特拉写于游击战时期的小说《马永贝》得以在这一时期发表，并赢得了安哥拉文学奖。佩佩特拉和卢安迪诺·维埃拉分别于 1997 年和 2006 年获得卡蒙斯文学奖，这是葡萄牙语文坛的最高奖项。若泽·爱德华多·阿瓜卢萨的小说《贩卖过去的人》于 2007 年斩获了英国《独立报》外国小说奖，这是非洲作家首次获此殊荣。翁贾基是安哥拉当代作家中成就最为突出的代表，曾获得巴西最重要的文学大奖——雅布提文学奖（2010年）和葡萄牙若泽·萨拉马戈文学奖（2013 年），代表作为小说《透明》和青年读物《长胡子的自行车》。

总体来说，口头叙事是非洲书面文学的独特创作风貌，安哥拉的文化和文学亦是如此。大量作家以非洲几千年来口口相传的民间寓言、格言、谚语、神话等为创作素材，在写作手法上采用对话、拟物等口述技巧，并且混合使用地方语言（葡萄牙语的安哥拉化），形成了口头叙事与书面文学、葡萄牙文化与安哥拉当地传统文化的有机结合。

长年内战破坏了安哥拉的文化基础。2002 年内战结束后，安哥拉进入文化重建时期。2003 年，安哥拉文化部颁布新的文化政策，加大投入以实现文化的重建和复兴，许多文化中心、影院、剧场、博物馆、档案馆等得以修复和改造，纪念物、历史遗迹等也陆续得到维护和修整。

第二节 风土人情

一、饮食、服饰和民居

安哥拉的美食五花八门，既有种类丰富的传统非洲菜肴，也有深受殖民文化影响的葡萄牙菜肴。安哥拉的传统饮食以如下这几种食材为基础：棕榈油、辣椒、玉米、花生、木薯，比如，木薯叶炖花生，然后在此基础之上加入肉类、鱼类、海鲜或蔬菜。安哥拉的特色菜有姆安巴，这是一道搭配秋葵、南瓜、棕榈油的鸡肉菜肴，一般炖煮熬制一小时而成，其重点在于料汁。除了鸡肉，这道菜也可以搭配鱼肉。还有卡鲁鲁，一道用干鱼、鲜鱼配上棕榈油和秋葵、番茄、红薯叶等蔬菜制成的炖菜，其制作方法与姆安巴类似，主要食材也大体相同。姆菲特也是安哥拉的特色菜，这是一道由新鲜的烤鱼、烤香蕉、烤红薯、棕榈油豆和秘制酱料搭配制作而成的菜肴。姆菲特的秘制酱料包括番茄、洋葱、胡椒粉等。这道菜的口感非常丰富，有酱料的酸甜、水果的清香、鱼肉的醇厚，在带给味蕾丰富的层次感的同时，又保留了每种食物的独特口感。上述这些特色菜一般都和玉米或木薯粉搭配在一起吃。在安哥拉北部，人们常吃木薯粉，而在南部人们多是吃玉米粉。安哥拉人将木薯粉或玉米粉放在沸水中不断搅拌而制成黏稠状的食物，类似于糊糊，当地人称之为Funge。木薯粉制成的糊糊更有黏性，通常会淋上炖菜酱汁食用。有些路边摊售卖的条状Funge口感更硬一些，类似于年糕，外面用香蕉叶包裹，食用时切成小块，直接蘸着盐吃。烤肉也是安哥拉饮食的一大特色。在安哥拉，牛羊肉、鸡鸭肉和海鲜都可以烤着吃，有牙签肉和纸包肉（烤熟后切小块并用牙签串起或纸包住）、石板烤肉、烤肉自助等，做法简单，味道浓香。由于安哥拉日照时间长、雨水丰沛，盛产的热带水果甜分很高，所以饭后甜点多以水果为主，如芒果、木瓜、百香果、番石榴、香蕉等。安哥拉甜点总体偏甜，百香果慕斯深受欢迎。安哥拉的国树——猴面包树，其果实长圆饱满，含有丰富的维生素和营养成分，可以直接食用，也可以制成饮料或果酱。

安哥拉非常流行的一种酒精饮料叫卡西，原材料是从木薯皮和马铃薯皮中提取出来的。安哥拉还有玉米啤酒、棕榈酒和玉米粉饮品，这些都是当地酿造的饮料。在欧洲人到来之前，安哥拉当地的乔奎人就开始用棕榈坚果酿造一种叫蒙戈佐的啤酒，如今在很多欧洲国家都有销售。安哥拉最有名的本土啤酒品牌当属库卡，葡萄牙的啤酒品牌萨格雷斯、超级博克在安哥拉也非常受欢迎。有的海边餐厅会有桶装啤酒供应，适合在多人聚餐时饮用。吹着海风，配上冰爽的啤酒，也是安哥拉的普遍娱乐项目之一。安哥拉最畅销的汽水品牌是蓝色，不管是在超市、商店、餐厅还是路边，这个品牌的汽水随处可见。安哥拉的果汁种类繁多，它们保留了水果天然的香气，口感纯正浓郁。

安哥拉的传统服饰由手织棉布制成，有些群体也会使用动物的皮毛。一般女性的典型装扮是一件包裹着身体的花布罩衫搭配一条头巾，花布的图案一般非常丰富，颜色非常艳丽。文身是安哥拉传统文化的体现。对于男性来说，文身代表着地位和声望，而女性则把其当成美的体现。在很多传统节日和仪式上，人们都会专门绘制文身以示遵循习俗。此外，女性还通过编发、头饰和琳琅满目的项链、手镯等饰品精心装扮自己。在偏远的农村地区，不少民族还保留着旧式装扮，比如，南部半游牧民族的女性依然裸露胸部；而在城市和大多数乡村，西方的现代服饰已成为日常衣着，女性会身穿衬衫和裙子，男性则会用T恤衫搭配长裤或短裤。在正式场合上，男士一般穿西装，女士一般穿礼服。

在民居方面，安哥拉的城市与乡村存在较大差别。城市里的富人区和贫民区形成鲜明的对比，富人居住在现代楼房或者老式别墅中，而贫民区则由破旧拥挤、杂乱无章的棚户组成，根本没有现代的卫生设施。在农村，条件好的人家会居住在土房或混凝土建造的房中，普通人家则是住在用泥土或椰纤盖的屋顶的小屋里。一般来说，一个农村院落中会有多个小屋，分别用作客厅、厨房、粮仓、牲口圈等。院落里还会有宽敞的空地，外面用栅栏围挡。安哥拉长年的内战严重破坏了城市和乡村的建筑，很多民宅被毁，大量的人民流离失所。内战结束后，安哥拉政府采取全面重建的措施，修复、修建了大批社会住房。

二、风俗、习惯和节假日

安哥拉的风俗、习惯植根于传统文化之中。由于殖民历史的深刻影响，西方的文化和价值观虽然给安哥拉的旧俗带来了巨大的冲击，但传统的习俗仍然是安哥拉社会生活的重要组成部分。

（一）传统社会

在传统社会，仪式、庆典和节日是构建安哥拉社会关系的重要场合，人们的亲属关系也增进了社会互动。老年人作为家庭中的长者和智者，受到年轻人的尊重和敬畏。除了以家庭为基本单位的社会关系外，同龄人还会组成各年龄组协会，协会成员通过会议或聚会的方式建立群体认同感，共同完成一些活动或任务。

安哥拉的仪式和庆典活动往往与人的生老病死相关，是传统习俗的重要体现。命名仪式是新生儿来到世上后的第一个重要仪式，通常由家里的长者主持，其父母和家庭成员都会参与其中。传统社会的人们推崇祖先，因此，一般来说，孩子会随祖先的姓，名字由父亲或父母双方决定。在命名仪式上，人们以祖先的名义为孩子和家庭祈福。在信奉基督教的家庭中，命名仪式则在教堂里举行，由牧师主持，人们诵读圣经，孩子接受洗礼。

当孩子开始进入成年期的时候，就要举行成人礼，这是传统社会非常普遍的仪式，一般会持续数周甚至数月，其目的是让年轻人为承担成人社会的角色而做准备。男孩儿长到 15 岁左右的时候，会被族群中的成年男子带去树林野营，接受打猎、捕鱼等生活技能的培训，学习如何适应婚姻角色和承担成年人的责任。男性割礼和化装舞会是成人礼上的重要环节，整个社群共同庆祝青少年长大成人。跟男孩子们一样，女孩儿在成人礼上也要接受长辈的引导和培训，向年长的女性学习如何扮演传统女性的角色。女孩子们在成人礼上会化着精致的妆容，歌曲、舞蹈和盛宴是仪式的重要内容。

婚姻习俗是安哥拉文化的重要组成部分。在传统社会，婚姻由父母或其他长辈包办，而不是建立在夫妻双方的感情基础之上。婚姻是建立和巩固两个家庭、社群甚至宗族之间的关系的重要途径。新郎一般比新娘年龄大，新郎在婚姻和家庭中处于主导地位。传统的婚姻是一夫多妻制，虽然独立后的安哥拉政府禁止了这一制度，但传统思想依然根深蒂固，在现代的安哥拉社会中仍然存在着一夫多妻的现象。不管是在传统社会，还是在现代的安哥拉，聘礼都是婚姻习俗中必不可少的组成部分。新郎通过向女方家庭赠送礼品来表达对婚姻和新娘的诚意、尊重。聘礼一般是粮食、牲畜、服饰等物品或者现金，在双方家庭举办的庆祝仪式上进行赠送。

治病仪式在传统社会相当流行，甚至在当今的安哥拉农村地区仍然是人们诊治疾病的主要方式。人们相信生病的人是受到了邪恶灵魂的困扰，因此会请来治疗师举办治病仪式，以求驱走恶魔、净化病人。治疗师一般会在仪式上念咒语，并且让病人服用草药，病人的家属和族群成员也会出席仪式。

安哥拉人认为生命在死后会继续以灵魂的形式存在，因此非常重视为逝者举办一场正式的丧礼，以求让逝者安息。每个族群的丧葬仪式都有各自的习俗，但一般都包括悼念逝者、清洁遗体、家人拥抱和亲吻遗体等内容。

安哥拉人崇拜和敬奉祖先，相信祖先的亡灵能够庇护后人，因此祭祖仪式也是传统习俗的重要组成部分。祭祖仪式一般会定期举行，人们向祖先供奉祭品，举办宴会、歌舞等活动，祈求先人的保佑。当遇到自然灾害或疾病等重大困难时，人们也会通过祭祖活动以求平安顺遂。

（二）现代社会

葡萄牙的殖民统治在一定程度上破坏了安哥拉的本土文化，并将西方的政治、经济和社会制度引入安哥拉，尤其是西式教育的推行，促使西化的安哥拉人逐渐放弃了传统，开始持有西方价值观。比如，圣诞节和复活节就是通过基督教传教士引入的，如今已成为安哥拉的法定节日。西方的生活方式让安哥拉人的衣食住行发生了重大的变化，许多城市化、接受过教育的安哥拉人展现出深受西方文化影响的社会行为模式，他们听西方流行音乐，穿西装，吃西餐，讲葡萄牙语，使用互联网等新技术，越来越多的女性也走进校园，进入职场，改变了传统的女性形象。

在婚姻方面，父母包办的婚姻不再是主流，越来越多的男女经自由恋爱走进婚姻。现代的结婚形式有教会婚姻和公证婚姻两种。大多数基督教信奉者选择举办教堂婚礼，仪式庄严隆重；公证结婚的程序更加简单，喜欢节俭并且希望婚姻被法律认可的人一般选择公证结婚。虽然现代的妇女解放运动让妇女的地位有所改善，但女性在很大程度上仍然处于从属地位，在社会各个领域中依然受到歧视和不平等对待。

安哥拉人热衷于社会活动，聚会和庆典一直是维持社会关系的重要方式。求婚仪式、丧葬仪式是现代安哥拉人家庭聚会的重要场合，这些仪式程序繁复，严格遵照各地的习俗进行。有些族群，如温本杜人、赫雷罗人、乔奎人等，延续了举办成人礼的传统。宗教游行、狂欢节等也是现代安哥拉非常流行的节庆活动。此外，夜生活为安哥拉民众的社交聚会提供了更多的机会，人们在派对上唱歌跳舞，结识朋友。年轻人继承了尊老的传统，十分重视问候礼仪。一般来说，人们在问候时会握手、拥抱，有时还会采取更为西化的贴面礼。在正式的场合安哥拉人均使用葡萄牙语。

（三）节假日

安哥拉的国家法定节假日见表 2.1。

表 2.1 安哥拉的国家法定节假日 [1]

日期	节假日
1月1日	新年
2月4日	反殖武装斗争纪念日（纪念 1961 年 2 月 4 日反抗葡萄牙殖民统治的民族解放战争打响的日子）
2—3月	狂欢节（每年的具体日期不同，一般在 2—3 月举行）
3月8日	国际妇女节
3月23日	南部非洲解放日
4月4日	和平和解纪念日（纪念 2002 年 4 月 4 日安哥拉结束长达 27 年的内战，实现全面和平的日子）
3—4月	圣周五（是基督教节日，又称受难节，即复活节前的星期五，每年的具体日期不同）
5月1日	国际劳动节
9月17日	国家奠基者和民族英雄纪念日（纪念第一任总统阿戈斯蒂纽·内图的诞辰）
11月2日	万灵节
11月11日	独立日（国庆日，纪念 1975 年 11 月 11 日安哥拉脱离葡萄牙的殖民统治，获得独立的日子）
12月25日	圣诞节

除了表 2.1 中列举的全国性节假日外，安哥拉还有一些地方性节庆，如 8 月 15 日的罗安达市庆（纪念 1648 年 8 月 15 日荷兰人被驱逐出罗安达）、

---

[1] 资料来源于安哥拉节假日官网。

12月24日的罗安达节、12月31日的圣西尔维斯特节（跨年夜）等。

可以看出，安哥拉的节假日包括宗教节假日和世俗节假日两大类。其中，最重要的是11月11日的独立日，全国在这一天会举行盛大的纪念仪式，庆祝安哥拉经过艰苦卓绝的奋斗赢得了民族解放。由于基督教对安哥拉的巨大影响，不管是否信教，几乎所有人都会庆祝圣诞节，它是家人团聚、好友交流的重要节日。隆重的派对会在平安夜举行，届时人们聚在一起享受圣诞晚宴并交换礼物。此外，12月25日去教堂参加礼拜仪式也是圣诞节的重要活动。狂欢节也是西方文化引入的重要表现，已成为安哥拉重要的文化活动之一。在狂欢节派对上，人们身着色彩斑斓的服饰，在欢快的音乐中跳舞行进。安哥拉的狂欢节融入了很多非洲文化元素，是深受人们喜爱的节日。罗安达的狂欢节是最为热闹的，其他的滨海省份，如卡宾达、扎伊尔、本戈、南宽扎、本格拉、纳米贝、马兰热、北宽扎等也很流行庆祝狂欢节。海洋节是纳米贝举行的夏季传统节日，将文化、娱乐和体育元素融为一体，节日里一般会举办与农业、渔业、建筑、石油、农牧相关的各类产品展览会。圣母穆希玛节是安哥拉当地非常流行的宗教节日，每年成千上万的游客和虔诚的信徒都会聚集到位于罗安达省基萨马市的穆希玛圣殿进行庆祝活动。

三、多样的艺术形式

音乐和舞蹈在安哥拉文化中扮演着重要角色，不管是在传统社会还是现代社会，二者都是各种仪式、庆典和节日里必不可少的组成部分。在传统社会，音乐和舞蹈除了具有娱乐功能，还承担了教育的作用，比如，民歌等传达了一定的价值观；会制作各种乐器并演奏打击乐、弦乐、管乐等的传统乐师已成为社会生活中的重要职业。在殖民地时期，随着西方文化的引入，安哥拉传统的音乐形式受到打压并且逐渐消失。不少音乐家和乐队将民间音乐作为反抗殖民统治的武器，比如，20世纪40年代成立的"安哥拉韵律"乐队用现代乐器演奏传统音乐，并且用土著语言演唱反殖民歌曲，以此传达民族主义精神，深受国民的欢迎。安哥拉音乐对古巴和巴西东南部音乐的编曲和节奏产生了重要影响。20世纪60—70年代是安哥拉音乐的大发展时期，涌现出很多的乐队和唱片公司，推出了很多畅销歌曲。乐手们使用电吉他和打击乐器创作了森巴、刚果伦巴和安哥拉默朗格等节奏明快的音乐形式。安哥拉独立后，长期的内战又阻碍了文化的发展，艺术家们的创作主题开始聚焦于战乱带来的社会问题上。20世纪90年代初期，安哥拉出现了一种新的音乐形式——库杜罗。它是安哥拉青年融合了非洲多种打击乐风格创作而成的，节奏感强，也非常适合跳舞，给人一种像重金属音乐一般的强烈感受，歌词一般表达爱情、战争、和平，或者抨击社会道德的沦丧。当代的安哥拉音乐家们则开始探索更加广泛的创作主题，并且尝试将传统音乐元素融入作品中。目前安哥拉流行的主要音乐形式有森巴、基宗巴、卡贝杜拉等。

森巴是一种用吉他和打击乐器演奏的音乐，旋律欢快，节奏感强，适合跳舞。森巴源于20世纪，是非洲传统音乐与欧洲文化融合的产物。由于与巴西的桑巴名字接近，经常被人们混淆。不过，有人认为二者都起源于安哥拉的传统音乐。森巴的名字来自金邦杜语里的massemba，意思是触摸肚子，所以这种音乐舞蹈形式以男女摆动腹部、互相碰触为特点。

基宗巴也是安哥拉非常流行的音乐舞蹈形式，与森巴相似，节奏更感性、简单，舞蹈更亲密、性感，被称为"非洲的探戈"。基宗巴在金邦杜语里表示"聚会"，它融合了安哥拉传统音乐和加勒比旋律等多种现代元素，用葡萄牙语演唱，在非洲葡语国家里非常流行。

安哥拉战舞是一种融合了肢体运动、音乐伴奏和精神意念的舞蹈和武术比赛形式。战舞中，两位选手不得用手，只能用腿、脚、脚后跟和头攻击对方。双方一边快速运动，一边以手撑地做出各种倒立和旋转动作。战舞的伴奏乐器里有一个叫"贝林包"的乐器。这是一种木制的弓形乐器，它有一根用金属丝做的弓弦，它的音箱固定在弓弦一端的涂有颜色的葫芦上。演奏者一边晃动乐器，使葫芦里的种子随着震动发出响声，一边用拨子拨动绷紧的琴弦，演奏出独特的类似呜咽的音乐声。安哥拉战舞保留了非洲的传统价值观，传达出责任、坚持、自由、变革的精神。

手工艺品也是安哥拉文化艺术的重要表现形式。安哥拉的手工艺品使用的材料丰富多样，有黑木、白蜡木、花梨木、黏土、棕榈纤维、青铜、象牙等。黑木雕是安哥拉手工艺品的代表，"思想者"这一作品在今天已成为安哥拉国民文化的象征。它是源于乔奎文化的最美的木雕之一，代表了非洲传统文化里的长者、智者形象。木雕的造型左右对称，面部略向下倾，平静的姿势传达出人物冷静、严肃的思考。

面具也是安哥拉代表性的手工艺品，常常与传统仪式和宗教联系在一起，是与社区生活中的重要活动密切相关的神圣物品。安哥拉的面具有很多种类，包括图腾面具、战士面具等。每个面具都有自己的历史，并且在成人礼、丧葬礼、庆祝丰收礼、狩猎季起始礼等诸多仪式中起着重要作用。安哥拉的每个民族有各自独特的面具，他们相信，面具具有一种超自然的力量，可以为活着的人与祖先之间的沟通搭建桥梁。

第三节 文化名人

文学在推动安哥拉摆脱殖民统治、实现民族解放的过程中起到了重要作用，因此，在安哥拉文化中，文学的地位举足轻重。安哥拉文学主要受到三个方面的根本性影响。一是受到在20世纪40年代达到鼎盛时期的葡萄牙新现实主义文学的影响。二是受到黑人运动的影响。非洲法语区的莱奥波德·桑戈尔发起的黑人运动影响了20世纪50年代生活在里斯本的安哥拉学生。1948年,在诗人维里亚托·达·克鲁兹领导下安哥拉知识分子团体成立。三是受到以西方模式为基础的巴西现代主义运动的影响,安哥拉文学开始遵循口头文学或激进文学的规范,谋求用安哥拉人自己的方式进行表述。本节选取了安哥拉文学界的三位巨匠作为文化名人的代表,通过介绍他们的生平和经历,展现其对文化领域做出的卓越贡献。

一、维埃拉[1]

若泽·卢安迪诺·维埃拉是安哥拉的著名作家,以短篇和长篇小说著称。1935年5月4日,维埃拉在葡萄牙出生,他的父母是葡萄牙人。1938年,他跟随父母移民到安哥拉,在罗安达度过了童年和青少年时期。他长期居住在罗安达的贫民区,这些经历对他后来的文学创作产生了重大影响。中学毕业后,他从事了很多不同的职业,并积极投身于安哥拉的民族解放运动中。1959年,维埃拉因反殖民主义活动被葡萄牙当局逮捕,不久之后便被释放。1961年,他再次入狱,并被判处14年监禁。在此期间,他的一部反映殖民统治、剥削和压迫的短篇小说集《罗安达》获得葡萄牙作家协会的大奖,但是却立即被殖民政府禁售。1964年,维埃拉被转移至佛得角的塔拉法尔集中营,在那里经历了8年的艰苦囚禁生活后,于1972年返回葡萄牙里斯本接受软禁,直到1975年葡萄牙"四·二五革命"(又称"康乃馨革命")爆发之前才被释放。

维埃拉与编辑萨·科斯塔合作,出版了一系列他在狱中完成的文学作品。1975年安哥拉独立之前,维埃拉回到安哥拉,在安哥拉人民电视台(1975—1978年)、安人运革命领导部(1975—1979年)、安哥拉电影研究院

---

[1] 资料来源于 Portal da Literatura 等网站。

（1979—1984年）担任领导职务。维埃拉是"安哥拉作家联盟"的创始人之一，分别在1975—1980年、1985—1992年担任联盟的秘书长。此外，在1979—1984年，他还担任"亚非作家协会"的副秘书长。1992年安哥拉重陷内战之后，维埃拉放弃政治生涯，转而移居葡萄牙，专心从事文学创作。

维埃拉的作品独具匠心，他使用克里奥尔语[1]和颠覆性语言进行生动形象的人物描写，并且运用非洲口头叙事的传统文学结构，生动活泼地展现了来自贫困地区的人物形象。维埃拉一生笔耕不辍，除了给他带来葡萄牙作家协会小说大奖的《罗安达》外，代表作品还有《城市和童年》（1960年）、《多明戈斯·沙维尔的真实生活》（1974年）、《古老的故事》（1974年）、《我们马库卢苏人》（1974年）、《新的生活》（1975年）、《若昂·温西奥：关于他的爱情》（1979年）、《卡帕帕：鱼和鸟》（1998年）、《我们的贫民窟》（2003年）等。2006年，维埃拉获得卡蒙斯文学奖，这是葡萄牙语文学领域里的最高奖项。

总体来说，维埃拉在殖民地时期积极参与政治文化运动，反对宗主国的文化霸权主义，为民族主义斗争贡献了力量。他的一系列作品凸显了安哥拉的民族精神和人文底蕴，为安哥拉的文学发展做出了突出贡献，获得的各类奖项推动了安哥拉文学的国际化。他在安哥拉作家联盟等文化组织就职期间，致力于举办各种文学活动，设立文学奖，支持本土作家的作品出版等，为捍卫安哥拉民族的核心价值观奋斗终生。

二、佩佩特拉 [2]

佩佩特拉（原名阿尔图尔·卡洛斯·毛里西奥·佩斯塔纳·多斯桑托

---

[1] 克里奥尔，原意是"混合"，泛指葡萄牙语、英语、法语以及非洲语言混合并简化而生的语言。
[2] 资料来源于 Portal da Literatura 等网站。

斯）是安哥拉当今受民众敬仰的剧作家和小说家。佩佩特拉于 1941 年 10 月 29 日出生于安哥拉的沿海城市本格拉，并且在那里完成了小学和初中学业。1956 年，他赴卢班戈的迪奥戈·康教会中学继续攻读高中学业。1958 年，他又赴里斯本高级技术学院攻读大学学业。正是在里斯本期间，佩佩特拉参加了"帝国学生之家"这一组织，开始了政治和文学生涯。他积极参与反殖民统治的政治文化运动，是"安哥拉学生中心"创立者之一。1960 年，他转至工程学院学习，但是不久便弃工从文。这是佩佩特拉人生中的重大选择，彻底改变了他的人生轨迹。政治生涯的种种经历对佩佩特拉以后的文学创作产生了极大影响。在政治高压下，佩佩特拉被迫于 1962 年离开葡萄牙并奔赴巴黎，6 个月后辗转至阿尔及利亚。在阿尔及利亚，他获得了社会学本科学位。1963 年，佩佩特拉正式加入了安人运，并于 1969 年成为安人运的游击战士，在安哥拉卡宾达地区参加独立战争，同时担任安人运文化部门负责人。1974 年 11 月，佩佩特拉随安人运到达罗安达，担任安人运教育文化部和政治指导部负责人。1975 年至独立前夕，佩佩特拉任安哥拉人民解放军总参成员，并且组织成立了"安哥拉作家联盟"。安哥拉独立之后，佩佩特拉担任了教育部副部长（1975—1982 年），后赴内图大学担任社会学教师。他还在多个文化组织中担任要职，如"卡辛德的茶"文化娱乐协会、安哥拉社会学家协会等。

佩佩特拉的小说展现了安哥拉社会和历史的变化，以及人们面对社会现实的新思维。他的大多数作品都是在安哥拉独立后出版的，主要有《恩贡加历险记》（1973 年）、《偶像之家的起义》（1979 年）、《马永贝》（1980 年）、《亚卡》（1985 年）、《卢伊吉》（1989 年）、《乌托邦的一代》（1992 年）、《水神的复归》（1995 年）、《老乌龟的寓言》（1996 年）、《光荣之家》（1997 年）、《高原和草原》（2009 年）、《假如过去没有翅膀》（2016 年）等。

佩佩特拉的文学作品获得了许多国际和国内大奖。《马永贝》获得 1980 年安哥拉国家文学奖；《亚卡》获得 1985 年安哥拉国家文学奖；《乌托邦的一代》获得1993年巴西评论界特别奖。他本人还赢得了许多其他文学奖项，如1997年的卡蒙斯文学奖、1999年的荷兰克劳斯王子奖、2002年的安哥拉国家文化艺术奖、2007年的西班牙加利西亚作家协会国际奖、2014年的西班牙加利西亚笔会罗莎莉娅·德·卡斯特罗奖等。

此外，佩佩特拉还荣获了文学界以外的众多荣誉，如安人运解放战士勋章（1985年）、罗安达市民勋章（1999年）、巴西共和国勋章（2003年）、安哥拉共和国公民勋章（2005年）、巴西共和国文化勋章（2006年）、安哥拉排雷亲善大使（2007年）、葡萄牙阿尔加维大学荣誉博士（2010年）等。

三、塔瓦雷斯 [1]

安娜·保拉·里贝罗·塔瓦雷斯是安哥拉著名的当代女诗人、史学家，发表了众多女性主义作品。1952年10月30日，塔瓦雷斯出生于威拉省的卢班戈，在卢班戈文学院（现今的教育科学高等学院卢班戈分校）就读历史专业，后于里斯本毕业。1996年，塔瓦雷斯获得里斯本大学文学院非洲葡萄牙语文学硕士学位。她不仅从事文学、考古学、博物馆学、民族学等方面的教学和研究，还是众多文化组织的成员，如国际博物馆协会安哥拉委员会、国际古迹遗址理事会安哥拉委员会、联合国教科文组织安哥拉委员会、安哥拉作家联盟等。1983—1985年，她担任国家历史文献研究中心（现今的国家历史档案馆）研究室主任；1988—1990年，她担任安哥拉国家文学奖评委，为推动安哥拉的文化发展做出了突出贡献。

塔瓦雷斯用感性的笔触反映独立后的安哥拉，尤其是女性群体的状况，她还写作探讨自然与动物的故事。塔瓦雷斯坦言，她的作品深受巴

---

[1] 资料来源于Portal da Literatura等网站。

西作家的影响，如马努埃尔·班德拉、若热·阿马多、卡洛斯·德鲁蒙德·德·安德拉德、若昂·卡布拉尔·德·梅洛·内图等，巴西音乐也影响了她的写作。塔瓦雷斯的诗歌和散文选集在葡萄牙、巴西、法国、德国、西班牙和瑞典等多个国家出版。她的诗歌曾收录于联合国教科文组织1996年出版的诗集《撒哈拉以南非洲诗歌（1945—1995年）》。她还发表了多部关于安哥拉历史研究的著作。

塔瓦雷斯的主要代表作有诗集《成人式》（1985年）、《月亮湖》（1999年）、《向我甜蜜地诉说苦楚》（2001年）、《绝望恋人手册》（2007年），散文集《三角梅的血》（1999年）、《莎乐美的头》（2004年）和小说《在河中哭泣的男人的眼睛》（2005年，与马努埃尔·若热·马尔梅洛合著）。

第三章 教育历史

第一节 历史沿革

安哥拉的教育发展可以分为如下三个历史阶段：前殖民地时期、殖民地时期和独立后。这一章节将对各历史阶段的教育发展和重大教育事件进行分析总结。

一、前殖民地时期

在欧洲殖民者到来之前，现今安哥拉的地域范围内居住的主要是班图人。他们大多是从非洲北部和东部迁徙过来的，在安哥拉境内定居并建立起不同的王国。其中，刚果王国是形成文明和取得统一最早的王国，也是非洲西海岸第一个与欧洲人接触的王国。

谈起非洲早期土著人的文化教育，就不得不提口头文化教育。虽然它是以口头相传，但是确保了不同民族的语言、文化、价值观得以世代流传，体现出土著人丰富多样的文化。部落里口头文化教育的表现形式有讲述故事、神话、传说、历史、寓言等，还有唱歌、跳舞以及部落成员参与的所有仪式活动等。土著人过着部落生活，他们不管是在田间劳作还是林间打猎，无时无刻不处于学习之中。他们是口头文化教育的见证者、实践者和传播者。正如伊斯特曼所说，土著人虽然没有建立学校，但不能因此而断定他们把教育抛在脑后。[1]

　　班图人很早就很重视教育后代，让他们成为对自己、对部落、对社会有用的人，例如，部落里的孩子在很小的时候就帮助长辈、老人分担力所能及的劳动，学习如何尊老爱幼；父亲教儿子如何打猎、捕鱼等男性从事的劳动，母亲教女儿做家务活。成年人在家里会给孩子们讲故事、笑话或者他们曾经年少时的经历。等到孩子们长到15岁的时候，也就是到了早期教育的时候，男孩儿、女孩儿会离开家几个月，去"男校""女校"学习如何面对成年人的生活。这不是专门的教育机构，孩子们在那里和同性的长辈（如叔叔）生活一段时间，掌握生活技能，学习如何融入社群生活。[2] 安哥拉文学中很重要的一支口头文学，其实就是从早期的部落口头文化教育中传承下来的，孩子们从听长辈讲述的故事里学习传统的价值观，学习如何生活。可以说，安哥拉的教育是以口头文学为根本基础的。歌曲和舞蹈也是教育的表现形式。歌曲有战争歌曲、狩猎歌曲、放牧诗歌等，表达人们的感情，传递价值观。舞蹈与歌曲分不开，在生活中同样发挥着重要功能，比如在婚丧嫁娶等重要礼仪活动上都少不了舞蹈。夜晚时分，人们围坐在火堆旁玩的猜谜语游戏也是教育的一种形式。

　　1482年，葡萄牙人在扎伊尔河口靠岸，开始与当地居民和刚果王室交往。这一历史背景的变化促使当地的教育文化交流发生了改变。双方互换使者，开展贸易，葡萄牙人还派去了天主教教士。双方之间的交往改变了当地非洲人的生活，具体表现在：一方面，欧洲货物极大地丰富了非洲市场的产品多样性；另一方面，葡萄牙人从事的军火交易大大增加了当地人

---

[1] ESTERMANN C. Etnografia de Angola[C]. Coletânea de Artigos Dispersos. Lisboa, 1983: 397.

[2] NETO T J A. História da educação e cultura de Angola: grupos nativos, colonização e a independência[M]. Chamusca: Zainaeditores, 2010: 90-100.

之间的内战频率。葡萄牙人还企图通过宗教以文化渗透的方式占领非洲土地，宗教逐步与教育关联在一起。在当时的刚果王国，传教士不仅传播教义，还教授葡萄牙语和数学基础知识。

总体来说，欧洲殖民者到来之前，非洲土著人的口头文化教育是这一时期的主要教育表现形式，并且对今天的安哥拉文化教育仍然起到了重要影响。葡萄牙人与当地居民的交往，逐步改变了当地教育的历史背景，并且宗教开始融入当地的教育之中。

二、殖民地时期

1575 年，葡萄牙人在刚果王国边境修建了第一个城堡——圣米格尔城堡，并建立了罗安达城，对安哥拉实行更为直接的殖民占领，这就是安哥拉殖民地的开始。在被殖民者征服的区域内逐渐形成了一个殖民社会，它实施的是资本主义生产模式，比以往非洲大陆的传统生产模式更加先进。直到安哥拉民族独立之前，传统社会和殖民社会这两种对立的社会一直并存，并且相互之间的仇恨和战争不断。

为了巩固殖民统治，葡萄牙需要往占领区域移民以便维持当地的贸易并随时备战。大多数移民定居到安哥拉的葡萄牙人都是"流放者"，他们当中包括强盗、妓女、赌徒等，在葡萄牙属于社会底层阶级，所以起初在安哥拉建立的移民定居点被称为"监狱"。安哥拉被视为"流放之地"，并不能吸引葡萄牙大都市的居民迁徙过去，因此也限制了葡萄牙人对安哥拉教育的投资。此外，面对当地的土著人，葡萄牙殖民者显示出征服感和荣耀感，在接下来将要讲到的教育领域也有所体现。概括地说，殖民教育从本质上讲很显然对安哥拉人具有歧视性，因为教育政策不允许安哥拉当地人民平等地享有受教育的权利，这使得土著人文盲率相当高。

（一）耶稣会时期的教育（1575—1759年）

葡萄牙殖民者入侵非洲除了利用武器，还有一个重要的工具就是宗教，因而这一阶段的教育主要体现为宗教教育。葡萄牙人迫使当地土著人接受天主教，在1575—1975年长达400年的殖民统治期间，安哥拉人被强迫放弃自己原有的信仰和宗教，被动接受天主教教义。由于葡萄牙与天主教之间的紧密联系，使得殖民者非常重视向安哥拉土著人传播宗教，而忽略了对他们的基本教育和素质培养。这种现象一直持续到1975年安哥拉通过宪法宣布，在教育问题上，国家与天主教会分离，也就是说，国家拥有管理教育的专有权限。

葡萄牙王室看重耶稣教士的教学才华，于是派遣他们到罗安达传播教义，并给予财力上的支持。这些传教士们除了宣扬福音之道，还扮演着另一个重要角色——教育者，当然他们主要是讲授教义以及"去非洲化"。1605年，耶稣教会在安哥拉建立了第一所学校。在17世纪的大部分时间里，这所学校都是当地唯一的教学机构。[1] 葡萄牙摄政王佩德罗以国王阿丰索的名义通过一项皇家条款，给予罗安达的耶稣教会每年两千克鲁萨多（葡萄牙古币）的补助。1697—1701年，担任安哥拉总督的路易斯·塞萨尔·德·梅内塞斯曾热情地赞扬了在这一领土上工作的传教士。他没有掩饰对耶稣会的钦佩，认为耶稣会士的能力水平高于其他宗教组织。[2] 为了更好地传教，耶稣会士学习土著人的语言，在每个天主教堂旁边设立一个正规学校，教授读书写字。土著人在这里学习了一门新的语言——葡萄牙语，并且接受了西方的价值观。

然而，安哥拉的统领们大多都是商人，在他们眼中，一切都不如奴隶

---

[1] AZEVEDO R A D. O problema escolar de Angola[M]. Luanda: Edições Casa da Metrópole, 1945.

[2] VALENTE P J F. Seleção de provérbios e adivinhas em umbumdu[M]. Lisboa: Junta de Investigação do Ultramar, 1964.

贸易重要。奴隶贸易是安哥拉殖民经济的基础，是所有社会生活的支柱，所以，耶稣教会的宗教教育并未得到当地管理者的真正重视。到18世纪前半叶，罗安达的神父一直保持着十几位的数量。后来，他们有些返回了欧洲，有些转移到了巴西，因为当时在巴西的传教活动更加受到上级的关注。

在安哥拉的葡萄牙传教士游手好闲，不务正业。马丁斯这样描述当时的传教士："神职人员并非总是只专注于天上的奖赏，对地上的财物、荣誉和虚荣心无动于衷地行使其使命。他们以夸张的热情捍卫自己的切身利益，常常将为教会服务与个人便利和虚荣混为一谈。有时，他们会让自己受到野心、贪婪、嫉妒和淫荡病毒的污染"。[1] 时任安哥拉总督的安东尼奥·阿尔布克尔克·科埃略·德·卡瓦略在1722年写道，当他上任时，很惊讶于传教士的渎职行为："他们只把教会学校或住址设在罗安达，并且抱怨非洲腹地的恶劣气候，不愿意像意大利神职人员那样到内陆传教。"[2] 总督认为，他们几乎放弃了传教活动。在保罗·卡埃塔诺·德·阿尔布克尔克执政安哥拉期间（1726—1732年），耶稣共济会学校呈现出一派衰败的景象，学生人数比从前少得可怜。有些修道院院长甚至任命只字不识的人做神父，大大限制了传教活动。[3] 1735年，时任安哥拉总督罗德里格·塞萨尔·德·梅内塞斯写信，向葡萄牙国王若昂五世请求往安哥拉派遣更多的传教士。在历任总督的要求之下，葡王室接受了建议，向非洲增派耶稣会士。

葡萄牙的殖民政策旨在赢得资本主义从商业阶段过渡到工业阶段所必需的资本。然而，由于国内外的原因，葡萄牙虽提早迈入了资本主义商业阶段，却未能如愿实现第二阶段的目标。16—19世纪，引领工业化进程的国家是英国。从17世纪开始，英国从葡萄牙的殖民利润中受益。随着《梅

---

[1] MARTINS J P D O. O Brasil e as colônias portuguesas[M]. 5ªed. Lisboa: Livraria Editora ZAMPARONI, 1920: 24, 284, 285.

[2] LIMA M D. Os kyaka de Angola[M]. Luanda: Távola Redonda, 1988.

[3] NETO M B. História e educação em Angola: do colonialismo ao Movimento Popular de Libertação de Angola (MPLA)[D]. Campinas: UNICAMP, 2005.

图恩条约》（1703 年）的签订，葡萄牙的工业化进程被扼杀了，英国制造商的产品充斥着葡萄牙的国内市场。而英国作为回报，承诺购买葡萄牙制造的葡萄酒。由于农产品价格相对于工业制成品一直处于不利地位，曾经繁荣的葡萄牙走向衰落，而英国的国际地位不断提升。此时的葡萄牙成了一个贫穷的国家，没有资本，人口稀少，仍然存在着封建关系，并且由于缺乏劳动力，农业也陷入衰败，国家仅靠殖民地（主要是安哥拉）为生。葡萄牙的重商资产阶级虽然富有，但在政治上较弱，他们将注意力主要集中在奴隶和香料的买卖上，过着奢侈、炫富的生活。

在这个时期，广义上的教育不是针对土著人的，因为这不是葡萄牙人殖民的动机，葡萄牙人主要致力于从安哥拉向巴西出口奴隶。在安哥拉，耶稣会的学校实施两种不同的教育：针对土著人，他们传经布道，宣扬奴役思想；而对于殖民者的子女后代，耶稣会学校成为培养精英阶层的工具，在基础教育阶段教授读写、语法、音乐课程，在中等教育阶段开设语言、哲学、科学课程，在高等教育阶段开设神学课程。之后，这些人可以到欧洲重点大学（如葡萄牙科英布拉大学）深造。这一时期，葡萄牙人还开设了撒哈拉以南非洲的第一个工程学课程——几何与设防。课程始于 1699 年，专门为在安哥拉的葡萄牙军人讲授，以便让他们学会在殖民地建造房屋。

安哥拉的耶稣会教育有两个重要的历史时刻。一是葡萄牙在欧洲的邻国扰乱其在非洲的商业贸易，并对其非洲领地展开争夺。而葡萄牙由于人口稀少，其本土面积比安哥拉小 15 倍，在军事上无力守护"属地"，因此经常受到非洲领地带来的危机。二是以耶稣会为代表的宗教组织被高回报的奴隶贸易吸引，无心发展布道和教育活动。可以说，耶稣会教育是失败的，它仅仅服务奴隶贸易，不仅没有让土著安哥拉人在教育上有任何进步，反而还破坏了土著人自己的教育、文化和宗教。[1]

---

[1] NETO T J A. História da educação e cultura de Angola: grupos nativos, colonização e a independência[M]. Zainaeditores, 2010.

（二）庞巴尔时期的教育（1759—1792年）

17—18世纪的启蒙运动引起了欧洲的巨大变化。在葡萄牙国王若昂五世统治时期，庞巴尔侯爵（原名塞巴斯蒂安·若泽·德·卡瓦略·梅洛）上台执政，担任葡萄牙首相，开启了"庞巴尔时代"[1]。作为葡萄牙启蒙运动的直接推动者，在新资产阶级理论的启发下，庞巴尔掀起了包括公共教育在内的一系列改革。他推动了葡萄牙纺织厂、玻璃厂的建设，并采取反教会措施，"驱逐耶稣会士，中断与罗马教廷的关系，将宗教裁判所改建为皇家法院并废除了葡萄牙的奴隶制"[2]。

庞巴尔改革措施中最核心的就是教育改革，尤其是大学的改革。庞巴尔说："我们不能把大学看成一个孤岛，它是国家的心脏，对在皇权统治下的所有地方传播启蒙的智慧、开启和重振管理国家的各个方面、提高人民的幸福感来说至关重要。对葡萄牙来说这一天来得晚了，但是至少还是来了。"[3] 他希望通过启蒙思想培养起来的新一代的葡萄牙政府、军队和宗教领袖，能够继续推进他的社会改革。

庞巴尔在宗主国葡萄牙实施的一系列改革措施在一定程度上影响了安哥拉的教育面貌。根据迪洛瓦的说法[4]，庞巴尔派遣因诺森西奥·德·索萨·库蒂尼奥到安哥拉担任总督。库蒂尼奥与侯爵的改革思路一致，于1764年废除了安哥拉的奴隶制，为安哥拉的教育改革奠定了社会基础。1770年，殖民政府开始驱逐所有在安哥拉的耶稣会士，耶稣会教育被摧毁。

具体到教育领域，庞巴尔提出如下创新举措：培养完美的贵族，即当时的商人群体；简化和缩短学习阶段，让更多的殖民者对基础和高等教育

---

[1] "庞巴尔时代"以1720年葡萄牙皇家历史学院的成立为起点，以1779年皇家科学院的设立为终点。

[2] DILOLWA C R. Contribuição à história económica de Angola[M]. O. E. Imprensa Nacional de Angola, 1978.

[3] 书云. 天谴、启蒙和城市规划——1755年的里斯本大地震 [EB/OL]. (2011-03-23)[2020-02-16]. http://www.infzm.com/content/56758.

[4] DILOLWA C R. Contribuição à história económica de Angola[M]. Luanda: Imprensa Nacional de Angola, 1978.

课程感兴趣；推动葡萄牙语的改进；使课程内容多样化，比如，将科学纳入教育，并使课程尽可能实用。政府设立了公共教育，并在1759年颁布了一系列规范教育活动的规定，比如，举办教师选拔考试，给私立教育颁发许可证等。按照该规定，政府举办竞赛，为殖民地提供拉丁文和修辞学教师，并且选派葡萄牙皇家教师到安哥拉。中学教育分成拉丁文、希腊文、哲学、修辞学等不同的班级。但是，由于人力和财力上的匮乏，这些教育改革措施的推行遇到了很大困难，师资队伍依然还是以具有耶稣会培养背景的教师为主，教育依然与社会现实脱节，有些想要接受高等教育的学生不得不跑到欧洲的其他国家求学。

虽然庞巴尔企图通过改革将葡萄牙变成像英国那样的资本主义强国，并且希望给包括安哥拉在内的葡属殖民地带来新面貌，但是，对安哥拉土著人民的教育，仍然和上一阶段一样，被置之脑后。安哥拉人始终处于受教育的边缘地带。庞巴尔的改革关闭了安哥拉的耶稣会学校，并且没收了教会财产。在这一时期，针对精英阶层的教学采用了较为温和的方法，更加重视数学、物理等基础和自然科学学科；而土著人接受的教育局限于石匠、铁匠、裁缝等技工培训。1789年4月，在玛丽亚一世的授意下，罗安达开设了医学和解剖学课程。

在这一时期，安哥拉的社会结构也发生了变化：安哥拉整个社会变得日益团结，以阻止宗主国葡萄牙的殖民向非洲内陆延伸，阻止殖民者进一步开发矿产、贩卖奴隶。随着反抗殖民统治的奴隶起义不断爆发，以及安哥拉王国对葡萄牙堡垒的持续攻击，安哥拉土著人的精英阶层受到的教育逐渐为争取民族独立和政治解放起到重要作用。庞巴尔的改革理论逐渐不适用于解决葡萄牙及其海外殖民地的社会问题，需要一种新的教育体制以顺应新的社会现实。

（三）若昂时期的教育（1792—1845年）

在这一历史时期，宗主国葡萄牙的政治局势不稳定，成立了葡萄牙第一共和国。葡萄牙教育领域没有得到发展，甚至退回至1772年以前的局面。1807年，拿破仑的军队入侵葡萄牙，葡萄牙国王若昂六世和整个王室在英国船队的护卫下迁至巴西避难。所以，这一阶段担任安哥拉总督的多为葡皇室派遣的巴西人，他们时常要去巴西处理有关安哥拉殖民地的事务。也正是在这一时期，大批的安哥拉奴隶意识到有必要建立一个更好的民族组织来进行解放斗争。

在安哥拉，随着物质产品生产的崛起，慢慢形成了独立于葡萄牙和巴西的安哥拉殖民地资产阶级。安哥拉的港口逐步向所有国家敞开大门，这进一步扩大了安哥拉的进出口，也给当地社会带来了巨大变化。港口的开放促进了安哥拉与不同国家人民的交流，也使安哥拉人民接触到了越来越多的新思想。1816年，一批来自法国的技师到访安哥拉，其中包括雕塑家、建筑师、画家、木匠、机械师等。欧洲殖民者和基督教教义进一步从沿海向非洲大陆延伸拓展。

而在教育领域，安哥拉的地方教学得到发展。1800年，本格拉建立了第一所小学，这是安哥拉教育推广史上的一个重要里程碑，[1]并且出现了培养更加多元化人才的课程。时任安哥拉总督萨尔达尼亚·达·伽马在1807—1810年推动公共教育的发展，并且创办了数学课程。

1820年8月24日，葡萄牙爆发资产阶级革命，但这并未给教育领域带来明显的改变。在整个19世纪，葡萄牙的立宪君主派很重视中等教育和高等教育，却在一定程度上忽视了初等教育的发展，这其实暴露出资产阶级阶层通过教育谋求提升社会等级地位的企图。1835年9月，时任葡萄

---

[1] ALMEIDA P R D. História do colonialismo português em África[M]. Lisboa: Estampa, 1978.

牙首相罗德里格·丰塞卡颁布有关规范初等教育、设立公共教育高等委员会的政令，并且提出所有公立学校提供免费的小学教育，各市在国家财政的支持下搭建广泛的学校网络。丰塞卡的政令指出，国家教育忽略了实践性，缺乏对工业需要的合格工人的培养。安哥拉总督帕索斯·马努埃尔颁布法令进行教育改革，但是不管是丰塞卡还是马努埃尔，他们都没有明确提及初等教育的义务性，葡萄牙及其海外殖民地的初等教育都处于不景气的状态。

（四）法尔康和雷贝洛时期的教育（1845—1926年）

为了进一步开发殖民地，吸引更多的葡萄牙家庭移民到安哥拉，葡萄牙殖民者意识到在安哥拉建立一个完善的教育制度至关重要。于是，1845年，由时任葡萄牙国务、海事和海外部部长若阿金·若泽·法尔康起草、女王玛丽亚二世签署的法令规定在安哥拉建立正式的教育体系。法尔康创办了包括小学在内的多所学校，并成立了公共教育检查委员会。这是安哥拉教育发展史上的重要一步，但是当时很多人并没有动力上学，而且也没有为上学做好准备。为了进一步推动教育的发展，1856年11月19日，葡萄牙战争与外交部部长萨·达·班德拉签署了一项皇家法令。该法令规定安哥拉当地的部落首领、酋长和权贵的子女应在葡萄牙当局的指导和监督下在罗安达接受教育，费用由国家承担。[1]通过学习葡萄牙语和葡语文化，他们以后可以将所学知识传播给他们的人民，从而巩固"葡式认知"。

由于葡萄牙与梵蒂冈签署了协议，1866年，葡萄牙的天主教会往葡萄牙的殖民地再次派出传教士，安哥拉的教育又回到了受天主教影响和支配的时代。[2] 1869年11月30日，总督路易斯·奥古斯托·雷贝洛·达席尔

---

[1] SANTOS M. História do ensino em Angola[M]. Angola: Edição dos Serviços de Educação, 1970.

[2] SERRANO C M H. Angola nasce uma nova nação[D]. São Paulo: USP, 1988.

瓦颁布了一项法令，将安哥拉的教育阶段划分为初等教育、中等教育和高等教育，增加学校数量，并且革新教学方法。初等教育被划分为两个年级，每个年级又被分成两个阶段。到1870年，在安哥拉每40平方公里就有一所学校，每10 000个人就有6所学校。此外，还有1 500所私立学校。达席尔瓦的法令具有一定的实际意义，比如，在罗安达、维拉、纳米贝地区的学校被纳入中等教育；成立了教育监督委员会；规范教师的行为；提高教学质量；通过考试选拔教师岗位；依据地区和学校的具体情况，制定教师薪资标准；给任教25年以上的教师发放退休金。这为解决安哥拉的师资问题，提高当地教师的待遇，并且消除同等级别教师存在待遇不公的情况做出了一定的贡献。

在这一时期，安哥拉教育史上的另一个里程碑是1878年新教加入了教育领域。新教提倡使用土著语言进行教育，简化仪式。1878—1888年，新教在安哥拉尤为活跃，来自英国、美国、加拿大的新教徒把安哥拉看成传播新教福音的重要阵地。他们对土著人宣扬西方的价值观，否认非洲本土的传统文化。起初，新教只在周日开设圣经教学班，因此也被称为"周日学校"（"礼拜日"学校），主要以宗教教育为主。后来，新教涉及儿童教育、小学、中学、教师培养、技工培训等领域，虽然儿童教育占比很小，但是受到了土著人的欢迎。与天主教不同，新教不仅仅宣扬信仰，还把他们所在国家的文化、语言、价值观带到课堂上来，自由、民主、责任、成就等这样的主题开始在安哥拉被广泛讨论。

为什么同是有欧洲背景的宗教，实施的教育完全不同呢？这源自二者的智力条件不同。大多数新教徒接受过高等教育，修习过神学，他们的教育理念就是宣扬自由，而且他们并不认同葡萄牙的殖民政策。虽然天主教在安哥拉的时间比较长，但是新教得以在天主教控制较弱的边远地区展开活动，在城市里也设有新教的学校，它们接收受公立学校歧视的土著人子女，并且专门为女孩子们开办学校，这为安哥拉的教育和社会救助事业

（主要是医疗）做出了一定的贡献。从意识形态上来说，新教学校宣扬自由思想，这在一定程度上推动了安哥拉的精英教育。值得一提的是，安哥拉独立后的领导人中有不少是毕业于新教学校。总而言之，不管是天主教还是新教，宗教教育在提高和改善教育，尤其是农村地区和城郊地区居民的教育条件方面具有重要的社会现实意义。

1905年，葡萄牙颁布政令，进一步规范已在安哥拉存在了22年的小学教育。1911年，雅伊梅·德·莫赖斯的教育改革政令涉及高等教育，专业教育（包括贸易、农业、畜牧业），初级技术教育（主要是针对土著人）和小学教育。1912年和1914年，葡萄牙又分别签署政令，成立初级职业技校，以培养男女技工。1918年，安哥拉总督马桑诺·德·阿莫林对教育划分进一步规范。这一系列教育领域的规范政策促进了安哥拉教育的进步。1921年，安哥拉的小学教育得以普及，中等教育基本稳定，并且开始出现职业教育。

（五）萨拉查时期的教育（1926—1961年）

在萨拉查独裁统治时期，天主教会成为宣传殖民主义意识形态的重要工具，相对于新教来说占有绝对优势；而新教的传教士则进一步提升了对土著人的教育的重视。1927年4月16日颁布的第518号政令对安哥拉的小学教育做出了调整：只有国家和天主教会才能开展小学教育和推广葡萄牙语，公共教育的开支由国家和天主教会共同承担；中学教育由两家官方中学开展，一个是萨尔瓦多·科雷亚中学，一个是迪奥戈·卡昂中学。

当时，在安哥拉执行两种教育政策：一个是为葡萄牙殖民者子女服务的教育；一个是专门针对土著人的教育。政府花在殖民者子女教育上的费用远远大于对土著人学校的投资。在白人集中的沿海地区，小学里的白人数量远远高于黑人。由于严格的筛选和限制，土著人在结束了小学教育后，很难继续接受中等教育，一般被引导去读技校（包括商校、工校、农校）。当时安哥拉共有 14 所技校，技校的 14 位校长、15 位教师和 14 位技师均由天主教会负责，教学水平比较低。1940 年，只有 1 012 名安哥拉人具备葡萄牙语读写能力，占当时安哥拉总人口的 0.03%。根据当时的普查，安哥拉总人口为 3 665 829。[1] 由此可见殖民者对土著人的教育非常不重视。

20 世纪 50 年代初期，官方学校接收的土著学生数量有所提升，但是文盲率仍然高达 99%。1955 年，在所有教会学校注册的学生人数为 48 248，其中 34 834 名学生在校学业良好；在官方学校注册的学生人数为 24 137，其中包括 18 696 名小学生、3 120 名中学生、468 名技校生（全是土著人）等。因此，1955 年，安哥拉共有在校学生（官方学校和教会学校）72 385 名，其中 6 139 名是黑白混血，14 538 名是白人。大多数针对土著人教育的学校提供的都是基础性教学，土著人数量比白人高出 75%，但是他们当中仅有不到 6% 的人能够上学。[2]

（六）争取民族独立时期的教育（1961—1974 年）

在这一时期，安哥拉民族意识不断增强，争取民族独立的解放运动达到高潮。迫于民族解放运动的政治和军事压力以及国际社会的政治外交压力，葡萄牙殖民者从 20 世纪 60 年代开始在教育领域进行一定的投资，扩大学校网络，并且允许安哥拉人承担教育教学任务。从 1961 年起，安哥拉政府开始直接负责国民教育。时任安哥拉教育司司长阿马德乌·卡斯蒂略·苏亚雷斯实施发展农村小学教育的计划，旨在推动安哥拉境内的小学教育，尤其是农村地区的教育以及葡萄牙语的教学。该计划规定，国家为 6—12 岁的儿童免费提供小学教育，并且小学教育为义务教育。此外，教师和

---

[1] BENDER G. Angola sob o domínio português: mito e realidade[M]. Luanda: Editorial Nzila, 2009.

[2] CASTRO C. África contemporânea[M]. São Paulo: Gráfica Biblos Limitada, 2ª, 1963.

学校管理者培训也得到政府的重视。表 3.1、表 3.2 和表 3.3 显示了 1964—1965 学年和 1972—1973 学年学生、教师、教学机构数量的发展演变。

表 3.1 1964—1965、1972—1973 学年安哥拉在校学生数（单位：人）[1]

学年	学前教育	小学	中学预备教育	职业基础教育	中学	社会服务培训	农校	高等教育
1964—1965	1 417	203 337	—	498	760	128	258	418
1972—1973	3 464	512 942	40 024	2 212	2 005	247	589	3 094

表 3.2 1964—1965、1972—1973 学年安哥拉在校教师数（单位：人）[2]

学年	学前教育	小学	中学预备教育	职业基础教育	中学	社会服务培训	农校	高等教育
1964—1965	51	4 549	—	21	63	58	9	38
1972—1973	111	12 393	1 960	129	173	57	16	274

表 3.3 1964—1965、1972—1973 学年安哥拉教学机构数（单位：所）[3]

学年	学前教育	小学	中学预备教育	职业基础教育	中学	社会服务培训	农校	高等教育
1964—1965	21	2 561	—	7	9	3	1	1
1972—1973	63	5 078	108	27	20	3	2	1

---

[1] Ministério da Educação de Angola. Reflexões sobre a evolução do Sistema de Educação de Angola ao longo dos 35 anos de Independência[R]. Luanda: MED, 2010.

[2] Ministério da Educação de Angola. Reflexões sobre a evolução do Sistema de Educação de Angola ao longo dos 35 anos de Independência[R]. Luanda: MED, 2010.

[3] Ministério da Educação de Angola. Reflexões sobre a evolução do Sistema de Educação de Angola ao longo dos 35 anos de Independência[R]. Luanda: MED, 2010.

在这一时期，虽然学生、教师、教学机构在数量上有所提升，但并不意味着质量也相应提高，因为安哥拉采取的教育政策仍然是以传播葡萄牙的殖民主义价值观为基础，葡萄牙语是学习知识的工具，享有教育资源的依然是社会的优势群体，处于弱势的土著人依然处于受教育的边缘地带。1973年，安哥拉的入学率仅有33%，85%的成年人都是文盲。学校多集中在罗安达、本格拉、卢班戈、万博等大城市。1974年，农村地区仅有15%的土著人能够接受基础教育，学校资源匮乏，无法满足当地的实际需求。

在这一阶段，教育领域出现的一个重大进步是高校的出现。在20世纪60年代以前，安哥拉一直都没有高等教育机构，学生想要读大学只能去葡萄牙，但是高昂的路费和生活费限制了绝大多数的安哥拉学生到欧洲求学。1833—1857年，安哥拉仅有19名学生在欧洲学习。[1]生活在安哥拉的葡萄牙殖民者、黑白混血精英、被"同化"的黑人多年来一直向葡萄牙政府提出在安哥拉开办大学的申请，但屡遭拒绝。葡萄牙政府只提供来欧学习的奖学金，以此作为限制安哥拉人谋求提升社会地位的手段。为了满足人民享受高等教育的需求，时任安哥拉总督维南西奥·德斯兰德斯向葡萄牙海外部部长阿德里安诺·莫雷拉提交了在安哥拉创建高等教育的项目申请，该项目将学校命名为安哥拉理工高等学校。但是，莫雷拉部长以"需要中央政府决定"为由，推迟了对该项目的讨论。最后，德斯兰德斯总督不顾葡萄牙政府的阻拦，于1962年4月21日召开安哥拉立法委员会特别会议，通过了关于设立大学学习中心的法案（第3235号法案）。新设立的这些大学学习中心与安哥拉科学研究所、安哥拉医学研究所和安哥拉工程实验室合作，旨在培养中学教师和建筑、生产、运输、保健等领域的技术人员。安哥拉在罗安达（艺术中心和医学中心）、卢班戈（教育中心）和万博（农学中心和兽医中心）共创建了五个大学学习中心。

---

[1] SANTOS M. História do ensino em Angola[M]. Angola: Edição dos Serviços de Educação, 1970.

1962年7月23日，葡萄牙海外部颁布政令，宣布安哥拉立法委员会通过的第3235号法案无效。这一决定遭到安哥拉人民，包括在安哥拉的葡萄牙殖民者的强烈抗议。迫于强大的压力，葡萄牙政府不得不同意在安哥拉开办高校的决定，并于1962年8月21日开设了安哥拉通识教育学院，旨在培养社会急需的高质量人才。医学、工程学、兽医、农学、林学、教育学等大学专业课程在安哥拉和莫桑比克同时开设，这成为葡属殖民地教育政策的一项重大变革。但这也引发了安哥拉与葡萄牙政府之间的政治冲突，比如，1962年9月，总督德斯兰德斯和海外部部长莫雷拉被罢免。[1]1963年，安哥拉共有314名高校在读学生，1966年增加到600人，其中大多数为白人。[2]1968年，安哥拉通识教育学院更名为"罗安达大学"。1973—1974学年，该校共有在校学生2 354名、教师274名。[3]1975年，就在安哥拉宣布独立的前几个月，罗安达大学的几个分校获得自治，分别更名为"万博大学"和"卢班戈大学"。

　　葡萄牙殖民者一方面为了限制安哥拉的土著人接受正规教育，另一方面为了巩固他们在安哥拉的殖民统治，需要培养一批土著人帮助他们进行殖民管理、协调白人与其他黑人之间的关系，于是葡萄牙对一少部分土著人采取了"同化政策"。"同化政策"由时任安哥拉总督马尔塞洛·卡埃塔诺在一次讲话中提出，并于1960年葡萄牙进行人口普查时开始实施。安哥拉的黑人被分成两类，即被同化者和土著人，而被划分到第一类的还不到总人口的1%。这帮被"同化"了的安哥拉人自称是"拥有白人灵魂的黑人"，教唆土著人臣服或服务殖民者。"同化"的教育手段具体表现在如下几个方面：为土著人提供的教育质量极其低下；将教育机构集中在大城市或重要的城区；推广葡萄牙语，并且限制土著语言的使用；将部分土著人送去葡萄牙接受葡式文化的"熏陶"；通过教授拉丁文迫使土著人信奉天主教。"同化"政策的

---

[1] ANDERSON P. Portugal e o fim do ultracolonialismo[M]. Rio de Janeiro: Civilização Brasileira, 1966.

[2] HENDERSON L. A igreja em Angola[M]. Lisboa: Editorial Além-Mar, 1990.

[3] GULBENKIAN. Estudo global da Universidade Agostinho Neto[M]. Lisboa: Fundação Calouste Gulbenkian, 1987.

主要目的是分化安哥拉民族、激发不同种族和部落间的矛盾，以对抗安哥拉自20世纪60年代起愈演愈烈的争取民族独立的运动。

三、独立后

（一）安哥拉人民共和国时期（1975—1992年）

1975年11月11日，安哥拉脱离葡萄牙的殖民统治并获得独立，由安人运执政，实行社会主义制度。由于土著人在殖民统治时期被限制接受教育，因此安哥拉在获得民族独立时全国的文盲率高达85%，该指数在当时全球所有国家中是相当高的。[1]这引起了安哥拉新政府的高度重视，于是新政府加大了对教育领域的投资，掀起了扫除文盲的一系列改革。这次改革是安哥拉独立后的第一次教育改革。

1975年12月9日，政府通过的第4条法律将教育国有化，并建立技术和职业教育体系，国家承担向所有安哥拉人提供教育的责任。1977年颁布的第26/1977政令规定，重新规划教育政策以巩固民族独立，并且将受教育定义为一项具有普遍性、平等性、免费性的权利。1976年，全国掀起扫盲运动，遍及学校、企业、工厂、农村、部队等。政府将发展教育作为优先任务，力图完善因殖民统治而造成的落后教育体制。当时的教育分为六个阶段，即：学前、小学、初中第一阶段、初中第二阶段、高中（或职业高中）和大学，具体见图3.1。[2]

小学有四个年级，在此之前有一年的学前教育；初中有两个阶段，每个阶段各两年（5—6年级和7—8年级）；然后进入高中（9—12年级）或

---

[1] PNUD. Os desafios pós-guerra[M]. Luanda: Nações Unidas, 2002.
[2] ZAU F. Educação em Angola: novos trilhos para o desenvolvimento[M]. Luanda: Movilivros, 2009.

职业高中（9—11年级）阶段。高中和职业高中以向大学、就业市场培养和输送人才为目的，设有技术实践课程。可以看出，这一教育体系与殖民统治时期的教育体系差别不大，保留了学前教育，并且重视职业培训，这体现出新政府继续沿用业已存在的教学大纲和基础设施。

教育的国有化和民主化使得1980—1981学年学校数量剧增，与殖民统治时期的数据（1972—1973学年）相比，小学生数量增加了两倍，学前教育的儿童数量增加了10倍。国民大力支持教育，认为"学习是一项革命义务"[1]。由于政府军与安盟之间的内战和经济的不景气，教育领域的投资逐步减少，导致一系列教育改革措施难以持续。在接下来的几年中，内战加剧，许多校舍遭到严重破坏，教师旷工，学生失学。从表3.4、表3.5和表3.6中，我们可以看出1976—1990年安哥拉在校学生、教师和教室的数量变化。

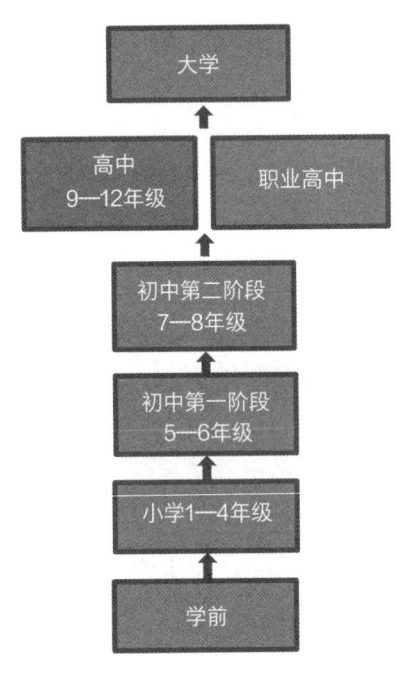

图3.1 安哥拉人民共和国时期的教育体系

表3.4 1976—1990年安哥拉学前教育和小学、初中阶段注册学生数（单位：人）[2]

年份	学前教育	小学	初中第一阶段	初中第二阶段
1976	361 446	592 450	70 933	8 025

---

[1] NETO T J A. História da educação e cultura de Angola: grupos nativos, colonização e a independência[M]. Zainaeditores, 2010.

[2] Ministério da Educação de Angola. Reflexões sobre a evolução do Sistema de Educação de Angola ao longo dos 35 anos de Independência[R]. Luanda: MED, 2010.

续表

年份	学前教育	小学	初中第一阶段	初中第二阶段
1977	416 937	958 676	94 317	19 010
1978	746 328	1 420 739	113 884	24 663
1979	664 500	1 714 817	176 687	40 272
1980	404 255	1 332 297	160 204	36 433
1981	342 316	1 258 861	111 191	18 025
1982	292 429	1 171 430	105 673	15 640
1983	254 136	1 065 025	132 284	27 971
1984	208 459	870 410	112 054	29 287
1985	227 654	970 698	130 749	34 745
1986	222 161	1 012 303	127 486	38 302
1987	212 733	1 031 314	109 260	31 702
1988	209 171	1 067 906	123 528	38 513
1989	141 882	1 038 126	112 670	36 167
1990	164 146	990 155	124 873	34 626

表 3.5 1976—1990 年安哥拉小学、初中教师数（单位：人）[1]

年份	小学	初中第一阶段	初中第二阶段
1976	26 818	1 932	930
1977	31 204	2 142	1 023
1978	35 990	2 477	1 057

[1] Ministério da Educação de Angola. Reflexões sobre a evolução do Sistema de Educação de Angola ao longo dos 35 anos de Independência[R]. Luanda: MED, 2010.

续表

年份	小学	初中第一阶段	初中第二阶段
1979	40 695	2 805	1 112
1980	35 136	3 225	1 174
1981	40 029	2 798	1 072
1982	35 369	3 471	1 003
1983	33 521	2 260	859
1984	29 191	3 183	1 312
1985	31 161	3 172	1 317
1986	30 310	2 974	991
1987	27 322	2 863	1 182
1988	31 953	3 224	1 225
1989	32 157	3 494	1 644
1990	30 704	4 336	2 117

表 3.6 1981—1990 年安哥拉小学、初中教室数（单位：间）[1]

年份	小学	初中第一阶段	初中第二阶段
1981	16 024	2 238	513
1982	14 504	1 384	513
1983	9 334	925	492
1984	11 483	1 932	492

[1] Ministério da Educação de Angola. Reflexões sobre a evolução do Sistema de Educação de Angola ao longo dos 35 anos de Independência[R]. Luanda: MED, 2010.

续表

年份	小学	初中第一阶段	初中第二阶段
1985	16 767	1 489	478
1986	14 426	1 346	521
1987	14 586	1 426	618
1988	13 845	1 202	675
1989	14 937	1 481	720
1990[1]	13 523	1 367	733

为应对僵局，安哥拉政府采取调整措施，比如，减少学生的在校时间，把课程安排在三个时间段：上午（7：30—12：30）、下午（13：00—18：00）和晚上（18：00—23：00）。这样一来，所有人都有进校学习的机会，年龄小的可以上午入校上课，成年人则上夜课，教室以外的场地（如院子、露台等）也可以被用来当课堂。

总体来说，这一时期安哥拉政府由于采取了鼓励教育发展的政策，并且得到了古巴政府给予的支持，推动了学校的扩张，但同时也存在着负面影响：一方面，教育的管理更加复杂化，但安哥拉不具备相应的管理水平；另一方面，扩张加速了教育基础设施的消耗，最终导致图书馆、卫生间、体育馆、食堂等设施的关闭。随着国民经济的恶化，这些问题更加凸显，导致了教育质量的下滑。

在高等教育方面，1976年，罗安达大学更名为安哥拉大学。1985年，为了纪念安哥拉人民共和国的首任总统、独立后的首任大学校长，学校再次更名为阿戈斯蒂纽·内图大学（简称内图大学）。由于独立后的高文盲率，安哥拉的大学生数量并不像基础教育阶段那样有显著增加，再加上政

---

[1] 这一年由于政治、军事形势恶化，统计里未包含宽多-库邦戈省、纳米贝省的数据。

权更迭、社会不稳定，在校生数量在独立后的前几年有所下降。1975—1976学年至1977—1978学年，学生数量从1 405名减少至871名，降幅显著，而在独立前的1973—1974学年则有2 354名注册学生。[1] 从1978—1979学年开始，内图大学的学生数量逐渐恢复并且不断增加。在独立后的前几年里，大学运行遇到困难，主要是来自师资方面，因为大批葡萄牙籍教师撤离安哥拉。安哥拉政府通过发放奖学金的形式，选拔派遣大学生到古巴、苏联、波兰、德意志民主共和国等社会主义阵营国家留学。在接下来的几年里，其他问题也不断出现，比如，由于学生数量的激增，学校设施和教材等资源无法满足需求；教师待遇差；规范性公共政策匮乏，致使高等教育不尽如人意，越来越少的学生能够按时毕业，大多数学生需要花费三倍的时间才能结束学业等。[2]

（二）安哥拉共和国时期

1. 内战时期（1992—2001年）

1991年5月31日，安政府和安盟在葡萄牙的介入下签署《比塞斯和平协议》。次年，安哥拉进行独立后的首次多党选举，实行多党政治体制。伴随着政治、经济领域的改革，教育领域也发生了变化，主要表现在"去意识形态化、去政党化"。[3] 一党专制结束以后，安哥拉省会城市出现了私立教育机构。但教育资源仍然匮乏，教师长期罢工，"全民免费上学"的政策退出历史舞台。

1992年，安哥拉重陷内战，导致城区教育中断。1997年，150多万名儿

---

[1] Gulbenkian. Estudo global da Universidade Agostinho Neto[M]. Lisboa: Fundação Calouste Gulbenkian, 1987.

[2] KAJIBANGA V. Ensino superior e dimensão cultural de desenvolvimento[M]. Porto: CEAUP, 2000.

[3] ZAU F. Educação em Angola: novos trilhos para o desenvolvimento[M]. Luanda: Movilivros, 2009.

童失学，入学率下降，文盲率和不及格率上升。[1] 表 3.7 和表 3.8 显示了这个阶段学生和学校的数量。

表 3.7 1996、2001 年安哥拉小学、初中、高中和职业高中的学生数（单位：人）[2]

年份	小学	初中第一阶段	初中第二阶段	高中	职业高中
1996	835 760	129 879	63 002	35 993	11 025
2001	1 372 666	229 483	115 475	73 695	20 472

表 3.8 1996、2001 年安哥拉小学、初中、高中和职业高中的学校数（单位：所）[3]

年份	小学	初中第一阶段	初中第二阶段	高中	职业高中
1996	2 786	163	87	39	10
2001	4 224	282	164	64	18

1992—1993 学年各教育阶段的指标均较上一年有大幅下滑。从 1993—1994 学年开始指标略有回升，但学生数量一直不稳定，未能达到 1980—1981 学年时的顶峰。在这一阶段，学前教育的学生峰值出现在 2000—2001 学年（237 208 名学生），低谷出现在 1994—1995 学年（100 778 名学生）。小学生数量在 1997—1998 学年最多，为 1 272 007 名；1992—1993 学年最

---

[1] Ministério do Planeamento (MINPLAN). Proposta para uma política de população para Angola[R]. Luanda: 1997.

[2] Ministério da Educação de Angola. Reflexões sobre a evolução do Sistema de Educação de Angola ao longo dos 35 anos de Independência[R]. Luanda: MED, 2010.

[3] Ministério da Educação de Angola. Reflexões sobre a evolução do Sistema de Educação de Angola ao longo dos 35 anos de Independência[R]. Luanda: MED, 2010.

少，仅为 698 486 名。初中第一阶段、第二阶段在校生数量的最高值都出现在 2000—2001 学年，分别为 214 382 名和 102 301 名；最低值都是 1992—1993 学年，分别为 107 412 名和 41 339 名。总体来说，在政治、军事情况极为糟糕的时期，基础教育阶段的学生增加了 17 176 245 名，增长率为 8.9%。[1]

在教师数量方面，小学和初中第一阶段共有 76 319 名教师，占所有教师（112 785 名）的 67.6%，初中第二阶段的教师为 30 039 名，高中和职业高中的教师为 6 427 名。在小学和初中第一阶段，36% 的教师没有相应的学历资格和职业任职资格。在学校数量方面，2001 年，教育部主管的小学、初中、高中和职业高中的学校总数为 4 686 所。[2]

2．内战结束后（2002 年至今）

2002 年，安哥拉政府与安盟签署停火协议，结束了长达 27 年的内战，实现了全面和平，开始进入战后恢复与重建时期。随着 2000 年《联合国千年宣言》的签署，安哥拉开始实施教育领域的改革，制定了《优化教育体制全面战略（2001—2015 年）》，并通过了《新教育体制基本法》（第 13/2001 号法律）（简称《新教育体制基本法》）。这两部文件对整个教育体制的改革进行了全面部署，其目标是到 2015 年完成联合国千年发展目标，即将现有的 150 万小学生数量提升至 2015 年的 500 万。教育改革分为三个阶段进行，即初期（2001—2002 年）、稳定期（2002—2006 年）和发展期（2006—2015 年）。这一次教育改革被称为第二次教育改革。

---

[1] NETO A B. Situação do sector da educação em 2003[R]. Luanda: Edições Kulonga, 2005.

[2] Ministério da Educação de Angola. Reflexões sobre a evolução do Sistema de Educação de Angola ao longo dos 35 anos de Independência[R]. Luanda: MED, 2010.

按照安哥拉《新教育体制基本法》的规定，小学教育免费，葡萄牙语是基本教学语言，教育体制分为学前、初等、中等和高等教育四个层次。

由图3.2可以看出，小学由原来的4年扩至6年。儿童6岁入学，11岁小学毕业，但由于条件限制，大多数儿童入学较晚，毕业时间也顺延。2009年，一项关于安哥拉人口福利的调查显示，小学在读生中有58.5%是12—17岁的儿童。[1] 中学由初中（7—9年级）和高中（10—12年级）两个阶段构成，然后是高等教育。

2002年内战结束后，安哥拉的学生数量有显著上升，尤其是小学，表3.9显示在这一时期学生数量的年均增长率为15.18%。教师队伍也明显扩大，表3.10显示教师数量年均增长率为14.54%。但是，师资水平参差不齐，尤其是在农村地区，教师的学历和教学能力未能达到国家相关要求。在政府公共投资计划的统筹下，在国内外企业和当地社区的支持下，2002—2008年大批校舍得到修复和重建。表3.11显示中小学教室从2002年的19 012间提高到2008年的50 516间，增长了165.71%。这一时期，安哥拉一共新建了31 504间教室，平均每年新建4 500间教室。此外，新生接收能力从2002年的2 558 136名攀升至2008年的5 736 520名。[2]

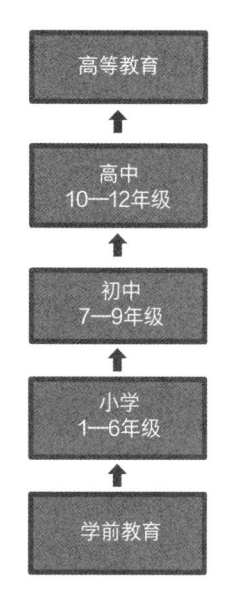

图3.2 安哥拉的新教育体制

---

[1] IBEP. Inquérito integrado sobre o bem-estar da população–2008/2009[R]. Luanda: INE, 2010.

[2] Ministério da Educação de Angola. Reflexões sobre a evolução do Sistema de Educação de Angola ao longo dos 35 anos de Independência[R]. Luanda: MED, 2010.

表 3.9 2002—2008 年安哥拉各教育阶段的学生数（单位：人）[1]

年份	2002	2003	2004	2005	2006	2007	2008
扫盲	321 003	404 000	323 470	334 220	366 200	389 637	502 350
学前	278 347	537 378	678 780	895 145	842 361	938 389	893 661
小学	1 733 549	2 492 274	3 022 461	3 119 184	3 370 079	3 558 605	3 757 677
初中	115 475	164 654	197 735	233 698	270 662	316 664	370 485
高中	109 762	117 853	159 341	171 882	179 249	194 933	212 347
职业教育	53 018	56 833	67 328	74 235	76 363	85 903	96 635
教师培训	32 461	34 990	61 616	63 185	65 210	67 085	69 014

表 3.10 2002—2010 年安哥拉全国教师数（单位：人）[2]

年份	2002	2003	2004	2005	2006	2007	2008	2009	2010
教师数	83 601	112 785	113 785	130 128	150 758	167 989	185 220	209 928	215 412

表 3.11 2002—2008 年安哥拉小学、初中、高中教室数（单位：间）[3]

年份	2002	2003	2004	2005	2006	2007	2008
小学	17 236	26 436	33 950	35 665	37 380	41 343	45 608

---

[1] Ministério da Educação de Angola. Reflexões sobre a evolução do Sistema de Educação de Angola ao longo dos 35 anos de Independência[R]. Luanda: MED, 2010.

[2] Ministério da Educação de Angola. Reflexões sobre a evolução do Sistema de Educação de Angola ao longo dos 35 anos de Independência[R]. Luanda: MED, 2010.

[3] Ministério da Educação de Angola. Reflexões sobre a evolução do Sistema de Educação de Angola ao longo dos 35 anos de Independência[R]. Luanda: MED, 2010.

续表

初中	1 225	1 269	1 421	1 809	2 197	2 796	3 467
高中	551	571	640	814	995	1 194	1 441
总数	19 012	28 276	36 011	38 288	40 572	45 333	50 516

在高等教育方面，《优化教育体制全面战略》提出要提升高等教育质量，增加教师职位，制定研究激励措施，以及加强科技合作等。但是直到2005年，安哥拉教育部才制定了《优化高等教育子体系指导方针的实施计划》，其中强调政府提高教育质量、扩大高教机构网络、将在读大学生数量提升至30万的决心。为此，安哥拉改革了高教政策，重组了内图大学，建立了内部奖学金制度，并成立了高等教育、科学、技术和创新部。1991年安哥拉开始实行市场经济，对求职者的资历要求也随之提升，因此，人们对高等教育的需求也增加了。随着内战的终结，服完义务兵役的男性也要到其他领域就业谋职，安哥拉人的学历提高了。图3.3显示了2001—2002学年至2007—2008学年内图大学在校生的数量变化。[1]

如图3.3所示，内图大学的在校生从2001—2002学年的9 129名增加到2007—2008学年的46 554名。由于既有的公立大学无法满足市场对高等教育日益增长的需求，20世纪90年代末出现了一批私立大学，其中具有代表性的是建于1999年的安哥拉天主教大学。2007年，私立大学的扩张达到顶峰。为应对教育的新局面，实现权力下放，高教政策再次改革。2009年4月7日颁布的第5号政令规定，在全国范围内建立七个学区。[2] 每个学区都设有高教机构，以确保所有居民在本学区内就可以享受高等教育，这七个学区见表3.12。

---

[1] UAN–Universidade Agostinho Neto. Livro do finalista 2007/2008[M]. Luanda: UAN, 2008.

[2] Angola. Conselho de Ministros relativo à Organização das Regiões Académicas. Decreto-lei n. 5, de 7 de abril de 2009[Z]. Diário da República, I Série, n. 64, 2009a, p. 1.707-1.708.

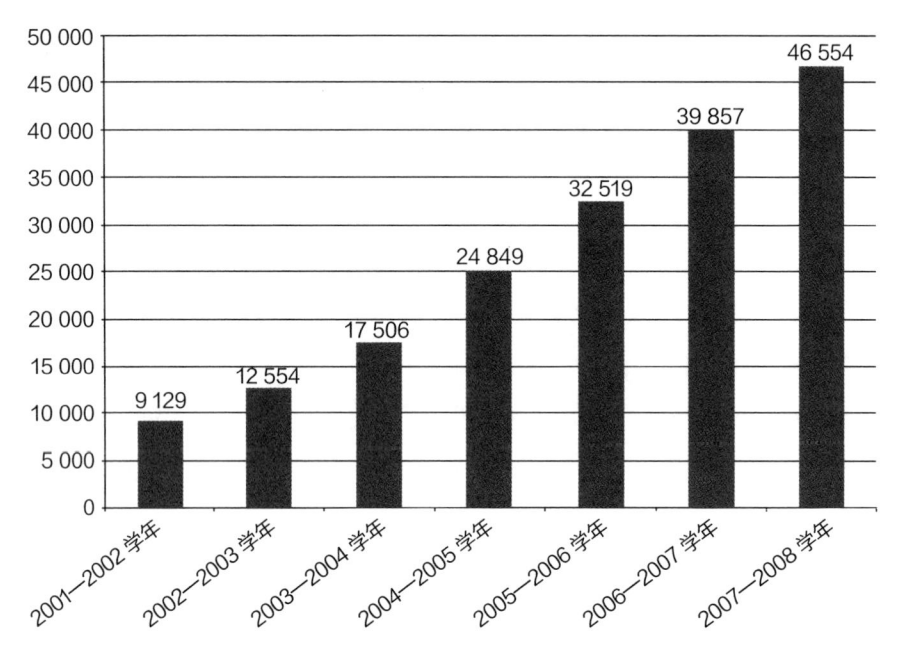

图 3.3 2001—2002 学年至 2007—2008 学年内图大学的学生数（单位：人）

表 3.12 安哥拉的七大学区

学区	省份	高校
I	罗安达、本戈	阿戈斯蒂纽·内图大学
II	本格拉、南宽扎	卡特亚瓦拉·布衣拉大学（位于本格拉） 教育科学高等学院（位于南宽扎）
III	卡宾达、扎伊尔	十一月十一日大学（位于卡宾达） 高级理工学校分校（位于扎伊尔）
IV	北隆达、南隆达、马兰热	鲁吉·安康达大学（位于北隆达） 农学、医学、兽医学院（位于马兰热） 高级理工学校分校（位于南隆达）
V	万博、比耶、莫希科	若泽·爱德华多·多斯桑托斯大学（位于万博） 高级理工学校分校（位于比耶、莫希科）
VI	威拉、纳米贝、宽多-库邦戈、库内内	曼杜梅·雅·恩德穆法约大学（位于威拉） 高级理工学校分校（位于纳米贝、库内内、宽多-库邦戈）
VII	威热、北宽扎	金帕·维塔大学（位于威热） 高级理工学校分校（位于北宽扎）

虽然安哥拉在人力资源的培养上做出了努力，并且经济有显著增长，但在独立后的几十年里，安哥拉的社会状况一直不佳，教育政策也未能达到预期目标。根据2010年安哥拉人口福利调查数据，77.2%的国民接受过小学教育，但仅有20.6%上过中学。[1]联合国教育、科学及文化组织的数据显示，2005年，安哥拉在校大学生数为48 184名。[2]长期的内战制约了教育的发展，因此安哥拉采取了从基础教育到高等教育的改革措施。这些措施不仅旨在完成联合国千年目标，而且力图改善教育体制，实现可持续发展，但是最终这些教育政策未能得到有效的落实和巩固。

第二节 内图的教育活动和观点

阿戈斯蒂纽·内图是安哥拉共和国的首任总统、作家、医生、革命家和教育家。作为一名革命者，他加入了安哥拉人民解放运动，领导了一系列争取民族独立的运动，以帮助安哥拉摆脱葡萄牙殖民统治的压迫。内图同时又是一名成功的医生和在安哥拉备受赞誉的诗人。他被称为"现代安哥拉之父"，他的生日被定为安哥拉"国家奠基者和民族英雄纪念日"。1976年11月22日，内图总统在罗安达一家纺织厂的旧址宣布掀起扫盲运动。1978年，安哥拉教育部将11月22日定为"全国教育工作者日"。内图总统是安哥拉独立后教育发展的有力推动者，为教育事业做出了重大贡献。

---

[1] IBEP. Inquérito integrado sobre o bem-estar da população–2008/2009[R]. Luanda: INE, 2010.
[2] 资料来源于联合国教科文组织官网。

一、主要人生经历 [1]

1922年9月17日,内图出生于距离罗安达60公里的伊科罗本戈镇一个名叫卡西卡内的小村庄。他的父母都是教师,父亲还是新教牧师。1944年,内图在罗安达萨尔瓦多·科雷亚中学毕业后,在一家医疗机构工作。1947年,内图离开安哥拉,赴葡萄牙科英布拉大学医学院求学,之后转学至里斯本医学院。

内图积极参与社会、文化、政治活动,是青年运动组织的成员。由于是学生运动的活跃代表,1952年和1955年,内图先后两次被葡萄牙政府逮捕。内图与其他青年知识分子一起创办了《时刻》《信息》杂志,成立了旨在从文化上、政治上确立非洲身份的"非洲研究中心",并且与安哥拉海员协作,在里斯本创建了"安哥拉海事俱乐部",将在葡萄牙的安哥拉同胞团结在一起,为民族解放运动奠定了基础。1958年10月27日,内图从里斯本医学院毕业,同日与玛丽亚·欧热尼亚·席尔瓦结婚。内图参与创建了"反殖民主义运动"组织,该组织集结了安哥拉、莫桑比克、几内亚比绍、佛得角、圣多美和普林西比五个葡属殖民地国家的爱国人士。

1959年年底,内图携妻子和儿子返回罗安达,开办了一家诊所,并成为安哥拉人民解放运动的领导人。1960年6月,内图在罗安达被捕,先后被转移至佛得角、葡萄牙的多处监狱。1963年3月,内图被里斯本监狱释放。1970年,内图被第四届亚非作家大会授予莲花奖。1975年11月11日,安哥拉人民共和国成立,内图成为总统。1975年12月,内图联合维埃拉等文化名人共同创立安哥拉作家联盟,并出任罗安达大学(现今的内图大学)首任校长。1979年9月10日,内图在莫斯科病逝。

---

[1] 资料来源于内图基金会网站。

二、主要教育活动和观点

（一）争取民族独立时期

安人运成立于1956年，是安哥拉反对葡萄牙殖民统治、争取民族独立和武装斗争的主要力量之一。内图于1962年当选为安人运主席，他高度重视教育在革命运动中所扮演的角色，正如1978年他在一次讲话中提到的，教育为安哥拉革命的成功起到了政治意识上的基础性作用，帮助党员和群众认识到安哥拉和全世界的现实。[1]

安人运的绝大多数党员以及解放区（被安人运控制的地区）的群众都属于文盲或半文盲，因此，内图领导安人运建立新的教育体制，旨在扫除文盲、教授新的思维和行为方式、改善人民生活、建立社会主义社会。这种新的教育体制以马克思列宁主义为指导，所有扫盲教材和宣传册均使用安哥拉的当地语言，而非葡萄牙语，旨在宣扬民族解放、领土统一，反对种族主义，揭示种族主义的危害。安人运成立了革命教育中心，帮助党员提升文化水平。内图教导党员们说："群众学会了依靠自己的力量，从而释放了他们巨大的创造力。他们学会了交流和总结经验，分析情况，了解自己的兴趣。这样，他们解决了问题，引导了自己的生活。在实践中，他们担当起了自己的历史角色，学会了行使权力。"[2] 解放区创造了一种新的文化空间，这里充满生机和与殖民主义对抗的精神，新型教育得以确立。

安人运在党内设立了干部部门，负责制定教育指导方针，这为安哥拉独立后开展的教育改革奠定了基础。在激烈的反殖民战争时期，由于不具备建立固定的教育基础设施的条件，为了支持教育，安人运就在某些地区搭建了棚户和帐篷，让那些没有参与游击战的儿童和青少年能够在葡萄牙

---

[1] NETO A A. Discursos políticos escolhidos[M]. Luanda: Edições DIP do MPLA, 1985: 29.

[2] MPLA. Documentos da I Conferência Nacional do Partido[C]. Angola: Edições D.I.P Luanda, 1987: 28.

殖民军向游击战营地发动袭击的空闲中有学习的地方。他们用树枝做成座椅，用树根支撑黑板，在战火交锋的课堂里，孩子们深刻理解了解放斗争的意义。除了丛林中的"教室"，他们还使用广播作为革命宣传和远程教育的工具，创办了广播节目《战斗的安哥拉》，用葡萄牙语和当地土著语进行广播。

　　内图指出，学校是人民掌权的基础，要把学校变成民主的中心，在学校里学习科学，并且运用科学来争取领土和人民的解放。[1] 学校将生产劳动纳入教学计划，旨在培养学生对劳动的热爱和推崇，让学校实现粮食上的自给自足，并且让学生摒弃"寄生虫"依附思想和精英态度。除了体力劳动，必要时学生会参与到武装斗争中。学生与游击队之间保持着紧密的联系，与他们一起承担各种任务。具体来说，学生每天上 6 节课，每节课 45 分钟，也就是说，每天大概有 4 小时的学习、2 小时的生产劳作和 1 小时的体育活动时间。年长一点儿的学生还会参与建筑劳动，或者帮助成人文盲学习识字。学校与社区、生产保持着密切联系。

　　此外，教师和年长的学生必须参加军训，以备战争之需。随着学生数量的增加，师资队伍严重匮乏，教师与学生的比例达到 1∶80 甚至 1∶100。[2] 为了解决教师数量不足的问题，高年级的学生被派去教低年级，并且定期组织教师培训和集体备课、研讨等，以此来克服师资水平低的问题。

　　关于游击战士的培养，士兵除了接受基础教育，还要学习游击战术、农耕技术，以掌握在粮食匮乏、遭遇敌军包围的困境下如何实现自给自足并进行长期战斗的准备。授课语言以葡萄牙语和当地土著语为主。课程在设置上除了以培养革命战士为目的，还重在培养管理国家事务的能力，因此，安哥拉独立后，大多数军官成为安哥拉人民共和国军队的高层领导人。

---

[1] NETO A A. Discursos políticos escolhidos[M]. Luanda: Edições DIP do MPLA, 1985.

[2] Embaixada da República de Angola. Angola hoje[Z]. Gráfica: Primícia e Editora LTDA. Edição Especial Janeiro, 2005: 7.

鉴于国内极为有限的教育条件，安人运积极开展国际合作，与苏联、捷克斯洛伐克、保加利亚、匈牙利、德国、古巴、巴西和中国建立联系。安人运得到这些国家在武器、奖学金等多方面的支持，先后派出百余名党员和爱国人士到这些国家进修学习，旨在培养政治、军事方面的干部人才，为独立后的安哥拉储备人力。这些留学归国人才为安哥拉的独立解放运动和共和国建设做出了贡献。其中，最有代表性的是若泽·爱德华多·多斯桑托斯，他于1979—2017年担任安哥拉共和国总统，其国家元首生涯长达38年。

总体来说，内图领导的安人运在这一时期建立的教育体制以扫盲和提升党员及游击战士的文化水平、生产技术、战斗能力为主要目标。

（二）独立后

安哥拉获得民族解放后，内图指出："我们的斗争并没有结束。我们的目标是争取国家的完全独立，建设一个公正的社会，塑造一个崭新的国民。"[1] 新型的安哥拉公民，除了具备一定的行事能力之外，还要在社会发展过程中改变对世界的认知、表达和评价方式。内图强调，培养这样的新型公民是建设新社会的重要条件。关于教育发展规划，安人运的教育文件指出，每个人都通过一定的法律或规则与社会联系在一起，他们的生活条件完全取决于社会在特定时期达到的发展水平。他们的精神追求、思维方式和道德原则都是各种社会影响力相互作用的结果，彰显了世代相传的民族传统；同时，个人的文化程度和发展也取决于其创造力和国家文化的影响。[2] 作为新国家、新社会的建设者，要清楚地知道做什么、怎么做和为什么做。马克思列宁主义能够帮助人们更好地了解社会和自然法则，并获

---

[1] MPLA. A importância do Marxismo-Leninismo na educação ideológica do povo[M]. Luanda: DIP, 1978: 146.

[2] MPLA. A importância do Marxismo-Leninismo na educação ideológica do povo[M]. Luanda: DIP, 1978.

得积极的价值取向。因此，1975年11月11日，安哥拉人民共和国成立后，执政党安人运将马克思列宁主义引入教育和教学体制，旨在培养新一代的安哥拉国民，以建设社会主义社会。

面对国民的高文盲率，内图认为，为了使用现代化的机械，工人们必须学习；学习是一项义务，而不是简单的读书写字，并不只是为了个人用途。[1]1976年11月22日，内图在全国扫盲运动开启仪式上谈道："我们的国家每100个人中就有85个人不识字，对于一个想要谋发展的国家来说，这是一个不幸。换句话说，一个不识字的人绝不可能成为一个好技师、一个好干部，因为他不会自主学习。不会读书看报，就无法了解世界上发生的事情。要掌握一项技术，必须会读书写字……扫盲运动将开启国家重建的历程，消除殖民主义遗留下的弊端，也就是蒙昧、无知、缺乏文学知识，这些是造成我们民族落后的因素之一。一个没有接受教育或者一个文盲是不具备学习知识的能力的，甚至不能保持自身健康。一个不识字的人更有可能生病，他也更有可能不会去就医，因为他不懂医术为何物。一个国家的公民受教育指标体现了这个国家的发展水平，文盲越多，发展越低下……教师在社区中起到决定性作用，是社会发展的有力推动者。促进教师的发展是全社会，尤其是政府的必要任务。我们的教育取得了长足进步，但是国家并不稳定，正在缓慢前行，正在努力改善安哥拉的教育水平。教育者是领路人，是教导者，是父亲。"[2]

在内图发表以上讲话的两年之后，也就是1978年，安哥拉教育部将11月22日确立为"全国教育工作者日"。这个日子体现出安哥拉教育机构和教师队伍反思教育领域的主要问题、寻求有效解决方案的决心。安哥拉的重建和发展离不开教师的贡献，国家需要具有相应的专业能力、职业道德和高度责任心的教师，政府和相关机构应加大对教育领域的投资，帮助改善

---

[1] NETO A A. Ainda o meu sonho (discurso sobre a cultura nacional)[Z]. Luanda: Ed. UEA, 1985.
[2] 资料来源于内图基金会网站。

师资问题，使之得到全社会的尊重。[1]

  内图高度重视高等教育的发展。1977年9月12日，内图这样定义安哥拉大学的使命："为革命服务，成为与殖民主义追随者做斗争以及在安哥拉建立公正、进步的社会的重要力量。大学必须培养出具有新思维的国家人才，能够以新社会的工匠的身份发挥作用，从而实现人民民主的胜利。"[2]

---

[1] 资料来源于内图基金会网站。
[2] 资料来源于内图大学官网。

第四章 学前教育

根据安哥拉《教育和教学体制基本法》(第 17/2016 号法律)第 17 条的规定,学前教育是安哥拉的六个教育子系统(学前教育子系统、普通教育子系统、职业技术教育子系统、教师教育子系统、成人教育子系统、高等教育子系统)和四个教育层次(学前教育、初等教育、中等教育、高等教育)之一。学前教育是后续教育的基础,是幼儿时期的教育,也是人生第一个教育阶段。这意味着必须为幼儿创造基本的教育条件,使幼儿能够不断地学习并从实践中掌握必备的技能。安哥拉学前教育子系统的目标是刺激幼儿的智力、身体、道德、美学和情感发展,帮助幼儿观察自然、社会和文化环境,并培养他们的表达能力、交流能力、创造性想象力,从而使得幼儿能够具备接受基础教育的能力,更好地融入周边环境。本章通过梳理安哥拉学前教育的发展历史和现状,分析当前安哥拉学前教育的特点,并对目前学前教育面临的各种挑战提出中肯建议。

第一节 学前教育的发展和现状

一、历史沿革

一个国家教育的发展与该国家所处的大背景息息相关，学前教育也不例外。安哥拉的学前教育发展可以分为如下三个历史阶段：前殖民地时期、殖民地时期和独立后。

（一）前殖民地时期

在这一时期，现今安哥拉的领土范围内生活着多个土著部族，各部族由一个或多个首领领导，同一部族的人们居住在一起，使用同一种语言，拥有共同的传统和风俗习惯。当时，安哥拉人民虽然还没有专业教育的理念，对教育阶段也没有明确划分，但各部族都自然地对本部族内的儿童进行着朴素的口头教育。安哥拉各部族的教育实践并无显著差别，所以这里以居住在安哥拉东北部的隆达人为例，从他们口口相传的教育实践中，试图窥探一下安哥拉前殖民地时期学前教育的样貌。

在隆达人中，男孩子的教育责任主要是由他的父亲、叔伯和祖父承担。教育行为无时无刻不在进行，教授内容不仅包括了生存和生活技能教育，还涉及社交教育和道德教育等方方面面，"课程设置"可谓是多种多样，但也有一些禁忌话题，如成年人不得和孩子谈论性这个话题。从"教学组织形式"来看，隆达人教育孩子时不是僵化的，而是根据不同的教学内容和场景调整教学组织形式。有时"教师"和"学生"遵循最古老的教学方式，一对一地进行单独"授课"，有时又采取一对多或多对多的形式。让孩子们自由玩耍和教孩子们做游戏是隆达人传统教育的一部分。玩耍和游戏是最符合幼儿身心特点的"教学活动",能够直接或间接地为幼儿创造社交情境,刺激幼儿学习的主动性,使幼儿明白何为目标、何为规则。比如,大人会鼓励孩子们进行记忆力比赛,通过快速重复同一单词或句子来练习和掌握本部族的语言。此外,对于隆达人来说,适合幼儿年龄的玩具是很好的"教学用具",孩子们用棕榈花做娃娃,用竹子或木头做小车,在与人玩耍或独自玩耍时无形中将现实投射到游戏中来,从而增加创造性思维,发展社交技巧,学会情感表达。[1]

总体来说,在前殖民地时期的安哥拉,学前教育的教学活动中处处体现了教学情境的设置,儿童通过一些体能和思维活动,提高认知能力,学会了情绪和情感表达。

（二）殖民地时期

在长达五个世纪的殖民地时期,耶稣会传教士、由葡萄牙派遣的总督及新教徒先后来到安哥拉。为了更好地在安哥拉传播宗主国的语言和宗教文化,巩固殖民统治,殖民者对当地的教育较为重视。然而,安哥拉的学前教育一直处于被忽视的状态,因为无论是对葡萄牙殖民者而言,还是对于安哥拉本地的土著居民来说,学前教育都不是他们最迫切的需求。

19世纪80年代末期,由于新教徒加入学前教育,殖民者们这才开始关注学前教育。此时安哥拉的学前教育属于稀缺资源,只占教育的一小部分比重,但是并不妨碍当地民众对它的欢迎。1918年,时任安哥拉总督马桑诺·德·阿莫林进一步规范了教育阶段的划分,提出将教育细分为初步教育、初等教育和中等教育。这里的初步教育就是针对儿童的学前教育,这也是学前教育第一次出现在殖民总督的提议中。

---

[1] SILVA NETO T J A. História da educação e cultura de Angola: grupos nativos, colonização e a independência[M]. Zainaeditores, 2010: 100-105.

随着时间的推移，葡萄牙的殖民统治逐渐达到顶峰。1927 年 4 月 16 日，葡萄牙萨拉查政府颁布了第 518 号政令，首次提出针对学前教育的内容，即应当通过开设预备班来逐步建立幼儿学校。[1] 此后，学前教育一直处于缓慢发展的过程中。为更加全面地规范葡萄牙海外殖民地的教会与葡萄牙政府在宗教生活方面的关系，罗马教廷与葡萄牙在 1940 年 5 月 7 日签署了政教协定。协定签订后，安哥拉教育得到了极大的发展。当时，学前教育是非强制性的，主要在公立和私立幼儿园进行。

20 世纪 60 年代初至 70 年代中期，安哥拉民族意识不断增强，争取民族独立的解放运动达到高潮。在葡萄牙殖民者的投资和安哥拉政府的直接负责下，安哥拉教育不断发展，其中，学前教育也在一定程度上得到了发展。表 4.1 显示了 1964—1965 学年和 1972—1973 学年学前教育入园儿童、幼儿教师、幼儿园数量的发展演变。

表 4.1　1964—1965、1972—1973 学年安哥拉学前教育儿童、教师、幼儿园数 [2]

学年	入园儿童（人）	幼儿教师（人）	幼儿园（所）
1964—1965	1 417	51	21
1972—1973	3 464	111	63

表 4.1 的数据显示，1964—1965 学年，幼儿园注册人数共有 1 417 人，到了 1972—1973 学年，这一数字达到了 3 464 名，增长了一倍有余；教师和幼儿园的数量增长也达到一至两倍。然而，这一时期安哥拉的总人口数量已达六七百万，学前教育适龄儿童的人数也以十万计。尽管上幼儿园的儿童数量在不到 10 年间增长了一倍，但真正接受到学前教育的儿童仍然是少之又少，

---

[1] DIAS A G S. O ensino em Angola[M]. Luanda: Imprensa Nacional, 1934: 13.

[2] Ministério da Educação de Angola. Reflexões sobre a evolução do Sistema de Educação de angola ao longo dos 35 anos de Independência[R]. Luanda: MED, 2010.

几乎可以忽略不计。在这一时期，就具体实施学前教育的机构而言，仍然是公立和私立两类幼儿园。以1967年为例，当年安哥拉共有幼儿园22所，其中3所是公立幼儿园，19所是私立幼儿园。公立幼儿园仅占全国幼儿园总数的13.6%，而私立幼儿园占比高达86.4%，不平衡现象非常严重，其影响甚至一直持续到现在。从师生比来看，1967年，3所公立幼儿园中共有10名教师，由他们负责照顾249名儿童；19所私立幼儿园中共有教师42名，他们需要共同面对1 225名儿童。[1]对师生数量进行分析后，可以看出公立、私立幼儿园的师生比分别是1∶24.9和1∶29.2，相差不是太大。这意味着在所有幼儿园中，1名幼儿教师平均需负责25—30名儿童，儿童难以获得较为全面的照顾。

总之，在殖民地时期的末期，安哥拉终于出现了专门针对儿童的学前教育。虽然接受学前教育的人数极少，教学机构和教师极为有限，但已经为之后安哥拉学前教育的发展奠定了基础。

（三）独立后

由于在整个殖民地时期，安哥拉的教育资源只属于殖民者和少部分被"去非洲化"的土著居民，所以安哥拉独立时全国约七百万的人口中，文盲率高达85%。[2]安哥拉政府高度重视这一问题，将受教育是所有公民的权利写入了宪法，决定增加对教育的投资，将教育国有化，并实施了第一次教育改革。

1977年，在政府的批准下，安哥拉建立了教育和教学体系，将殖民地时期的学前教育作为一个组成部分保留了下来。按照年龄划分，3岁以下幼儿应送入托儿所，3—6岁儿童应送入幼儿园。在幼儿园的最后一年，即5—6岁的儿童，应就读学前班。学前教育的主管部门是国家社会事务秘书处，

---

[1] SILVA NETO T J A. História da educação e cultura de Angola: grupos nativos, colonização e a independência[M]. Zainaeditores, 2010: 172.

[2] PNUD. Os desafios pós-guerra[M]. Luanda: Nações Unidas, 2002.

负责组织和指导致力于学龄前儿童教育的机构的工作。国家社会事务秘书处的目标如下：组织儿童的文化、健康和娱乐活动，使儿童能够进行游戏和感受集体生活；帮助在职的父母照顾、教育子女；为儿童的正常和全面发展创造充分的条件，让他们拥有一个健康快乐的童年；在教育部的教学方针指导下，为学龄前儿童日后接受初等教育做好准备工作。

在政府的推动下，接受学前教育的儿童数量呈现出爆炸式增长，在1978年达到了74万余人，是1972—1973学年注册人数的将近200倍。然而好景不长，安哥拉内战不断并且逐年加剧，对国民经济和设施造成了破坏性影响，政府对教育领域的投资被迫逐步减少，学前教育必然受到消极影响。表4.2反映了1976—1990年安哥拉学前教育注册学生数的变化。

表 4.2 1976—1990年安哥拉学前教育注册学生数一览（单位：人）[1]

年份	1976	1977	1978	1979	1980	1981	1982	1983
注册学生数	361 446	416 937	746 328	664 500	404 255	342 316	292 429	254 136
年份	1984	1985	1986	1987	1988	1989	1990	
注册学生数	208 459	227 654	222 161	212 733	209 171	141 882	164 146	

表4.2显示，1978年，学前教育注册学生数量达到顶峰，此后便逐年迅速下滑。到1990年，幼儿园的儿童数量降至约16万人，不足独立伊始的一半。此外，学前教育的教学质量也不容乐观。1986年，安哥拉教育部对教育体制进行了全面诊断。对于学前教育而言，这一阶段是儿童接受真正的学校生活前的启蒙阶段，孩子们需要离开熟悉的家庭，面对一个完全不同的环境，需要培养各方面的能力、习惯和技能来为以后承担个人责任而做准备；孩子

---

[1] Ministério da Educação de Angola. Reflexões sobre a evolução do Sistema de Educação de angola ao longo dos 35 anos de Independência[R]. Luanda: MED, 2010.

们不再是注意力的焦点，而应开始逐步适应教育机构的日常生活。不过，当时学前班的设置却存在如下问题：学前班的教学大纲与小学一年级课程大纲采用的是同一标准，甚至在葡萄牙语和综合科学课程的教学大纲中，教学主题与一年级的教学主题完全相同；此外，学前班教师对教学互动的组织也与一年级的组织方法相似。教育部认为，这些都不适合学前教育。学龄前的儿童应当注重的是认知发展、心理发展、语言发展和各种形式的思维发展，但这些却都没有在学前班的教学大纲中充分体现出来。此外，学前班儿童的基本活动本应是游戏，但却与独立活动一样没有受到应有的重视，也没有在日常活动中安排出固定的时间去做。因此，学前教育的教学大纲应当重新修订。

1990年，安哥拉从一党制政治体制转向多党制政治体制，这不可避免地带来了教育政策的变化。尽管安哥拉早已在1975年获得了独立，但内战仍在持续，这一政治体制的变化并未能使局势稳定下来。社会依然动荡不安，这对国家、人民、经济和社会基础设施都有非常消极的影响，农村地区的无数教育机构被摧毁，安哥拉的教学体制被削弱，甚至在1990年制定的教育和教学体制改革方案中，学前教育这个子体系直接被抹去了。据统计，1990—1992年，安哥拉学龄前儿童的人数估计已超过200万，但其中只有1%的儿童可以接受到学前教育。[1]

随着《联合国千年宣言》的签署，安哥拉开始实施长达十五年的第二次教育改革，制定了《优化教育体制全面战略（2001—2015年）》。2001年12月，安哥拉国民议会通过了《新教育体制基本法》，学前教育重新被纳入教育体系中，成为六个教育子系统之一。2002年，安哥拉内战结束，国家实现了全面和平，并开始了各领域的恢复和重建工作。在第二次教育改革实施的前半期，学前教育从量上取得了极大的发展，表4.3显示了2002—2008年学前教育学生数量的变化。

---

[1] Instituto Nacional de Investigação e Desenvolvimento da Educação/Ministério da Educação de Angola. Plano curricular do pré-escolar e ensino primário[Z]. Luanda: Editora Moderna, 2019.

表 4.3 2002—2008 年安哥拉学前教育学生数（单位：人）[1]

年份	2002	2003	2004	2005	2006	2007	2008
学生数	278 347	537 378	678 780	895 145	842 361	938 389	893 661

表 4.3 显示，2002 年内战结束后，学前教育的学生数量有显著上升，在 2007 年达到顶峰。2002 年，学前教育的注册学生数约为 28 万，六年后达到近 90 万，增长了二倍多。2015 年，第二次教改结束。为了使教育体制适应新的现实和需求，安哥拉政府在 2016 年颁布了《教育和教学体制基本法》。与《新教育体制基本法》相比，《教育和教学体制基本法》沿袭了全部六个教育子系统，并更新了教育层次的设置，学前教育成为四个教育层次之一。

二、现状

学前教育是安哥拉《教育和教学体制基本法》第 17 条所规定的六个教育子系统之一，也是四个教育层次之一。学前教育是后续教育的基础，分阶段照顾幼儿，帮助幼儿进行智力能力、运动能力和社会能力的培养，让他们做好接受初等教育的准备。安哥拉的学前教育不属于义务教育，需要政府和私人等多方进行投入。学前教育主要分为三个阶段：第一阶段是照顾 3 个月到 3 岁的幼童，教育实施机构是托儿所；第二阶段是针对 3—5 岁幼童的教育，在幼儿园进行；第三阶段是为期一年的学前班，教育对象是 5—6 岁的儿童，教育机构主要是幼儿园。《教育和教学体制基本法》规定小学也可以开设学前班课程。托儿所和幼儿园合称儿童中心。下面将从注册学生数量、儿童中心数量、校历、教学材料等方面展现安哥拉学前教育的基本样貌。

---

[1] IBEP. Inquérito integrado sobre o bem-estar da população–2008/2009[R]. Luanda: INE, 2010.

（一）学前教育注册人数

自 2008 年开始的全球金融危机对安哥拉的国民经济造成了消极影响，无论是家庭还是政府，对教育的投入都有所减少，体现在学前教育领域里，就读儿童数量从 2008 年的 89 万多下降至 2011 年的近 59 万，降幅约达 34%。随着经济的复苏，这一情况逐渐好转。图 4.1 是 2011—2016 年的统计数据，数据显示学前教育登记在读人数在逐年增长，从 2011 年的近 59 万人上升到 2016 年的 74 万多人，6 年内增幅约达到了 25%，但仍未恢复到金融危机前的数量。2016 年安哥拉学前教育适龄人口总数为两百多万，当年实际接受到学前教育的儿童仅为 74 万，不足适龄儿童总数的三分之一。[1]

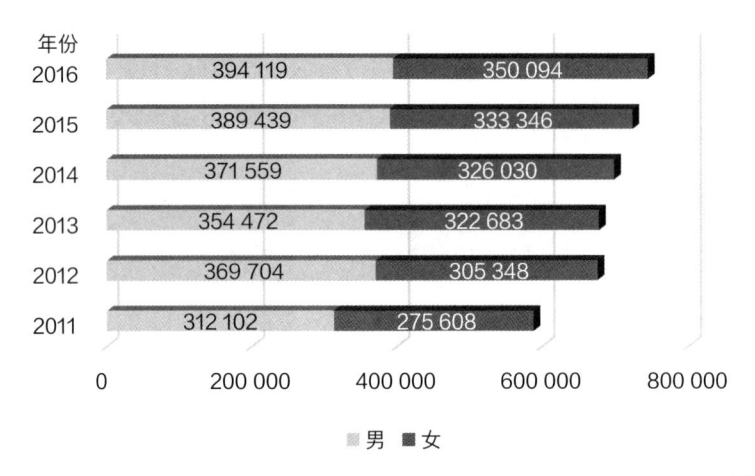

年份	男	女
2016	394 119	350 094
2015	389 439	333 346
2014	371 559	326 030
2013	354 472	322 683
2012	369 704	305 348
2011	312 102	275 608

图 4.1 2011—2016 年安哥拉学前教育注册学生数（单位：人）[2]

由图 4.1 可以看出，2011—2016 年学前教育的学生数总体来说呈现稳步

---

[1] Instituto Nacional de Estatística. Anuário de estatísticas sociais–dados de 2011-2016[R]. Luanda: INE, 2018.
[2] Instituto Nacional de Estatística. Anuário de estatísticas sociais–dados de 2011-2016[R]. Luanda: INE, 2018.

上升趋势，接受学前教育的男童较女童略多，基本保持了性别平衡。然而一个明显的问题是，相对于数量如此之多的学生来说，师资力量却非常薄弱。举例来看，2011年，安哥拉共有近59万儿童接受学前教育，当年全国保育员却只有2 014名，幼儿教师385人；2012年，全国儿童中心共有儿童近78万，保育员却只有2 306名，幼儿教师472人[1]。在这两年中，学前教育的师生比极低，约达到了1∶246和1∶281，这意味着1名保育员或幼师需要照顾200多名儿童。很明显，在这种情况下，教师根本无法兼顾到每一个儿童的个性发展。

安哥拉学前教育的第一阶段在托儿所进行，托儿所专门负责照顾幼儿并培养幼儿的生活能力。幼儿园的功能是教育，以游戏为主要活动，使儿童能逐步完成有组织的作业。因此，剔除掉托儿所阶段，一个国家的幼儿园入园率更能体现其学前教育的发展程度。2018年，安哥拉全国3—5岁儿童共317万[2]，按年龄划分，3、4、5岁儿童的入园率分别约为2.3%、5.1%和24.4%。[3]

学前班阶段是学前教育的最后一个阶段，也是做好准备向初等教育过渡的关键阶段，因此就读人数最多，也受到了政府的高度重视。2018年，安哥拉经济和规划部发布学前教育发展计划，提出扩招学前班。2017年，学前班招收了66.86万名儿童。根据计划，到2020年，招生规模会达到80.23万人，比2017年增长近20%。招生规模看起来大幅扩大了，然而考虑到2020年5岁的儿童将达到95.16万，这意味着仍然有15万名儿童被排除在学前教育体系之外，约占5岁总人口的16%。[4]

---

[1] Instituto Nacional de Estatística. Anuário de estatísticas sociais–dados de 2011-2016[R]. Luanda: INE, 2018.
[2] 资料来源于世界银行数据库网站。
[3] Ministério da Educação. Comunicações do conselho consultivo 2018[R]. Luanda: MED, 2018.
[4] Ministério da Economia e Planeamento. Plano de desenvolvimento nacional 2018-2022[Z]. Luanda: MEP, 2018.

（二）学前教育机构数量

安哥拉《教育和教学体制基本法》第 23 条规定，除小学可以开设学前班外，主要实施学前教育的机构是托儿所和幼儿园，它们合称儿童中心。依据所有权进行划分，安哥拉的儿童中心分为公立、社区、教会、非政府组织和私立五大类。

随着学前教育学生人数的不断增长，原有教育机构的容纳能力越来越受到挑战，越来越多的教育机构也应运而生。2015 年，安哥拉全国共有儿童中心 423 所，到了 2017 年，数量增加至 537 所。[1] 图 4.2 按类别显示了 2017 年安哥拉的儿童中心数量。

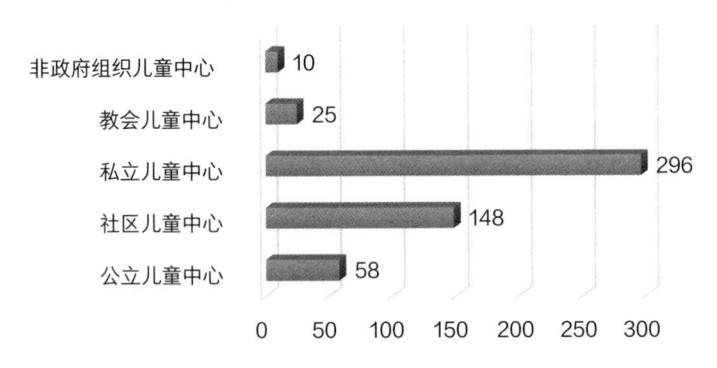

类别	数量（所）
非政府组织儿童中心	10
教会儿童中心	25
私立儿童中心	296
社区儿童中心	148
公立儿童中心	58

图 4.2　2017 年安哥拉全国儿童中心数（单位：所）[2]

2017 年，安哥拉全国共有私立儿童中心 296 所，在所有儿童中心中占比超过 55%。在其他四类儿童中心中，按数量排序，由多到少依次是社区儿童中心、公立儿童中心、教会儿童中心和非政府组织儿童中心。值得注

---

[1] Ministério da Acção Social, Família e Promoção da Mulher. Anuário estatístico da assistência e reinserção social [R]. Luanda: MASFAMU, 2017.

[2] Ministério da Acção Social, Família e Promoção da Mulher. Anuário estatístico da assistência e reinserção social [R]. Luanda: MASFAMU, 2017.

意的是，公立儿童中心在全国仅有58所，在所有儿童中心中占比仅约11%，相当于18个省每省平均有3所，可谓是极为稀缺的资源。

这种状况的出现是安哥拉政府的投入非常有限造成的。事实上，在很长一段时期里，学前教育子系统都是国家预算中投入最少的教育体系。2018年，国家总预算给学前教育的拨款为1.34亿宽扎（约合80万美元），较2017年减少了52%，与2016年相比减少了84%。在分析各省用于"儿童中心管理和运营"的费用时，安哥拉国家统计局的数据显示总费用削减了25%，在18个省份里只有5个省份有用于儿童早期教育的支出。[1] 安哥拉政府已经认识到对于学前教育投入长期不足的问题，在做2020年国家总预算方案时，分配给学前教育的金额为9亿宽扎（约合544万美元），与2019年相比增长了将近一倍。[2]

（三）校历

在安哥拉，新学年开始于每年的2月1日或2日，到年底的12月份结束，每学年分三个学期完成教学任务。所有的学前教育机构都遵循这个统一的教学时间安排。

安哥拉教育部每年年底都会发布次年的校历，规定新学年的起止日期和各学期的具体划分等。所有的教育子体系都遵循同样的教学日历，学前教育也不例外。因此，对于儿童中心来说，每学年都是从2月1日或2日开始，于当年12月中下旬结束，包含了三个学期。以国家颁布的2019年校历为例，具体学期划分见表4.4。

---

[1] UNICEF Angola. Investimento na criança e na família: análise geral do Orçamento Geral do Estado 2018[R]. Luanda: UNICEF Angola, 2018.

[2] UNICEF Angola. Investimento na criança e na família: análise da proposta de Orçamento Geral do Estado 2019[R]. Luanda: UNICEF Angola, 2019.

表 4.4 2019 年安哥拉的学期划分

学期	起止日期	实际教学活动周	实际教学天数
第一学期	2月1日—5月17日	13 周	57 天
第二学期	5月20日—8月23日	12 周	60 天
第三学期	8月26日—12月17日	13 周	63 天

2019 学年从 2 月 1 日或 2 日开始，于 12 月 17 日结束，总计 45 周，其中用于实际教学授课、考试等的时间为 38 周，约 180 天。此外，校历还规定，第一学期包含狂欢节假期和复活节假期，每个假期均为 3 天。

（四）教材与课程设置

安哥拉在学前教育阶段的教材使用上，由国家统一制定学前班教材并强制学前班使用，而对于学前班以外的更小一些的儿童，教材不强求划一，可以使用国内或国际流行的多种教材。由于自 2004 年使用至今的教材存在许多错误，因此政府进行了广泛的课程审查计划用以解决这一问题。从 2020 年开始，学前教育开始使用修订后的教材。然而，由于政府财力有限，教材只能缓慢进行替换，预计在 2022—2025 年才能逐步完成对旧教材的全部替换。

安哥拉学前班有三本教材，它们分别是《语言交流与儿童文学》《数学》和《手工和造型》。2019 年，由安哥拉教育部最新颁布的《学前和初等教育课程设置》根据儿童年龄制定了相应的教学计划，它们分别是《3 月龄至 3 岁教学计划》《3 岁教学计划》《4 岁教学计划》和《5 岁学前班教学计划》，用以指导全国儿童中心的工作。其中，《3 月龄至 3 岁教学计划》还按照月龄进行了进一步的细分。

根据《教育和教学体制基本法》的规定，3个月以上至3岁以下的幼儿在托儿所接受学前教育，托儿所的教学目标是：用例行程序发展幼儿的智力、身体、道德、审美和情感，确保他们能够健康成长；让幼儿了解周围的自然、社会和文化环境，使得幼儿能够更好地与环境融合；锻炼幼儿的表达、沟通和创造性想象能力；强调好奇心和嬉戏对幼儿能力建设的重要性。

例行程序是指始终在同一时间做同一件事的不断实践活动，也就是说，总是以相同的方式执行相同动作的一种习惯。例行程序为儿童提供了各个层面的学习体验，在儿童发育的早期阶段非常重要。并且，例行程序还能够帮助儿童建立安全感，使儿童能够清楚地知道一天中每个时段会发生什么。《3月龄至3岁教学计划》规定儿童中心必须在一开始就设定好例行程序，并在日常中遵照执行。表4.5便是教学计划中对3月龄至6月龄幼儿设定的例行程序的示例模板之一。

表4.5 安哥拉3—6月龄幼儿例行程序示例

3—6月龄日常安排	
7：15—8：00	入托
8：00—8：15	户外活动
8：15—8：30	晒太阳、喝水
8：30—10：00	小睡
10：00—10：30	卫生护理、进食（果汁和牛奶）
10：30—11：00	户外活动
11：00—11：30	卫生护理、喝果汁
11：30—13：00	休息
13：00—14：00	卫生护理、进食（果汁和牛奶）

续表

3—6月龄日常安排	
14:00—15:00	室内活动
15:00—16:30	休息
16:30—17:00	卫生护理、进食（糊糊）、户外活动
17:00—19:00	家长接走孩子、喂水

《学前和初等教育课程计划》（2019年版）要求托儿所的教学要包含例行程序、教学活动、入托入园后的适应时间、儿童各方面的能力发展计划这四项内容，但对每项内容每周应该完成多少课时不做要求。各儿童中心必须提前做好功课，了解各年龄段儿童的身心特点，并为其身体、智力、情感、认知、社会和道德的发展设计恰当的活动并合理安排作息时间，这些都可以因儿童中心而异，甚至因人而异。

在安哥拉学前教育的第一阶段，幼儿所有的学习都是通过游戏进行，保育员和幼儿教师需要寓教于乐。《3月龄至3岁教学计划》要求教师每周都设置一个主题，并根据主题来更换活动室的图片等装饰，带领学生探索主题图片、玩具、雕塑等相关事物。教师要重视给学生所做的口头示范和讲解，帮助学生发展交流能力、观察能力并提高学生的认知水平。教师需要每天记录日志，与学生的父母及时交换信息，确保家庭与幼儿园之间的有效沟通。

进入托儿所就读是儿童人生中第一次离开家庭、离开家人的经历，很多儿童会通过哭泣和沉默来表达自己的不安全感，所以教育者必须用很多策略帮助儿童在陌生的环境建立安全感，让儿童在托儿所感到受照顾和被欢迎，在此基础上再发展儿童其他方面的能力。

而对于学前教育的第二、三阶段来说，3岁、4岁和5岁儿童，根据《学前和初等教育课程计划》（2019年版），需要按周完成一定课时量的特定教学内容，具体见表4.6。

表 4.6 安哥拉 3—5 岁儿童教学内容示例

教学内容	每周课时数（每课时 45 分钟）		
	3 岁	4 岁	5 岁
语言交流	2	5	5
数学	1	4	5
体能和社交	1	2	4
手工和造型	2	4	5
音乐	2	2	3
心理	1	2	3
每周总课时数	9	19	25
每周科目数	6	6	6
年课时数	240	630	950

从表 4.6 可以看出，每周课时数随儿童年龄增长而逐渐增加，学前班教学达到了每周 25 课时。从教学内容来讲，幼儿园非常重视语言表达和动手能力的培养，这两项教学内容的课时数最多。从 4 岁开始，数学也开始成为另外一个重点学科。因此，学前教育不同阶段的各项教学内容必须互相联系、互为补充，目标是经过三年的学前教育，让儿童对自然环境和社会环境的认识更加多元化，语言表达从牙牙学语到能够进行批评、反驳和重新表述、解释，为儿童接受小学教育奠定牢固的基础。

（五）教育理念

近几十年来，学前教育在世界各国都受到了特别关注。安哥拉的学前教育涉及很多教育内容，如和平教育、健康教育、营养教育、环境教育、跨文化教育等，其中支配整个学前教育的理念是"寓教于乐"，坚持游戏是儿童最基本的活动的观点。

安哥拉学前教育的另一个理念是以儿童为中心。教师不仅向儿童下达命令，更要无时无刻不对儿童进行观察。在安哥拉学前教育中，教育者积极引导儿童，并且给儿童创造时间和机会让他们成为自己学习的推动者。这一阶段的任何教学活动都具有游戏性，比如，教唱儿童歌曲、绕口令，进行角色扮演或小剧场表演等。根据参与人数的不同，游戏可以分为独立游戏和小组游戏。前者能够让儿童进行自我训练，发现自己的兴趣；后者则可以让儿童与他人进行语言、情感等方面的交流，学会处理人际关系，规范行为方式和行为准则，促进彼此之间的融合。

第二节 学前教育的特点

一、儿童接受学前教育的比例较低

从世界范围来看，学前教育大都具有非强制性，即幼儿去托儿所、幼儿园接受教育是自愿的而非强迫的，家长完全可以根据孩子和家庭的各方面情况进行综合考虑，然后决定是否或何时送孩子进托儿所或幼儿园，以及送孩子进哪一类、哪一所托儿所或幼儿园。

在安哥拉现行的学前教育子系统中，入托和入园是有偿的，费用完全由每个家庭自己承担。根据《新教育体制基本法》的规定，在5岁前没有入读过托儿所和幼儿园的儿童，必须强制性就读学前班。也就是说，对于一部分适龄儿童而言，他的家庭并没有是否接受学前教育的选择权。

尽管从2001年起安哥拉就有"强制"就读学前班的规定，但是实际上安哥拉接受学前教育的儿童比例仍然较低。根据安哥拉国家统计局 2016 年的统计数据，全国仅有 10% 左右的适龄儿童接受了学前教育。[1] 究其原因，一方面，安哥拉的国民经济状况决定了很多家庭缺乏一定的经济基础，没有财力支持子女入托、入园；另一方面，教育部的法规只要求儿童必须去上学前班，但并没有提及违法的惩罚措施，对适龄儿童的家长无法形成震慑。

二、强调以儿童为中心，关注儿童全面发展

美国哲学家、心理学家和教育学家约翰·杜威在《心理学中的反射弧概念》一文中强调，教育要促进儿童的本能成长，提出"儿童中心主义"的教育原则。他认为，儿童心理学的基本内容就是研究以儿童本能活动为核心的习惯、情绪、冲动、智慧等天生心理机能的不断发展、不断成长的过程。儿童教育必须以儿童为教育的出发点，而不是把儿童当作目的和手段来对待，教育措施一定要围绕着儿童来实施。安哥拉正是遵循了"儿童中心主义"的教育原则，从国家层面出台了学前教育的课程设置和教学计划。根据学前教育对象的年龄、月龄的不同，以及身心发展阶段和特点的不同，安哥拉明确要求一切教学活动都必须以游戏的形式来进行，并且要求全国所有的学前教育机构都要遵守，无论是公立和社区儿童中心，还是私立、教会和非政府组织儿童中心。

此外，安哥拉还规定学前教育子体系的目标是促进儿童的智力、身体、道德、审美和情感发展，不仅从身体、认知方面切入，训练儿童必备的技能技巧，还综合了价值观和心理因素，培养儿童的各项能力和品质，以促进儿童的全面健康发展。

---

[1] UNICEF Angola. Investimento na criança e na família: análise da proposta de Orçamento Geral do Estado 2019[R]. Luanda: UNICEF Angola, 2019.

三、高度依赖私立儿童中心

统计数据显示，2017 年安哥拉全国共有学前教育机构 537 所，这些儿童中心的所有权各不相同，有的属于国有的公立儿童中心，有的属于其他机构或私人建立的儿童中心，具体数量见图 4.3。[1]

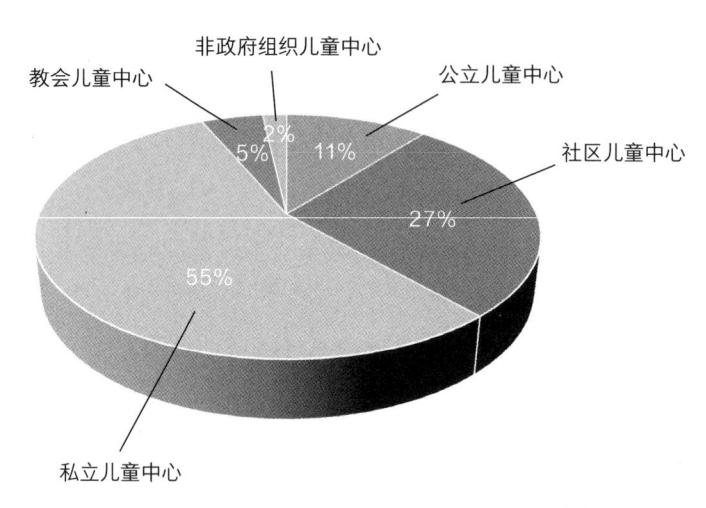

图 4.3 2017 年安哥拉儿童中心的构成情况 [2]

由图 4.3 可以看出，安哥拉的公立儿童中心数量极其有限，只占全国儿童中心总数量的 11%，而私立儿童中心则占据了大半壁江山。由于公立幼儿教育机构的数量不足，所以无法充分满足所有幼儿的入托需求，只能靠私立幼儿教育机构来缓解这些教育需求的不足。

私立学前教育机构能够满足更加个性化的服务需求。比如，公立儿童中心大部分是全日制，开放时间为 7 点至 17 点，但是私立儿童中心的时间

---

[1] Ministério da Acção Social, Família e Promoção da Mulher. Anuário estatístico da assistência e reinserção social [R]. Luanda: MASFAMU, 2017.

[2] Ministério da Acção Social, Família e Promoção da Mulher. Anuário estatístico da assistência e reinserção social [R]. Luanda: MASFAMU, 2017.

机制相对灵活，家长可以根据自己的时间进行个性化选择。而且，私立儿童中心还提供多种语言训练和体能锻炼形式。

第三节 学前教育的挑战和对策

一、挑战

安哥拉的学前教育面临着教学资源匮乏、教学质量不高和教育不公平等多方面挑战。

首先，教学资源匮乏是一大挑战，教育机构数量严重不足。2017年，安哥拉全国共有537所儿童中心，容纳了将近70万儿童，每家机构都压力极大，班级人数众多，而且缺少足够多的教室等基础设施。如前文中提到的，安哥拉还面临教材短缺的问题，学前班教材已从2014年开始修订，耗时三四年才修订完毕，并于2019年开始实施。由于新教材数量不足，需要较长的时间才能够在全国完成对旧教材的全部替代，这是学前教育资源中不可忽视的一个短板。而且，教学机构财力匮乏，有些儿童中心甚至无法为学生提供餐点，因此教学活动有时在上午10点钟就早早结束，严重破坏了教学活动的一贯性。

其次，教学质量堪忧。从学生角度来讲，由于硬件设备如教材、教室、教具的短缺致使无法营造良好的学习氛围，这直接影响到学生多方面的能力建设。学前教育阶段正是需要大量教育资源来辅助幼儿的各项学习活动的重要时期。在不同的教育资源配置下，幼儿对学习的兴趣会出现不同的分化，对后续学习的坚持性也会存在较大的差异。从教学活动实施的主体——教师来看，也存在着一些问题，比如，教师由于在教育理念方面掌握的知识不足，会延迟、削弱学生有些能力的发展；教师由于自身的受教育水平不高，导致有时无法妥善、有效地处理教学中遇到的问题；教师由于缺乏相应的培训来提高其教育水平，从而难免难以完成指导和促进学生建立公民道德观的任务。

再次，学前教育地区分布不平衡，这也是安哥拉政府面临的一大挑战。当前安哥拉的学前教育机构地区分配极其不均，图4.4显示了2017年安哥拉全国的儿童中心在不同省份的数量。

省份	儿童中心数
本戈省	16
扎伊尔省	8
威热省	9
莫希科省	8
马兰热省	7
南隆达省	27
北隆达省	5
万博省	20
库内内省	7
南宽扎省	15
北宽扎省	10
宽多-库邦戈省	6
卡宾达省	14
比耶省	15
威拉省	36
纳米贝省	34
本格拉省	38
罗安达省	262

图4.4 2017年安哥拉各省儿童中心数（单位：所）[1]

图4.4显示，安哥拉全国的儿童中心呈现出地区分布不均的特点，主要集中在经济较为发达的省份。2017年，全国儿童中心共537所，拥有儿童中心最多的前四大省份分别是罗安达省、本格拉省、威拉省和纳米贝省，

---

[1] Ministério da Acção Social, Família e Promoção da Mulher. Anuário estatístico da assistência e reinserção social [R]. Luanda: MASFAMU, 2017.

它们的儿童中心数量分别为 262 所、38 所、36 所和 34 所。安哥拉 39% 的省份拥有的各类儿童中心总数不超过 10 所，但是首都所在的罗安达省一个省便拥有将近全国一半的学前教育机构，见图 4.5。这无疑成为实现教育公平之路上面临的最大问题，国家应当使更多的孩子能够真正享受接受学前教育的权利。

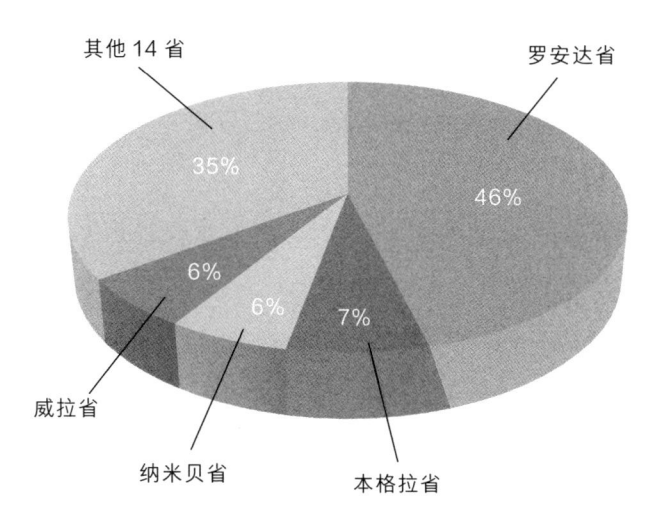

图 4.5　2017 年安哥拉全国儿童中心的地区分布占比 [1]

二、对策

面对如此的教育形势，安哥拉需改善学前教育的状况刻不容缓。

首先，安哥拉中央和地方政府需要加强对学前教育的投入力度，大力建设公立儿童中心，以期早日把孩子们送进有条件、有保障的公立儿童中心，促进民生福祉的改善，更好地维护教育公平。与 2019 年国家总预算相比，安哥拉政府在 2020 年的预算中增加了对学前教育的拨款，拨款总额

---

[1] Ministério da Acção Social, Família e Promoção da Mulher. Anuário estatístico da assistência e reinserção social [R]. Luanda: MASFAMU, 2017.

约为 2019 年的 2 倍。除此之外，安哥拉现有 2% 的儿童中心属于非政府组织所有，因此安哥拉还要继续积极争取国内和国际非政府组织（如世界银行、联合国儿童基金会等机构）的资金和资源援助，争取巩固并扩大此类儿童中心的规模。

其次，雄厚的师资力量是学前教育专业建设和发展的重要前提和根本保障。安哥拉政府层面要增强师资培训，规范幼师培训体系，制订幼儿园教师专业标准，提高教师学历，加深教师对学前教育的理解和认识，从而使教师的专业知识能够渗透到具体的教学活动中。

最后，安哥拉要紧跟时代形势的发展，因地制宜地调整教学内容。虽然葡萄牙语是安哥拉的官方语言和教学语言，但是在教育越来越国际化的今天，安哥拉与世界上其他国家的政治、经济、文化交往日益密切，所以安哥拉在学前教育阶段也应鼓励英语教学，将培养国际化人才从学前教育阶段抓起来。

第五章 基础教育

安哥拉现行的《教育和教学体制基本法》规定，基础教育子系统，也就是普通教育子系统，是安哥拉的六个教育子系统之一，包括初等教育和中等教育两个教育层次。初等教育的实施机构是普通小学，而中等教育则在普通初中和普通高中里进行。本章通过梳理安哥拉基础教育的发展和现状，分析其特点和当前面临的挑战及对策。

第一节 基础教育的发展和现状

一、历史沿革

从独立至今，安哥拉的教育同安哥拉的政治、经济和社会等其他领域一样，也进行过变革。就基础教育的内部阶段划分和学制长短而言，在国家刚独立时建立的教育体制（下文称旧教育体制）中，小学的学制只有四年，即1—4年级；初中则划分为两个阶段，每个阶段的学习时间均为两年，即5—6年级构成第一阶段，7—8年级构成第二阶段；普通高中的学制同样是四年，即 9—12 年级。[1] 因此，在旧的教育体制中，完整的基础教育共需 12 年来完成，学习时间被均等地划分到了小学、初中和高中里。经过 20 多年的实践和探索，安哥拉于 2001 年和 2016 年先后颁布了《新教育体制基本法》和《教育和教学体制基本法》，建立了新的教育体制。在新的教育体制下，基础教育仍然保持了一共 12 年的学制，与之前的不同之处在于重新划分了小学、初中和高中的学习时间。小学是初等教育，学制由原来的四年延长到了六年，也就是说，小学包括 1—6 年级，对象是 6—11 岁的儿童；中等教育划分为初中和高中两个阶段，分别为 7—9 年级和 10—12 年级，对象分别是 12—14 岁和 15—17 岁的学生。新旧教育体制下基础教育的阶段划分和学制长短对比如表 5.1 所示。

表 5.1 安哥拉新旧教育体制下基础教育内部阶段划分和学制

年级	1	2	3	4	5	6	7	8	9	10	11	12
旧	小学				初中				高中			
新	小学						初中			高中		

表 5.1 显示，新的教育体制延长了小学学制，而初中和高中的学制各缩短了一年。需补充说明的是，在新的教育体制下，在小学内部又划分为三个阶段，即 1—2 年级、3—4 年级和 5—6 年级三个阶段。按照国家课程设置的要求，教师需要定期对学生的学业进行评估。不过，学生在完成小学每一阶段的两个年级的学习之后，还需接受一次大的考核，学生必须通过考核才有资格进入下一阶段的学习。

在旧教育体制下，安哥拉只有小学教育是免费的，而《教育和教学体制基本法》颁布后，安哥拉开始实行九年义务教育，将免费、强制性的教

---

[1] ZAU, F. Educação em Angola: novos trilhos para o desenvolvimento[M]. Luanda: Movilivros, 2009.

育由小学延伸到了初中。学校不仅免除学生的注册费、学费和学习资料等杂费，还向学生提供免费的校餐（午餐）。高中不属于义务教育的范畴，学生就读高中的费用需由家长或监护人负责支付。

二、现状

（一）注册学生数

安哥拉实施9年制义务教育，这样的制度其根本目的在于提高基础教育的普及程度，从而从整体上提高安哥拉的国民素质，最终为国家的发展服务。表5.2显示了2014—2016年基础教育阶段注册学生的规模。

表5.2 2014—2016年安哥拉小学、初中、高中注册学生数（单位：人）[1]

年份	小学	初中	高中
2014	4 596 531	1 063 159	306 725
2015	4 895 529	1 213 517	440 287
2016	5 103 535	1 432 356	477 700

表5.2的数据显示，三年间，不同阶段的注册学生规模都呈现出了逐年增长的趋势。其中，小学阶段注册学生数最多，每年平均增长25万名小学生，年平均增长速度为5.5%。初中注册学生数每年平均增长18万名，年均增长速度为8.7%。由于有财政和教育政策的支持，小学和初中的学生规模

---

[1] Instituto Nacional de Estatística. Anuário de estatísticas sociais–dados de 2011-2016[R]. Luanda: INE, 2018.

增速较为均匀，越来越多的适龄儿童接受了义务教育。与之形成对比的是高中注册学生规模的变化。数据显示，2015年高中注册学生数达到了44万人之多，与前一年相比增幅达到43.5%，而2016年的年增长率大幅下降至8.5%。

高中注册学生数出现如此巨大的落差，笔者认为可能涉及两个方面的原因。首先，高中教育属于自费的性质，注册费、学费、资料费等需由学生的父母或监护人负责支付，因此家庭的经济状况从根本上决定了其子女是否能够获得更高阶段的教育。根据世界银行给出的数据，2014年安哥拉人均国民生产总值约合5 408.41元人民币，2015年则为4 166.98元人民币，2016年仅为3 506.07元人民币，[1]人均国民生产总值呈逐年急剧下降趋势。这样就很容易理解为什么许多家庭砍掉了非必需的教育支出，不再支持子女接受高中教育。其次，在安哥拉的教育体制中，高中分为普通高中和职业技术高中两类，它们的区别在于培养毕业生的目标不同。本章涉及的普通高中教育，其目的是为学生进入高等教育、接受进一步深造打下知识基础，并培养公共行政部门的人力资源，而职业技术高中的学生毕业后则可以选择直接进入劳动市场。安哥拉绝大部分家庭都需要养育两个及以上的孩子。对于收入较低的家庭来说，经济压力的确不小，很多家庭需要较为年长的子女早些谋生以补贴家用，所以普通高中并不是他们的首选。

（二）入学率

除了注册学生的绝对规模外，入学儿童在适龄儿童中的占比，即入学率，也能很好地反映基础教育的普及程度。根据2016年的统计数据，学生的入学率在地区、性别方面也体现出了差异性，具体见表5.3。

---

[1] 资料来源于世界银行数据库网站。

表 5.3 2016 年安哥拉小学和中学入学率（按地区和性别显示）[1]

		净入学率（%）					毛入学率（%）				
小学	城市	78.4	男	78.2	女	78.6	城市	116.7	男	113.6	女	119.8
小学	农村	58.6	男	59.4	女	57.7	农村	96.5	男	99.7	女	93.2
中学	城市	50.4	男	53.7	女	47.6	城市	73.7	男	78.9	女	69.1
中学	农村	13.5	男	16.7	女	10.4	农村	21.3	男	27.1	女	15.8

根据定义，安哥拉的小学净入学率是指当年上小学的 6—11 岁人口占所有适龄人口的百分比，中学净入学率是当年就读中学的 12—17 岁人口占所有适龄人口的百分比。数据显示，小学教育普及程度高于中学教育普及程度。无论是在城市地区还是农村地区，小学教育的普及率都达到了 55% 以上，这意味着一半以上的适龄儿童能够接受到最基本的阅读、数学等基础知识的教育，相应地提高了这个年龄层的整体素质。中学教育在城市中的普及程度远远高于在农村地区，净入学率为 50.4%，这与经济的发展水平和教育政策执行程度都是直接相关的。

安哥拉《教育和教学体制基本法》规定，超过适龄阶段 2 岁以内仍可就读于该阶段的基础教育，超出 2 岁以上则被纳入成人教育。因此，以教学对象为 6—11 岁适龄儿童的小学教育为例，如果学生在注册入学时还不满 13 岁，仍可进入小学就读。同理，19 岁以内仍然能够在普通高中学习。在计算毛入学率时，正是算上了这些"超龄"人口，安哥拉城市地区的小学毛入学率高达 116.7%，农村地区也达到了 96.5%，可见初等教育确实惠及了更多的人口。而中学教育的情况较差，尤其是农村地区，毛入学率仅

---

[1] Instituto Nacional de Estatística (INE), Ministério da Saúde (MINSA), Ministério do Planeamento e do Desenvolvimento Territorial (MINPLAN), ICF. Inquérito de indicadores múltiplos e de saúde em angola 2015-2016[R]. Luanda, Rockville, Maryland: INE, MINSA, MINPLAN, ICF, 2017.

为 20% 左右。

值得称道的一点是，在同样的地区，无论是净入学率还是毛入学率在性别上基本维持了平衡。在绝大部分情况下，男生入学率略略高于女生，但城市女生是例外，城市女生的净入学率和毛入学率稍微高于男生。可以说，安哥拉在初等教育中已经基本实现了性别平等，这一情况对国际社会了解安哥拉妇女儿童的实际情况具有重要意义。安哥拉是联合国《儿童权利公约》缔约国之一，性别平等是联合国开发计划署和安哥拉合作的工作重点之一。安哥拉在教育上更多地投资于女生，促进男女平等，有利于安哥拉的和平与可持续发展。

（三）教学设施

学校是进行教育教学活动的场所。一个国家拥有的学校和教室数量越多，该国的人力资本存量往往也就越高。2015 年，安哥拉共有小学 12 907 所。按照所有权性质划分，其中公立小学有 10 314 所，合办小学有 1 561 所，私立小学有 1 032 所，[1] 分别约占全国小学总数的 80%、12% 和 8%。尽管具体的小学数量每年会有所变化，但仍可以从这一年的数据管中窥豹，看出安哥拉初等教育是以公立学校为主，公私合办学校和私立学校为辅。

2015 年，安哥拉全国基础教育阶段共有教室 64 296 间，其中正规教室约占教室总数的 45.4%，固定临时性教室约占 33.3%，非固定临时性教室约占 21.3%。[2] 所谓固定临时性教室，是指设施较差且在相对长的一段时期内不会拆除的教室。而非固定临时性教室，则是根据实际情况临时建成的、可能会流动的教室。由此可见安哥拉教室资源极其匮乏。实际上，由于注

---

[1] Universidade Católica de Angola. Relatório social de Angola 2015[R]. Luanda: UCA, 2016.

[2] Universidade Católica de Angola. Relatório social de Angola 2015[R]. Luanda: UCA, 2016.

册学生人数相对较多，现有教室无法满足所有人的需求，很多教室的使用方式都是双班制、三班制，甚至还有一部分人根本无法成功注册入学。

表5.4显示了2016年安哥拉基础教育各学段的学校和教室数量，即小学、初中和高中的学校和教室数量，从中也可以看出安哥拉对开展基础教育工作所必需的物质资料的准备情况。

表5.4 2016年安哥拉小学、初中、高中学校和教室数 [1]

	小学	初中	高中
学校（所）	13 346	2 608	1 074
教室（间）	80 474	16 097	8 805

与2015年相比，2016年安哥拉新增小学4 000所，小学教室数增加了15 000间。[2] 每所小学平均仅拥有教室6.03间，却要容纳全部六个年级的学生上课，相当于一个年级只有一间教室可供使用。中等教育的学校和教室数量情况较初等教育稍好一点。全国初中共2 608所，教室为16 097间；高中共1 074所，教室为8 805间。每所初中平均拥有教室6.17间，也就是说，每个年级约有两间教室；每所高中平均拥有教室8.20间，每个年级约有3间教室可供支配。而且初、高中的课程设置比小学更复杂，学科数目也更多，所以平均每个年级两三间的教室使用数量实在是太少了。

---

[1] Instituto Nacional de Estatística (INE), Ministério da Saúde (MINSA), Ministério do Planeamento e do Desenvolvimento Territorial (MINPLAN), ICF. Inquérito de indicadores múltiplos e de saúde em angola 2015-2016[R]. Luanda, Rockville, Maryland: INE, MINSA, MINPLAN, ICF, 2017.

[2] Instituto Nacional de Estatística (INE), Ministério da Saúde (MINSA), Ministério do Planeamento e do Desenvolvimento Territorial (MINPLAN), ICF. Inquérito de indicadores múltiplos e de saúde em angola 2015-2016[R]. Luanda, Rockville, Maryland: INE, MINSA, MINPLAN, ICF, 2017.

（四）教师数

教师是教育工作的主体，承担着传授知识的基本使命，在教育的实施中占有主要地位。安哥拉不但学校和教室资源非常匮乏，而且教师队伍的规模也不容乐观。表5.5展示了2014—2016年基础教育各学段的教师数。

表5.5 2014—2016年安哥拉小学、初中、高中教师数（单位：人）[1]

年份	小学	初中	高中
2014	100 820	44 150	22 378
2015	106 375	47 342	20 706
2016	102 835	48 354	20 189

表5.5显示，2014—2016年，小学和初中教师数大致呈现出微弱的增长态势，而高中教师数逐年略有下降。但是整体来看，三年间基础教育各学段的教师人数基本保持了稳定，这有利于整个基础教育的执行。根据本章前面表5.2的数据，2016年，小学、初中和高中注册学生数分别是5 103 535、1 432 356和477 700人，对应上表中2016年各学段的教师数102 835、48 354和20 189人，可以大致得出2016年基础教育不同学段的师生比，即小学为1∶49.6，初中为1∶29.6，高中为1∶23.7。教师数与学生数的比例关系显示，平均每名小学教师约负责50名学生，每名初中教师约负责30名学生，每名高中教师约负责24名学生，可见安哥拉基础教育阶段教师的工作量极大，教师队伍仍需壮大，这样才能保证基础教育子系统能够接纳更多的学生。

---

[1] Instituto Nacional de Estatística. Anuário de estatísticas sociais–dados de 2011-2016[R]. Luanda: INE, 2018.

（五）课程设置

在安哥拉，负责小学和中学教育管理的主要机构是教育部和国家教育研究与发展研究所。后者是一家公立研究所，致力于研究和监测中小学教育系统，保证小学和中学教育的质量和水平。它的主要任务是协调、执行和监督教育教学政策的制定，设计学习计划和课程设置，编撰教科书等教学材料。

《教育和教学体制基本法》规定，小学教育的目标是培养学生的学习能力，让学生掌握基本的阅读、写作和计算方法；提高学生的口头和书面表达能力；增强学生的社交技能；促进学生各方面能力的发展和价值观的形成，如爱国意识、劳动意识、艺术修养、公民意识、文化意识等；提高学生的运动技能。小学课程是根据上述目标而设置的，并且在全国所有小学强制实施统一的教学计划，具体见表5.6。

表 5.6 安哥拉小学教学计划 [1]

科目	一年级	二年级	三年级	四年级	五年级	六年级	科目总课时数
葡萄牙语	9	9	9	9	8	8	1 560
数学	7	7	7	7	6	6	1 200
环境学习	3	3	3	3	—	—	360
自然科学	—	—	—	—	4	4	240
历史	—	—	—	—	2	2	120
道德与公民教育	—	—	—	—	2	2	120
手工和造型	2	2	2	2	2	2	360

表头：周课时数（每课时45分钟）

---

[1] Instituto Nacional de Investigação e Desenvolvimento da Educação/Ministério da Educação de Angola. Plano curricular do pré-escolar e ensino primário[Z]. Luanda: Editora Moderna, 2019.

续表

科目	周课时数（每课时45分钟）						科目总课时数
	一年级	二年级	三年级	四年级	五年级	六年级	
音乐教育	1	1	1	1	1	1	180
体育	2	2	2	2	2	2	360
周课时总数	24	24	24	24	27	27	
学年课时总数	720	720	720	720	810	810	4 500
科目总数	6	6	6	6	9	9	

表5.6显示了安哥拉小学的课程设置情况，以及各年级课程的学时分配。此外，小学的课程设置中还简要规定了各科的学习目标、学习内容和学习要求。

为了学生的全面发展，安哥拉六年小学教育中共设置了九门课程，分别是：葡萄牙语（总学时1 560课时）、数学（总学时1 200课时）、环境学习（总学时360课时）、自然科学（总学时240课时）、历史（总学时120课时）、道德与公民教育（总学时120课时）、手工和造型（总学时360课时）、音乐教育（总学时180课时）和体育（总学时360课时）。一至四年级每年共设置6门课程，每周学习24课时。五、六年级各包含9个科目的学习，周课时量为27课时。学生需要完成全部4 500课时的课程并通过考核，才能完成小学教育。

需要补充说明的是，环境学习是一门在室外教授的活动课，学生上课时直接与学习对象接触。环境学习活动的范围非常广，有参观学校附近的公园和博物馆等的短时间活动，也有去具有历史或环境意义的地区进行学习、研究的长时间活动。

对于小学教育，国家教育研究与发展研究所按照年级发布统一的教学大纲。首先，教学大纲中包括对每个年级的所有科目进行学科介绍，引入初等教育的总体目标和各年级的目标，并且对教学的主题进行计划和安排。

其次，教学大纲还提供通用的教学策略，有助于教师的日常实践。最后，教学大纲还包括学习评估的内容。

至于初中和高中的课程设置，安哥拉国家教育研究与发展研究所也进行了长时间的调查和研究，提出了2018—2025年的教学计划，其中初中课程的设置情况见表5.7。

表 5.7 安哥拉初中教学计划 [1]

科目	周课时数（每课时45分钟） 7年级	8年级	9年级	科目总课时数
葡萄牙语	4	4	4	360
民族语言	3	3	3	270
外语	3	3	3	270
生命科学	5	5	5	450
物理	3	3	3	270
数学	4	4	4	360
社会科学	4	4	4	360
绘画	2	2	2	180
体育	2	2	2	180
周课时总数	30	30	30	90
学年课时总数	900	900	900	2 700
科目总数	9	9	9	

表5.7显示，初中的教学计划共包括9个科目，分布在三大知识领域。语言交流领域的科目有葡萄牙语（总计360课时）、民族语言（总计270课

---

[1] INIDE. Revisão curricular propostas de novos planos de estudo no âmbito do INACUA/PAC 2018–2025[R]. Luanda: INIDE, 2019.

时）和外语（总计270课时）；自然科学和数学领域的科目是生命科学（总计450课时）、物理（总计270课时）和数学（总计360课时）；最后是人文科学与表达领域，科目包括社会科学（总计360课时）、绘画（总计180课时）和体育（总计180课时）。其中，占比最高的四门科目是生命科学、葡萄牙语、数学和社会科学。每个年级的学生都需要学习所有科目，周课时总数为30课时，学年课时总数为900课时。学生需要完成全部2 700课时的课程并通过考核，才能完成初中教育。

此外，针对初中教育，安哥拉国家教育研究与发展研究所按照科目发布统一的教学大纲，而不是像小学教育一样按年级编订。同样，教学大纲对科目进行简单介绍，并详细规定在哪个学期进行哪个主题的教学、授课和评估各占多少课时等。

高中的教学计划较为复杂，因为学生在高中需按照自己的兴趣或需求选择不同的学习领域，为进一步深造进行知识准备。与初中不同，高中的教学计划包括四个知识领域：①物理和生物科学领域（几何、哲学和教育心理学）；②社会经济科学领域（地理、历史和教育心理学）；③人文和法学领域（文学、社会学和教育心理学）；④艺术科学领域（几何和教育心理学）。

学生在高中入学时就需要选定学习领域，并在该领域内进行知识的获取和深耕。每一个领域的课程都由通识教育、专业学习和选修科目组成。通识教育课程是各领域所有学生的必修课，目的是为了加深对通识知识的认知，具体包括民族语言、葡萄牙语、外语（可选英语或法语）、哲学、数学、信息技术和体育。专业学习科目是各领域的专业必修课。选修科目则包括了其他知识领域的科目，每个学生必须选择一门或两门选修课。不同知识领域的具体教学计划见表5.8、表5.9、表5.10和表5.11。

表 5.8 安哥拉高中物理和生物科学领域教学计划 [1]

科目	每周课时量（每课时 45 分钟）			科目总课时数
	通识教育			
	10 年级	11 年级	12 年级	
葡萄牙语	4	4	4	360
民族语言	2	2	2	180
外语（英语/法语）	3	3	—	180
信息技术	—	3	3	180
体育	2	2	2	180
专业学习				
数学	4	4	4	360
物理	3	3	3	270
化学	3	3	3	270
生物	3	3	3	270
地质学	—	3	3	180
选修课（每学年选取 2 门课）				
画法几何学	3	—	—	90
哲学	3	—	—	90
教育心理学	—	—	3	90
周课时数	30	30	30	90
学年课时数	900	900	900	2 700

---

[1] INIDE. Revisão curricular propostas de novos planos de estudo no âmbito do INACUA/PAC 2018-2025[R]. Luanda: INIDE, 2019.

表 5.9 安哥拉高中社会经济科学领域教学计划 [1]

科目	每周课时量（每课时 45 分钟）			科目总课时数
	通识教育			
	10 年级	11 年级	12 年级	
葡萄牙语	3	4	4	330
民族语言	2	2	2	180
外语（英语/法语）	3	3	—	180
信息技术	3	4	—	210
哲学	3	—	—	90
体育	2	2	2	180
专业学习				
经济学	4	4	—	240
心理学	—	4	3	210
数学	4	3	4	330
社会学	3	4	4	330
选修课（每学年选取 2 门课）				
地理	3	—	—	90
历史	—	—	4	120
教育心理学 [2]	—	—	—	—
周课时数	30	30	30	90
学年课时数	900	900	900	2 700

---

[1] INIDE. Revisão curricular propostas de novos planos de estudo no âmbito do INACUA/PAC 2018–2025[R]. Luanda: INIDE, 2019.

[2] INIDE. Revisão curricular propostas de novos planos de estudo no âmbito do INACUA/PAC 2018–2025[R]. Luanda: INIDE, 2019.（原文件中缺少教育心理学课时数的相关数据。）

表 5.10 安哥拉高中人文和法学领域教学计划 [1]

科目	每周课时量（每课时 45 分钟）			科目总课时数
	通识教育			
	10 年级	11 年级	12 年级	
葡萄牙语	4	4	4	360
民族语言	2	2	2	180
外语（英语/法语）	3	3	—	180
数学	4	—	—	120
哲学	—	3	3	180
信息技术	3	4	—	210
体育	2	2	2	180
专业学习				
法学	3	3	4	300
历史	3	3	4	300
地理	4	3	—	210
心理学	—	3	3	90
选修课（每学年选取 2 门课）				
文学	—	—	3	90
教育心理学	—	—	3	90
社会学	—	—	3	90
周课时数	30	30	30	90
学年课时数	900	900	900	2 700

---

[1] INIDE. Revisão curricular propostas de novos planos de estudo no âmbito do INACUA/PAC 2018–2025[R]. Luanda: INIDE, 2019.

表 5.11 安哥拉高中艺术科学领域教学计划 [1]

科目	每周课时量（每课时 45 分钟）			科目总课时数
	通识教育			
	10 年级	11 年级	12 年级	
葡萄牙语	4	3	4	330
民族语言	2	2	2	180
外语（英语/法语）	3	3	—	180
数学	3	3	—	180
哲学	3	2	—	150
信息技术	—	3	4	210
体育	2	2	2	180
专业学习				
绘画	3	3	5	330
艺术工作坊	3	3	5	330
文化艺术史	3	3	5	330
选修课（每学年选取 1 门课）				
教育心理学	—	—	3	90
画法几何学	4	3	—	210
周课时数	30	30	30	90
学年课时数	900	900	900	2 700

由表 5.8、表 5.9、表 5.10 和表 5.11 可以看出，无论学生选择哪一个知识领域，最终都需要在高中阶段完成 2 700 课时的学习量才能够毕业，即每学年需要完成 900 课时。普通中等教育是连接初等教育和高等教育的纽带，

---

[1] INIDE. Revisão curricular propostas de novos planos de estudo no âmbito do INACUA/PAC 2018–2025[R]. Luanda: INIDE, 2019.

为学生的进一步深造提供知识基础，具有非常重要的战略地位。

安哥拉国家教育研究与发展研究所的使命之一是编撰教材等教学资料。到目前为止，安哥拉已经为小学和初中所有年级的所有科目都量身打造了教材，对高中的部分科目尚没有发布统一教材。此外，编撰的小学和初中其他教学资料还包括练习册、教师方法论指南等。

第二节 基础教育的特点

一、安哥拉的语言学习情况

在教育改革的框架内，安哥拉的语言学习于2006年被正式纳入教育体系中，目前正在基础教育阶段中实施。由于安哥拉的文化、社会及政治机制长期受葡萄牙的殖民影响，所以会使用葡萄牙语的人很多。根据2014年安哥拉最近的一次人口普查数据，安哥拉使用的主要语言就是官方语言葡萄牙语，使用者占总人口的71.15%。在城市地区，高达85%的人口会说葡萄牙语，葡萄牙语占据了主导地位，而在农村地区，只有49%的人口会说葡萄牙语。[1] 总体来说，安哥拉的第一大使用语言是葡萄牙语。

此外，安哥拉还在推行其他民族语言的使用。温本杜语是本格拉、万博、比耶和威拉等省份的第二大使用语言，使用人数占这些省份总人口的23%。在威热和扎伊尔两省，第二大使用语言是基刚果语。在罗安达、马兰热、北宽扎、南宽扎和本格等省份，第二大使用语言是温本杜语，使用者占这些省份总人口的8%。接下来是乔奎语，在罗安达、南隆达和莫希科省，有占这些

---

[1] Instituto Nacional de Estatística. Resultados definitivos recenseamento geral da população e habitação–2014[R]. Luanda: INE, 2016.

省份总人口 6.5% 的居民使用该语。恩雅尼卡语在威拉和纳米贝省被 3.4% 的人口使用，恩甘格拉语被宽多-库邦戈省 3.1% 的人口使用，菲奥特语在卡宾达有 2.4% 的使用者，宽哈马语在库内内省有 2.3% 的人口使用。在安哥拉 20 多种使用人数较多的民族语言中，民族语言所已经对其中的 7 种主要语言进行了研究，这些语言在相应地区的小学课程设置中都有所体现。

学习安哥拉的民族语言是为了满足人们对其口头和书面使用的需求。一直以来安哥拉都通过对这些民族语言的教学来保护语言遗产，帮助人们进行交流和沟通，为保护民族语言和传承民族文化做出了贡献。

安哥拉创建了一种适用于民族语言教学的方法，称为安哥拉教学阅读创新法。对大多数安哥拉人民来说学习民族语言非常重要，它已经成为宪法规定的一项公民的基本权利。安哥拉《基本法》，也就是 2010 年宪法，第 19 条规定：①安哥拉共和国的官方语言是葡萄牙语；②国家重视并促进对安哥拉其他语言（民族语言）以及国际交流的主要语言（英语、法语等）的研究、教学和使用。

2016 年，安哥拉颁布的《教育和教学体制基本法》第 16 条也规定：①教学须用葡萄牙语进行；②国家促进和确保为扩大和推广安哥拉其他语言以及该语言在教学中的使用所需提供的人力、科学、技术、物质和财务支持；③在不影响本条第 1 款规定的情况下，安哥拉民族语言作为补充和学习工具，可以根据特定课程的规定在不同的教学子系统中使用；④国家在所有教学子系统中推广普及国际交流主要语言的教学的公共政策，优先考虑英语和法语的教学。

有了上述法律的支持，安哥拉语言教学的物质和资金得到可靠保障。因此，国家教育研究与发展研究所于 2005 年开始实施对这些语言的教学工作，分阶段对其进行介绍，并制定了教学计划表。

国家教育研究与发展研究所认为，为了实现在初等和中等教育中实施民族语言的总目标，安哥拉仍要从以下几个方面进行努力：编撰、测试、制作和发放民族语言的教材；培训民族语言的培训师和教师；在教学计划、测评体系中加入民族语言这一科目。

二、初等教育中的全科教师制

全科教师制教学是小学教育中的一种教学组织模式，其特征是由一位教师负责所有科目的教学。在这种制度下，由同一位教育者、班主任或教师负责教育一组特定的学生，为这些学生提供所有必要的学习科目的知识传授。换句话说，只有一位教师教授所有科目，并且还要负责组织所有的教学活动。安哥拉小学教育中的全科教师制其实并不新鲜，因为自1845年若阿金·何塞·法尔卡奥将教育正式化以来，至2001年颁布《新教育体制基本法》之前，全科教师制就一直存在。在这种制度下，班上的学生人数不会太多，教师也都经过特别的准备，拥有较高的学历和较高的工资。

在全科教师制度下，一位教师将同一班学生从一年级带到六年级，师生之间相互非常熟悉，教师的教学也就能够更好地连贯起来。在学习过程中，教师因为充分了解学生的弱点和潜力，所以也能够更好地与学生进行交流。

从历史发展的过程来看，殖民地时代的教育法令规定小学只包括一至四年级，由同一个教师教授每个年级的五门科目。2001年和2016年出台《新教育体制基本法》和《教育和教学体制基本法》后，小学阶段由4年延长至6年。相应地，全科教师制度也延长到了6年。而且，初等教育共有九门复杂性各不相同的科目，这对全科教师制的教师来说是一种挑战。

全科教师制度实际上不利于教学质量的提升。首先，小学的九门课程涉及多个领域，很多时候全科小学教师并没有接受过所有相关知识的培训，缺乏对相关教学方法的掌握，导致教学成果无法达到课程设置的预期。其次，由于工作条件艰苦，班级容量大，导致仅仅一个教师无法对所有的学生给予特别的关注。最后，实际上家长在子女的学习过程中基本上是缺位的，这也对全科教师制形成了不利因素。

第三节 基础教育的挑战和对策

一、挑战

（一）小学教材发放问题

在基础教育子系统中，小学教科书面临着发放量不足的问题。根据2016年颁布的《教育和教学体制基本法》的规定，小学教材应由政府免费制作并发放。表5.12中的数据显示，2009—2015年，安哥拉的教科书印制和发放的数量呈正抛物线状。

表5.12 2009—2015年安哥拉小学教材印制和发放情况（单位：册）[1]

年份	目标量	印刷量	发放量
2009—2010	18 033 993	17 755 569	17 555 272
2011—2012	41 090 000	41 372 400	40 354 000
2013	26 503 892	20 735 892	17 209 280
2014	44 171 259	44 171 259	35 925 553
2015	23 912 204	23 912 204	2 635 992

---

[1] Instituto Nacional de Estatística. Anuário de estatísticas sociais–dados de 2011-2016[R]. Luanda: INE, 2018.

前面已经提到，国家教育研究与发展研究所对小学阶段教学计划中涉及的所有科目都编撰了教材，这些教材具有一定的系统性和科学性。虽然所有教材的作者都是教育部的专业技术人员，但是从全国范围来看教材的发放量不足。在安哥拉全国，到处都有流动摊贩售卖教材。数据显示，2015年安哥拉的教材发放量达到了最低点。按照既定目标，当年预计应印刷和发放教材 2 391 万余册，实际仅发放了 263 万余册，只有印刷量的 11%。在 2009—2014 年，虽然教材的印制目标、印刷数量和发放数量基本平衡，但应该注意的是，教材的发放数量始终低于印刷数量。这种情况指向一种可能，即教材的发放流通环节存在着问题。比如前面提到的，按照法律规定，教材只能由政府免费发放，但目前仍能在全国范围内看到流动商贩在售卖教材，而这些教材并未得到政府的授权。此外，也不排除某些人蓄意囤积教材并将其商业化。这些都是实现安哥拉小学教材顺利发放到每位学生手中这一目标面临的实际困难和挑战。

（二）中等教育教材问题

对于中等教育来说，国家教育研究与发展研究所也为初中阶段教学计划中涉及的所有科目都编撰了教材，并且这些教材具有一定的科学性。然而，对于高中阶段教学计划中涉及的科目，国家教育研究与发展研究所却只为其中的部分科目编撰了教材。对于物理和生物科学知识领域所包括的学科来说，国家教育研究与发展研究所编撰的教材能满足其 83% 的需求；对于经济和法学知识领域来说，却只能满足 77% 的需求。[1] 同时，部分师生、家长或监护人本身对于如何获取教材也不甚了解，再加上有些出版商故意囤积教材，这些都加剧了安哥拉中等教育中的学生在获取教材上的困难。

---

[1] Instituto Nacional de Estatística. Anuário de estatísticas sociais–dados de 2011-2016[R]. Luanda: INE, 2018.

二、对策

为应对基础教育阶段面临的教材难获取问题，以确保九年义务教育中学生人人都有教材，安哥拉需要在多方面做出努力。首先，安哥拉应从国家层面印制足够多的教材，为每个学生都预留出教材，使人人有教材成为可能。根据安哥拉《国家报》2020年2月12日的报道，教育部该年度支出160亿宽扎（约合960万美元）进行小学教材的印刷，印刷数量约为37万册。事实上，该批教材本应于2019年印制完毕，但由于国内经济形势不好，印制工作被拖延到了第二年。由于国内印力不足，安哥拉教育部联系到南非的多家印刷公司进行印制。其次，国家教育研究与发展研究所认为有必要审查教材的发放方法，建立对教材发放的监督机制，全面监控教材发放的各个环节，以确保所有学生都可以免费拿到教科书。

除以上对策外，安哥拉还需在所有省份禁止街头小贩出售教科书；国家教育研究与发展研究所要继续组织和开展教学研究，尽快召集专业人员为高中教育的所有科目编撰教材；普通高中要制订培训计划，对教师进行技术和专业培训，使教师学会鼓励学生购买教材；安哥拉应当建立一种切实可行的监督机制，使教育部或国家教育研究与发展研究所能够监督所有教学材料的制作和发放渠道，包括但不限于教材、教学评估手册等。

第六章 高等教育

安哥拉现行的《教育和教学体制基本法》规定，高等教育是安哥拉的六个教育子系统之一，其主管部门是安哥拉高等教育、科学、技术和创新部。2009年12月15日，安哥拉通过第90/09号政令，颁布《高等教育条例总则》，规定国家在高等教育子系统中的管理作用是制定和补充高等教育相关的政策和法律，而这些政策、法律由监督机构进行协调、监督和指导，具体交由教育机构执行。高等教育子系统的目标在于，通过利用一系列的机制和资源，为国家经济和社会活动的各个部门培养高级管理人员，确保他们在高等教育机构中接受培训并进行科学研究，从而在科学、技术、文化和人力等方面为服务国家做好扎实的准备。

高等教育的实施机构是大学、高等学校和研究所，按其性质可分为公立、私立和公私合办三种。安哥拉高等教育向学生提供本科和研究生课程，其中，本科分为应用型本科（学制3年）和学术型本科（学制4—6年），研究生课程同样分为应用型和学术型两类。应用型研究生只包含硕士研究生一个层次，学习时长根据具体的学习领域有所不同，而学术型研究生分为硕士研究生（2—3年）和博士研究生（4—5年）两个层次。所有高等教育院校皆享有对自身组织和运作的自主权和学术自由权，通过发展民主管理的精神和实践，承担发展科学、技术和工艺的责任，参与解决经济、社会和文化生活中的各种问题和挑战，以促进国家的持续发展。

第一节 高等教育的发展和现状

一、历史沿革

（一）公立高等教育机构的发展

回顾安哥拉高等教育的历史，在 1975 年安哥拉独立之前，安哥拉第一所普遍意义上的高等教育机构便已存在。它就是葡萄牙殖民政府根据 1962 年 8 月 21 日第 44530 号法令并于 1963 年 10 月 6 日建立的安哥拉通识教育学院。[1]

安哥拉之所以建立大学，一方面是由于殖民地的上层阶级希望他们的子女无须离开安哥拉便能接受到高等教育；另一方面是由于 1956 年以《安哥拉人民解放运动宣言》为基础的争取民族解放的武装斗争爆发，殖民政府需要采取措施来改善殖民地的社会、经济和文化状况，以维持对殖民地的政治统治和行政控制。

最初，安哥拉通识教育学院并没有教学管理部门，而是以葡萄牙大学为依托，因此不能授予学术学位，这意味着学生的结业或毕业手续需要去葡萄牙完成。安哥拉通识教育学院设有医学、工程学、农学、林业学、兽医学和教育学等课程，第一任校长是里斯本工业大学农业工程师兼高等农学研究所所长安德烈·弗朗西斯科·纳瓦罗教授。[2]1965 年，安哥拉通识教育学院在罗安达建立了校区，成立了教学管理部门，并将兽医学、农学和林业学课程转移到了现在万博省的万博市，将教育学课程转移到了今天威

---

[1] 资料来源于安哥拉内图大学官网。
[2] LIBERATO E. Avanços e retrocessos da educação em Angola[J]. Revista Brasileira de Educação, 2014, 19(59): 1003-1031.

拉省的卢班戈市。1963 年安哥拉通识教育学院共有学生 314 人，到 1966 年，学生人数上升至 600 名，[1] 翻了将近一倍。

随着大学的发展，根据葡萄牙政府 1968 年 12 月 23 日颁布的第 48790 号法令，安哥拉通识教育学院真正获得了大学的地位，更名为罗安达大学，有权授予学士、博士等学位。罗安达大学分别在罗安达、万博和卢班戈三个城市设有校区，其中罗安达校区开设了医学、土木工程、采矿、机械、电工、工业化学、数学和应用数学、物理学、化学、地质学和生物学等课程；万博校区继续开设兽医学、农学和林业学课程；卢班戈校区则在原有的教育学、教学法和教师培训课程基础上，新增加了历史、地理和罗马语言学等课程。在殖民地时期，由于政治和经济等方面的原因，只有那些属于社会上层阶级的人才有机会接受高等教育。

1975 年，安哥拉宣布独立，政府颁布了第 77-A/76 号政令，批准罗安达大学在 1975 年 11 月 11 日更名为安哥拉大学。新的政治意识形态需要培养新的公民，而此时安哥拉的文盲率高达 85% 左右，[2] 所以新政府决定优先发展教育，对教育进行大量投入。新政府先后进行了多次改革，于 1975 年 12 月 9 日颁布了第 30 号法律，将教育国有化，安哥拉大学成为当时全国唯一的国家高等教育机构。安哥拉大学的第一任校长是时任总统内图，他认为安哥拉大学的使命是为革命服务、与殖民主义做斗争以及促进国家建立公平和进步的社会，希望大学培养出有新思想的人。1979 年之后，担任安哥拉大学校长一职的均是包括副部长等在内的政府官员，显然，安哥拉大学具有很强的政治色彩。1985 年 1 月 24 日，国防部和安全理事会通过第 1/85 号决议，将安哥拉大学更名为阿戈斯蒂纽·内图大学。内图大学是安哥拉第一所公立高等教育机构，也是 2009 年之前安哥拉唯一的公

---

[1] ROCHA A. Economia e sociedade em Angola[M]. Luanda: Luanda Antena Comercial (LAC), 1997.

[2] PNUD. Os desafios pós-guerra[M]. Luanda: Nações Unidas, 2002.

立高等教育机构，致力于专科生、本科生和研究生的教学工作。

2001年，安哥拉提出了教育体制优化综合战略，其中提到要提高高等教育的教学质量，扩大招生名额，制定并研究激励措施，加强科学和技术合作。但是，直到2005年教育部才制定了具体的实施计划，即《改善高等教育子系统管理总路线》。[1]该计划指出，政府有意提高高等教育质量，将高等教育机构的网络覆盖面扩大至全国，扩招学生人数至30万人。在该计划的指导下，安哥拉改革了高等教育子系统的教育政策，重组了内图大学，建立了奖学金制度，并成立了高等教育、科学、技术和创新部。

2009年，内图大学被拆分为7所地方性教学中心，分布在安哥拉18个省份中的7个省份。位于罗安达省和本戈省的教学中心继续合称为内图大学；位于其他省份的学院、研究所和高等学校则构成了剩下的6所地方性大学，它们分别是位于本格拉省和南宽扎省的卡特亚瓦拉·布衣拉大学，位于卡宾达省和扎伊尔省的十一月十一日大学，位于北隆达省、南隆达省和马兰热省的鲁吉·安康达大学，位于万博省、比埃省和莫克西克省的若泽·爱德华多·多斯桑托斯大学，位于威拉省、库内内省、宽多-库邦戈省和纳米贝省的曼杜梅·雅·恩德穆法约大学，以及位于威热省和北宽扎省的金帕·维塔大学。

随着高等教育的发展，公立高等教育机构的网络遍及全国。截至2019年，安哥拉共有公立大学8所，即前内图大学拆分后形成的7所地方性大学和库伊托·夸纳瓦勒大学。此外，安哥拉还有高等研究院等16所。[2]

---

[1] Secretaria de Estado do Ensino Superior (SEES). Linhas mestras para a melhoria da gestão do subsistema do ensino superior[Z]. Luanda: SEES, 2015.

[2] 资料来源于《安哥拉报》官网。

（二）私立高等教育机构的发展

1999年，安哥拉第一所私立大学安哥拉天主教大学成立，它的前身是天主教会早在1958年就分别在罗安达省和万博省创立的高等研究研讨班。随着国家和社会的发展，安哥拉人民对于高等教育的需求逐渐扩大。公立高等教育机构无法满足所有的入学需求，并且开设的课程无法覆盖某些领域，这些都为20世纪90年代末私立高等教育机构的发展提供了条件。

安哥拉现有私立高等教育机构64所，包括54所高等理工学院和10所大学。除了上文已经提及的安哥拉天主教大学外，其他9所私立大学分别是贝拉斯大学、安哥拉独立大学、安哥拉让·皮亚杰大学、安哥拉卢基塔尼亚大学、安哥拉卫理工会大学、安哥拉私立大学、安哥拉技术大学、格勒高里奥·瑟梅多大学和奥斯卡·里巴斯大学。[1]

由于私立高等教育机构的资金来源是私人部门，所以机构的开设受地区经济发展程度的影响很大。目前私立高等教育机构尚未遍及全国所有省份，且呈现出很强的聚集性。首都所在的罗安达省拥有全部10所私立大学和20多所高等理工学院；其次是万博省、威拉省、莫希科省和卡宾达省等，拥有的私立高等院校是个位数；纳米贝省、扎伊尔省等省份没有私立高等院校，所以这些省份的考生只能到本省的公立高校就读，或者选择外省的私立高校。

从以上高等教育机构的数据可以看出，近年来安哥拉高等教育呈现出爆炸式增长，尤其是1999年之后，私人高等教育机构在21年间完成了从无到多的大跃进式发展，平均每年新开3所。

---

[1] Ministério do Ensino Superior, Ciência, Tecnologia e Inovação (MESCTI). Quadro legal das instituições de ensino superior privadas e respectivos cursos de graduação[Z]. Luanda: MESCTI, 2020.

（三）高等教育规模的增长

在安哥拉，随着更多高等教育机构的建立，对高中毕业生的录取规模也随之扩大。1963 年安哥拉通识教育学院成立后，次年便录取了 531 名学生。[1] 到了 20 世纪 70 年代殖民地末期，学生规模增长到了 4 176 人，年均增长率为 22.9%。[2]

1975 年，安哥拉独立后，随之而来的便是旷日持久的持续 27 年的内战。内战导致国家的各种资源极其匮乏，因此政府决定将有限的资源优先投入到扫盲和基础教育中去，减少了对高等教育等其他教育子系统的预算。1977 年，安哥拉仅有 1 109 名学生接受高等教育，与前一年相比骤降约 80%。到了 2002 年，注册考生人数增长至 12 566 名，年平均增长率为 10.2%。接下来，从 2002 年到 2010 年，安哥拉高等教育机构注册考生数量增长至 140 013 人，年均增长率为 30.7%。[3] 与 1977—2002 年相比，2002—2011 年高等教育的学生数量翻了三倍。究其原因有三个方面。首先，这得益于内战结束后，国家在做年度预算时开始持续增加对高等教育的投入。其次，这段时间高等教育在安哥拉各省都呈现出了扩张的趋势，其开端就是 2009 年内图大学被拆分为 7 所地方性大学。最后，这得益于高等教育私有化。从 1999 年建立第一所私立大学开始，国家一直在鼓励和推动私立高等教育网络的建立。

---

[1] ROCHA A. Economia e sociedade em Angola[M]. Luanda: Luanda Antena Comercial (LAC), 1997.
[2] CARVALHO P. Evolução e crescimento do ensino superior em Angola[J]. Revista Angolana de Sociologia, 2012, 9.
[3] CARVALHO P. Evolução e crescimento do ensino superior em Angola[J]. Revista Angolana de Sociologia, 2012, 9.

二、现状

（一）录取率

最新数据显示，2016 年，全国注册报考高等教育的考生达到了 241 284 名，与 2011 年相比增长了 72%。[1] 其中，2014—2016 年的注册考生、实际考生及录取人数见表 6.1。

表 6.1 2014—2016 年安哥拉注册考生数、实际考生数及录取考生数（单位：人）[2]

年份	注册男生	注册女生	总注册考生	实际考生	录取考生
2014	82 871	63 130	146 001	126 596	55 234
2015	122 661	98 376	221 037	158 824	63 167
2016	132 065	109 219	241 284	197 760	66 029

2014—2016 年的数据显示，注册考生数、实际考生数和录取考生数均呈现出了一定的增长态势。注册考生虽然一直是男多女少，但男女比例较为稳定，基本保持在 1.2∶1—1.3∶1。考虑到高等教育机构的数量，尤其是私立高校的数量自 2010 年起显著增加，学生规模的扩大更多得益于私立高等教育机构数量的增长。与之相应的是，政府对高等教育部门的投入也在逐年小幅度增加。高等教育在国家总预算中的开支占比 2010 年是 1.24%。到了 2014 年，这一占比增长到了 1.37%。而到 2015 年，这一占比则增长到了 1.42% 左右。[3]

---

[1] Instituto Nacional de Estatística. Anuário de estatísticas sociais–dados de 2011-2016[R]. Luanda: INE, 2018.
[2] Instituto Nacional de Estatística. Anuário de estatísticas sociais–dados de 2011-2016[R]. Luanda: INE, 2018.
[3] Instituto Nacional de Estatística. Anuário de estatísticas sociais–dados de 2011-2016[R]. Luanda: INE, 2018.

值得注意的是，每年都有数以万计的考生在注册后并没有参加考试，在所有实际参加了考试的考生中，也只有不到一半的人被高等教育机构录取，可见安哥拉高等教育的门槛比较高。安哥拉历史最悠久的内图大学多年来录取率是30%—40%，也是该国高等教育入学条件比较苛刻的佐证。事实上，表6.1的数据显示，从全国范围来看，2014、2015和2016年的录取率分别是43%、39%、33%，有显而易见的加速下滑趋势。笔者认为，主要原因是考生规模是随着人口数量的增长、接受普通教育的人数增多而不断扩大的，而高等教育机构急剧发展的时期却主要在21世纪第二个十年的前半期，2015年以后并没有数量上的显著增长了，高等教育名额增加的速度不及考生增加的速度，所以录取率下降。

安哥拉高等院校的录取率存在明显的地区差异，其中录取率最高的是首都所在的罗安达省，为41%—49.6%，录取了全国几乎二分之一的考生。[1] 由于罗安达省是全国高校最集中的省份，并且还是经济发展程度最高的地区之一，提供了最多的高等教育机会，所以高录取率也是必然的。

（二）热门专业

安哥拉高等教育机构的专业共有18个学科门类，分别是艺术学、人文科学、社会与行为科学、新闻与信息学、商业与管理学、法学、生命科学、物理科学、数学和统计学、计算机、制造业、工程学、兽医学、建筑学、医学、农学、环境保护和教育学。此外，安哥拉高等教育、科学、技术和创新部也采用联合国教科文组织设置的学科分类进行相关统计。表6.2按性别显示了2014年和2015年安哥拉全国高等教育机构不同学科的新生人数，可以从一定程度上反映出不同性别在专业选择上的不同。

---

[1] Instituto Nacional de Estatística. Anuário de estatísticas sociais–dados de 2011-2016[R]. Luanda: INE, 2018.

表 6.2 2014、2015 年安哥拉不同专业新生数（单位：人）[1]

学科	2014 年 男生	2014 年 女生	2015 年 男生	2015 年 女生
艺术	172	60	466	206
人文	2 662	1 746	1 479	1 195
社会与行为科学	8 884	8 733	15 063	16 084
新闻与信息学	1 549	2 003	1 298	2 299
商业与管理学	13 567	13 631	18 566	21 945
法律	8 795	5 755	15 235	9 831
生命科学	728	920	216	457
物理学	2 860	1 179	1 965	988
数学和统计学	1 253	162	421	54
计算机	6 172	1 624	9 746	2 488
制造业	502	148	493	184
工程及相关专业	5 436	1 023	11 784	2 358
兽医	235	129	259	134
建筑与施工	3 000	744	4 715	1134
农林渔业	1 044	437	721	270
医学	3 985	9 044	6 743	16 796
环境保护学	594	824	467	687
教育学	15 450	11 920	33 024	21 266
未分类数据	5 983	3 048	—	—

表 6.2 的数据显示，2014 年除新闻与信息学、商业与管理学、生命科

---

[1] Instituto Nacional de Estatística. Anuário de estatísticas sociais–dados de 2011-2016[R]. Luanda: INE, 2018.

学、医学和环境保护学新生女多男少外，其他学科新生都是男多女少。2015年情况略有不同，社会与行为科学也由前一年的男多女少变成了女多男少。男女比例失衡最严重的学科是艺术、物理学、数学和统计学、计算机、制造业、兽医、工程及相关专业、建筑与施工和医学，失衡本质上是由这些学科本身的性质和社会对两性的传统分工决定的。

2014年和2015年，教育学和商业与管理学聚集了最多的学生，占当年所有招生人数的40%左右，显示了考生对热门专业的极力追捧和趋之若鹜。与之形成强烈对比的是数学和统计学，不仅录取人数少，还呈现了大幅减少的趋势，降幅高达60%以上。

安哥拉在艰苦的独立战争后又进行了旷日持久的内战，现在经历了几十年的发展，经济以农业与矿产为主，造纸和纺织等轻工业也比较成熟。但安哥拉仍是世界上最不发达的国家之一，基础设施匮乏，丰富的自然资源无法开发；农业技术落后，粮食不能自给。表6.2的数据显示，每年仅有数千人报考农学、建筑学、工程学等直接关系到工农业发展的专业，这必然导致这些领域的人才储备非常稀缺，这是安哥拉国家有关部门应当关注的问题。

（三）教师数

随着高校的扩张和招生规模的扩大，安哥拉的教师数也相应有很大增长。2005—2010年，高等教育系统的教师数年均增长率达到了9.6%。而2010—2015年，教师数年增长率更是高达46.7%。10年间，安哥拉高等教育系统内的教师规模翻了五番。[1] 表6.3详细显示了2014—2016年安哥拉高等教育系统教师数量的变化。

---

[1] CARVALHO P. Evolução e crescimento do ensino superior em Angola[J]. Revista Angolana de Sociologia, 2012, 9.

表 6.3 2014—2016 年安哥拉高等教育系统教师数（按性别）（单位：人）[1]

年份	男教师	女教师	总数
2014	2 990	1 147	4 137
2015	6 525	2 135	8 660
2016	6 587	2 171	8 758

表 6.3 的数据显示，2014 年高等教育系统的教师数为 4 137 名，在 2015 年翻了一番，达到 8 660 名，这得益于安哥拉政府对高等教育持续不断地增加投入，划拨了更多财政预算，尤其是开设了更多私立高等教育机构。此外，按照高等教育机构的性质划分来看，公立和私立院校的教师数分别增长了 24% 和 351%。值得注意的是，安哥拉允许高校教师在其他院校担任兼职，因此私立高等教育机构的很大一部分教师都是公立高等教育机构的在编教师。

（四）毕业率

在高等教育教学质量评估方面，安哥拉的情况也不尽如人意。2013 年，高校毕业率（毕业生总数除以在校生总数）是 9.3%，到了 2014 年则下降至 6%，这无疑反映出了高等教育机构的效率极其低下。2014 年，公立高等教育机构的毕业生占全国毕业生总数的 48.1%，私立高等教育机构的毕业生占比为 51.9%。其中，约三分之二的毕业生来自大学，剩下的三分之一来自高等学校和研究所。[2]

---

[1] Instituto Nacional de Estatística. Anuário de estatísticas sociais–dados de 2011-2016[R]. Luanda: INE, 2018.

[2] Instituto Nacional de Estatística. Anuário de estatísticas sociais–dados de 2011-2016[R]. Luanda: INE, 2018.

（五）招生

2019年1月，安哥拉颁布了高校招生工作通则，对普通教育和高等教育如何衔接做出了全面的指导。

首先，在学科领域方面，由于基础教育的高中阶段已经划分了若干知识领域，针对具体领域设置了不同的课程，为使授课内容具有衔接性，学生在报考大学时只能报考与高中所学领域相关的学科。如有特殊情况，学生想报考非高中所学领域相关的学科，则需报送各高等院校的招生委员会，经讨论后将特殊要求上报给国家高等教育招生委员会，由高等教育招生委员会批准。此外，学生可以同时报考多所高等院校。如果报考院校允许的话，还可以报考两个专业。

其次，安哥拉高等教育机构招生的具体流程分为注册、选拔和录取三个阶段。

1. 注册

在校历规定的注册截止日期之前，考生应到现场报名并核验身份证明原件。即使考生已经在网上进行过预报名，也需要到现场核验原件。安哥拉本国考生需出示居民身份证，外国考生需出示护照或居住证。除上述件外，考生还需携带高中毕业证或同等学力毕业证明原件，并附上成绩单、兵役登记证明、报名表、税号和照片。

核验完以上证件或文件后，院校会发给考生一个收据和考号，以备考试时查看。

2. 选拔

对于报名成功的考生，安哥拉高等教育机构选拔人才有三个标准。第一，考生必须符合关于高中成绩、专业领域等的要求。第二，入学考试分数必须满足最低要求（满分20分，最低要求10分），以及不同院校不同专业设置的最低分数线。第三，考生必须符合《教育和教学体制基本法》中对高等教育子系统规定的年龄限制，最低年龄为18岁。

对全部满足以上三个要求的考生，按入学考试分数择优录取。如有智力超常的考生，只要获得医学团队和院校的批准，也可以录取。

3．录取

各高等教育机构可以每年向主管部门上报一次本院校各专业最低录取分数线。如果招生人数不足，无法满足开课的最低人数，就可以在国家高等教育招生委员会批准后进行补录考试。补录考试的对象是第一次参加入学考试落榜的考生，补考分数要等于或高于报考院校对该专业规定的最低分数线才能被录取。此外，《国家人员培训计划》中列明了国家优先发展的领域，国家高等教育招生委员会优先批准相关专业的补考申请。

在各公立高等教育机构的招生名额中，各专业需将3%的名额留给老兵、战争致残者和烈士子女等被国家特殊照顾的人群，3%的名额留给残疾人，5%的名额留给外交使团成员的子女和与安哥拉有合作协议的国家的留学生。相比之下，私立和公私合办的高等教育机构只需每个专业预留3%的名额给残疾人即可，没有其他更多限制。预留名额如果不被占用，将被提供给普通考生。

被公立高校录取的考生，只能就读一所公立院校的一个专业。同时，也允许公立高校录取的考生选择一所私立高校，修读一门不同的专业。仅被私立高校录取的考生，可以在多所私立院校就读，修读多门专业。

安哥拉国家层面对于高等教育入学的规定体现出了人道主义的特点，对处于特殊生理、民事状况的人群给予了一定的政策倾斜。同时，安哥拉在教育领域也注重履行国际承诺，有利于构建该国重诺的形象。此外，随着社会发展，在教育现代化的国际背景下，安哥拉鼓励高等教育机构培养复合型、跨专业人才。

（六）校历

在安哥拉基础教育子系统中，每学年分为 3 个学期来安排教学等活动，但高等教育子系统不同，它遵循自 2017 年 1 月 26 日颁布的针对高等教育机构校历的 3 号总统令，各公立、私立和公私合办高等教育机构以此为依据来组织本科生和研究生的教务、教学、科研等活动。在高校中，每学年分为 2 个学期，每学期 21 周，其中教学周 16 周，正常考试和补考共 5 周。每个教学周从周一至周五持续 5 天，但如果确实需要，在法律许可的状况下可以将教学活动延长到周六。由于不可抗力等原因而没能进行的一些活动，各院校应该根据规定来调整时间，确保完成教学计划。

根据规定，每年在二月份的最后一天举办全国性的开学典礼，随后，在三月份的第一周，各院校正式开课，标志着新学年教学活动的正式开始。在正式开课前，各院校需完成招生考试、录取和补录及相关公示工作和老生报到工作。第一学期的教学周在六月份的第三周结束；第二学期的教学周从八月份的第一周开始，到十二月份的第三周结束。每学期在 16 个教学周内需进行两次阶段测验来评估学习效果。教学周全部结束后，另有 3 周进行正常期末考试，2 周进行补考。因此，安哥拉高校每学年的天数从 213—256 天不等，第一学期持续 109—131 天，第二学期 104—125 天。每年七月份的最后一周时间用于学年中休息。此外，从每年十二月份的第四周开始，师生都进入假期，教师休 4 周，学生休 8 周，直至新一学年的开学典礼。

（七）新冠肺炎疫情下的安哥拉高等教育

受新冠肺炎疫情的影响，安哥拉总统洛伦索于 2020 年 3 月 19 日签署了第 1/20 号总统临时法令，宣布国家进入紧急状态以应对新冠肺炎疫情。法令对社会聚集做出了严格的限制，高等教育机构无法开学，无法进行面授。受经济和科技发展程度所限，不是所有的安哥拉高校都具备向学生提供在线课程的客观条件。公立高校尚有国家预算提供财政支持，可以维持运转，依赖于私人投资的私立高校则备受打击，许多教师无课可上，没有收入。希望安哥拉所有的高等教育机构都能够撑到疫情结束，迎来恢复和发展的良好局面。

第二节 高等教育的特点

一、高等教育机构及其课程合法性

安哥拉高等教育、科学、技术和创新部对于高等教育子系统各方面做出了方向性指引，不仅包括宏观上对教育机构、科研人员等的规范，还涉及奖学金、在线课程等微观领域。其中，国家对教育机构的合法性问题极其重视。2009 年 12 月 15 日颁布的第 90/09 号法令《高等教育子系统管理总则》规定，高等教育机构的开办需要由高等教育、科学、技术和创新部部长会议批准，并由监督机构颁发许可证后才可以运行。此外，高等教育机构在设置专业课程时，需向监督机构提出申请，由高等教育、科学、技术和创新部进行合法化评估和批准后才可以招生。《共和国日报》上会刊登高等教育机构和课程合法性的总统令和行政令，各高等教育机构必须向公众公布本机构和课程的合法化、许可和授权日期等信息，这是官方认可其毕业生所获学位和学历的依据。

因此，从2009年年底开始，考生不仅要核实拟报考院校的合法性，还要核实拟修读的课程的合法性和有效性。以私立高等教育机构为例，2020年，在全国64家合法的私立高等教育机构中，有14家需要进行课程合法化的评估工作，其中12家需要主管部门颁布法令来批准其开设的所有课程。[1]这12家私立高等教育机构分别是罗安达洲际理工学院、尼尔逊-曼德拉高等理工学院、格勒市森特高等理工学院、比塔高等理工学院、基兰巴私立高等学院、本格拉高等理工学校、西诺达尔理工学院、卡特帕私立理工学院、瓦林加高等理工学院、卢埃纳私立高等理工学院、扎伊尔私立高等理工学院和门诺优私立高等理工学院。这意味着虽然到目前为止安哥拉私立高校有64所，但能够合法招生的院校只有52所。

二、七大学术区

为了扩大和重组高等教育网络，提高高等教育质量，使高等教育充分满足安哥拉的增长需求，经部长理事会批准，安哥拉于2009年4月颁布了关于重组公立高等教育机构网络和调整当时唯一的公立大学内图大学的规模的法令。由此，全国建立了七大学术区[2]，并以学术区为单位实施新的高等教育管理方法。根据管理办法，各学术区须有序地扩大规模并适应其所在地区的经济、社会、技术和社区发展的战略目标；在2012年之前，安哥

---

[1] Ministério do Ensino Superior, Ciência, Tecnologia e Inovação (MESCTI). Quadro legal das instituições de ensino superior privadas e respectivos cursos de graduação[Z]. Luanda: MESCTI, 2020.

[2] Angola. Conselho de Ministros relativo à organização das regiões académicas. Decreto-lei n. 5, de 7 de abril de 2009[Z]. Diário da República, n. 64.

拉须分阶段在全国 18 个省都建立起高等教育机构。

安哥拉设立的七大学术区分别是内图大学区（罗安达和本戈省），卡特亚瓦拉·布衣拉大学区（本格拉和南宽扎省），十一月十一日大学区（卡宾达和扎伊尔省），鲁吉·安康达大学区（北隆达、南隆达和马兰热省），若泽·爱德华多·多斯桑托斯大学区（万博、比耶和莫希科省），曼杜梅大学区（威拉、纳米贝、宽多-库邦戈和库内内省）和金帕·维塔大学区（威热和北宽扎省）。

具体而言，第一学术区是内图大学区，包括位于首都罗安达的酒店和旅游学院、文学院、社会科学学院、卫生科学学院和本戈省的一所高等理工学院。第二学术区是设在本格拉的卡特亚瓦拉·布衣拉大学区，由本格拉的五个高等教育机构和南宽扎的一个高等教育机构组成。卡特亚瓦拉·布衣拉这所学校有法律系、医学系和经济系，以及教育科学高等学院，后者位于本格拉和松贝市。第三学术区是十一月十一日大学区，总部位于卡宾达，由卡宾达的 5 个高等教育机构和扎伊尔的 1 个高等教育机构组成，当时该学术区规划了 4 个教学研究区，集中在健康科学、理工学院、农林工程、工业工程和人文科学领域。第四学术区总部设在北隆达省，覆盖南隆达省和马兰热省，并设有法律系、经济系、教育学系、农学系、医学和兽医学系。第五、六、七学术区设在万博省、威拉省和威热省，共有 20 个单位，覆盖比耶省、莫希科省、纳米贝省、宽多-库邦戈省和北宽扎省。

安哥拉由原本的唯一高校内图大学变为七大学术区，权力下放到各区，各机构在教育、文化、学科、行政和财务等领域行使自主权，以期达到学术自由、民主管理，提高院校服务质量，并由校长发挥平衡高等教育网络的作用。各高校的时任校长承诺将逐步增加招生人数，努力提高教学质量和学生素质，促进科研工作，更加透明和负责任地管理所分配的资金，并考虑到各自区的社会经济和工业结构，开辟新的培养领域，实现培养领域的多样化，以便更好地服务社会。

经过多年的发展，各大学术区在实际运行中也反映出了一些问题。现任安哥拉高等教育、科学、技术和创新部部长玛丽亚·多罗萨里奥·桑博认为，各大学术区总部和它所管辖的教育机构之间存在一定的空间距离，因此学术区不仅没有增加更多教育价值，反倒造成了管理上的问题，比如，在同一学术区存在许多相似的岗位，这给管理造成了困难。因此，未来安哥拉极有可能取消学术区，将大学或其他高等教育机构固定在其所在的省份，以促进机构本身和它周边地区的发展。

第三节 高等教育的挑战和对策

一、挑战

安哥拉高等教育进行过多次重组，其中包括2018年颁布的第203/2018号总统令。根据此总统令，安哥拉建立了高等教育机构质量评估和认证的法律规范，要求对高校的自主权及高校与国家的关系进行变革。总统令规定，高等教育的评估和认证将遵循教育性、包容性、全球性、参与性、连续性、豁免性、合法性、公平性、公共性、背景化、国际标准化和技术权威性等一般原则。[1] 然而，目前安哥拉高等教育机构的自主权面临着一个两难的境地。

2016年颁布的《教育和教学体制基本法》规定了教育和教学体系需遵循的一般原则，即合法性、综合性、世俗性、普遍性、民主性、公益性和义务性，需遵循有效的国家干预，保证服务质量，培养公民的美德和公民

---

[1] Angola. Aprova o regime jurídico da avaliação e acreditação da qualidade das instituições de ensino superior. Decreto presidencial n. 203, de 30 de agosto de 2018[Z]. Diário da República n. 133.

意识，使公民树立爱国主义的价值观。通过对比，可以发现高校的自主性与社会参与是相互联系的。教育性和包容性的原则表明，教学质量和评价是高等教育内部发展的一部分，它们需要通过社会的参与来保证，民主性原则也强化了社会参与的必要性。

增加政治和社会参与同权力下放有关，但在安哥拉，法律规范却加强了以国家为中心的监管机制，即第 203/2018 号总统令规定的合法性、公平性、公共性、背景化和技术权威性。那么，改革进程到底是去集中化还是去中心化？去集中化是指将责任转移到相关的实体或单位，但决策权仍在国家的中央集权机构中。而去中心化是指决策和行动都是在实体或单位内部进行。那么，高等教育机构在多大程度上参与了国家政策的决策过程？机构是如何被代表的？代表们对评估过程的理解和重点是什么？这些都是值得关注的问题。

自主权是与民主进程的发展相关的，并以民主进程的发展为条件。伴随社会和政治参与的是安哥拉文化的复杂性，这涉及权力的分配和代表形式。从这个意义上说，在高等教育的语境中，政治代表权是建立在学术代表权的基础上的，从内图大学多任校长的背景就能看出。

在第 203/18 号总统令中，不断出现国家监管行为对高等教育机构起决定性作用的字眼，如高等教育的自我评估所涉及的程序、条款、工具和其他过程须符合该法令规定，并由相关部级单位批准。在认识到评估的必要性的同时，人们难免担忧国家将建立的标准和要求是什么，也担忧监督机构或高等教育机构本身的人员能力建设问题。

在评估涉及的问题中，有一个是目的的多元性问题，这与教育系统的不同社会行为者和层次有关。一般来说，国家实行的以监管为目的的评估，多是与比较容易量化的方面相关，与结果和客观的标准挂钩。教学评价一般是在教育机构自身的层面上进行，以决策为目的，以程序性、形成性和参与性的方式进行。因此，在系统内进行的评估和在机构内进行的评估，产生的数据是不同的，然而两种评估的方法、过程和程序是可以互补的。评估是指通过工具收集信息或数据以产生价值判断，目的是为了进行决策或改良，而在许多情况下，这种价值判断可能与政府和教育机构的决策和利益有距离和分歧。如前所述，国家监管行为对高等教育机构起决定性作用，机构层面的评估无疑被国家施加了许多限制，这就意味着评估被简化为了一套由国家定义、制定和控制的异质规则和规范。

二、对策

针对安哥拉高等教育面临的各种挑战，安哥拉的相关教育部门要将评估和监管更合理地衔接起来。相关教育部门不仅要充分考虑评价机构和教育主体的自主性和多样性，还应该重视评估的反思性和批判性。评估不能仅仅停留在规范化和标准化的层面上，而是必须真正为教育监管领域的决策提供帮助和参考。同时，社会和各教育机构也要团结起来，注重教育部门的监管权与高等院校的自主权的衔接，注重国家需求与社会需求在各个领域的衔接。

第七章 职业教育

安哥拉现行的《教育和教学体制基本法》规定，职业教育，即中等职业技术教育子系统，是安哥拉的六个教育子系统之一。职业教育的目标是确保受教育者获得必要的职业技能和职业准备，使受教育者能够在完成学业后进入劳动力市场，同时也不影响受教育者有可能去高等院校继续深造。

第一节 职业教育的发展和现状

一、历史沿革

（一）独立前

职业技术教育自殖民地时期就已经在安哥拉出现。1491年，在刚果王国统治下建立了一所耶稣会传教士学校，它可能是安哥拉的第一所职业教育机构。[1] 起初这个机构主要是为了培养未来的牧师而设立的，后来也接收

---

[1] ZAU F. Educação em Angola: novos trilhos para o desenvolvimento[M]. Luanda: Movilivros, 2009.

一些年轻信徒，对他们进行指导，主要培训他们从事砖瓦工、鞋匠、铁匠、裁缝、邮递员等简单的行业。有些人认为它是一所简单的、用来做职业培训的机构，进行的是非正规教育，也有些人认为它可以被理解成是一所真正的职业技术教育学校。

在殖民地时期，尽管对于职业教育的概念仍然很模糊，但已存在一些职业技术学校所必需的要素了。有些学校开设的课程只有实践课，应当归为非正规教育，但同时也有另一些学校具备正规的职业技术教育组织。堂·卡洛斯一世专业学校后来被称为罗安达专业学校，开设为期三年的各种类型的课程，除了专业实践部分外，还教授葡萄牙语、地理、历史、算术、几何、公制、设计、商业会计、农业概念和基督教教义等理论知识，这就使得学生毕业后有能力继续接受其他层次的学术培训，与现今的职业教育非常类似。

培养职业技术人才的学校根据所在领域不同而命名不同，当时有农事学校、车间学校、乡村学校，以及艺术和工艺初级职业学校，这些都是属于在小学进行的初等职业教育学校。随着时间的推移，艺术和工艺初级职业学校渐渐取代了车间学校和农村学校。1941—1945 年，有记录的艺术和工艺初级职业学校共有 6 所，分别位于现在的罗安达省、本格拉省、莫希科省和翁吉瓦。除此之外，还有 7 所培养农牧业从业者的学校。[1]

在职业教育方面，1947 年安哥拉仅有两所职业技术学校，一所是渔业和贸易实用学校，另一所是罗安达贸易学校。到了 1953 年，中等职业技术学校的数量增加到了 6 所，课程内容涵盖了贸易、工业和农业领域，1951—1952 学年登记在册的学生共 1 076 名，这在当时被认为是安哥拉职业教育发展的一个标志。[2]

20 世纪 60—70 年代，职业技术教育机构，尤其是中等职业教育机构，出

---

[1] NGABA A V. Transnacionalismo e políticas educativas o impacto do sistema educativo mundial nos sistemas educativos nacionais: o caso angolano (1975—2015) [D]. Lisbon: Universidade Católica Portuguesa, 2017.

[2] NGABA A V. Transnacionalismo e políticas educativas o impacto do sistema educativo mundial nos sistemas educativos nacionais: o caso angolano (1975—2015) [D]. Lisbon: Universidade Católica Portuguesa, 2017.

现了前所未有的发展，网络几乎遍布安哥拉所有地区。这些职业学校的运作和管理等规章制度全部来自葡萄牙并与其保持一致，如课程的学习方案等都是相同的。课程的重点也体现出了学术性和专业性，使受教育者有可能继续升入中等水平或更高水平的教育机构而不会遇到太多困难。以初级工业学校（木匠和木工）为例，该学校学制三年，除设置特定的专业课程外，第一年还要教授葡萄牙语、数学、宗教与道德、卫生观念、技术等通识科目，第二、三年有物理和化学、自然科学、地理、历史、英语和法语等补充学科，从而使学生能够考入高等职业教育机构进行在工业和商业领域的进一步学习。与殖民地时期的普通教育和高等教育不太一样的是，职业教育似乎并不是留给精英阶层的，相反，它是完全以工作为导向，培养当地人力资本的。

（二）独立后

安哥拉独立不久便进行了第一次教育体制改革，当时规定国家设有基础教育、中等教育和高等教育三个子系统，其中职业教育在基础教育和中等教育子系统中都有所体现，正如殖民地时期一样。

职业技术高中紧接着基础教育，一般设有9、10、11、12四个年级[1]，主要目的是在与国家社会经济发展有关的领域培训中职技术员，此外学生也会继续学习一般知识，以便他们能够有进入高等教育这另一条路。国家要确保所有完成基础教育的学生、青年和成人都进入职业教育，理论上讲是14、15岁的年轻人注册入学并在18、19岁时完成学业。实际上，注册学生是来自全国各地社会中下层的人民和在普通教育中未取得成功的人。

安哥拉建立了若干职业教育学院（高中），如理工学院（培养机械和电力方面的中等技术人员），农业学院（培养农学、动物学和兽医方面的技

---

[1] ZAU F. Educação em Angola: novos trilhos para o desenvolvimento[M]. Luanda: Movilivros, 2009.

术人员），教育师范学院（培养初等教育教师），矿业学院（培养采掘人才，特别是石油开采人员），建筑学院（培养建筑、道路、桥梁、设计等方面的中等技术人员），卫生学院（培养医学、公共卫生、临床分析等技术人员），计划、管理和行政学院，工业学院（培养化学、电气和机械等技术人员），经济学院（培养会计和财务技术人员），渔业学院和新闻学院。与普通教育一样，在职业教育子系统里也实行全国统一的标准化课程，保留了一些就当时的国情来说最有用的课程，还使一些原有的课程内容更加适应新的环境和挑战。职业学校主要是为技术功能主义服务的，试图培养一批能在短时间内促进国家经济发展的专业人员，为整个社会和所有经济部门培养合格的人力资源。

20世纪90年代，安哥拉的教学体制中将职业技术教育独立为一个子系统，旨在为年轻人和成年人做技术和职业准备，以期最终促进国家的技术发展。与之前一样，职业教育仍然包括初等技术培训和中等技术培训两个阶段，完成普通小学6年教育的学生毕业后可以接受初等技术培训，9年级学生可以接受中等技术培训。2001年，安哥拉颁布了《新教育体制基本法》，开始分阶段实施第二次教育改革。

职业教育的学习计划和教学方案经过教育部批准，具有强制性、全国统一性和标准化的特点。职业教育的教科书由教育部负责编写。2001年颁布的《新教育体制基本法》规定，基础职业教育学制3年，设置7—9三个年级，招生对象为小学六年级毕业生，学生从基础职业技术学校毕业后可以选择进入更高一级的普通教育或职业技术教育机构。中等职业教育学制3年，设置10—12三个年级。除专业技术课程外，学生都需要学习葡萄牙语、法语、英语等通识科目。

在第二次教改的框架内，职业教育子系统也开始了分阶段实施的改革。2001年改革方案涵盖了3所公立学校（作为试点学校），到2006年方案已经覆盖至16所公立学校。2006—2009年，为了扩大职业教育机构网络，安哥拉政府主要利用中国的资金修建和装备了34所技术学校。截至2011年，安哥拉共有136所职业技术学校，其中公立学校81所，民办学校55所。除了民办学校外，另有29所公立职业技术学校是由教育部和国家另一主管部委共同管理的，它们都不在改革范围内。[1]

教育部根据职业教育改革方案[2]建立了10个培训领域，涵盖了基础和中级的培训，它们分别是行政和服务领域（包括公共行政技术员、会计、会计和管理、统计和规划、商业管理和秘书服务等专业），农业、渔业和食品工业领域（包括农业食品技术员、农业、畜牧业、农业管理和森林资源等专业），图形艺术领域，造型和表演艺术领域（包括造型艺术、音乐、舞蹈和戏剧），通信和信息领域（包括媒体等专业），土木建筑领域（包括绘图员、建筑工程技术员、地形师等专业），机械领域（包括工业维修、冷暖空调、金属加工、机械和发动机等课程），电力、电子和电信领域（包括工业电子和自动化技术员、电子和电信、音频/视频/电视/电子、能源和电气安装技术员、机电一体化、电力和汽车电子，电子/自动化和仪器仪表技术员），化学领域（包括环境和质量控制技术员、工业化学、化学/石油化工等专业）和采掘业（包括地质和采矿技术员、钻井/生产石油、炼油技术员等专业）。这些领域的设置并非一成不变，可以根据国家的社会经济发展需要再开设其他领域的培训。基础职业培训和中等职业培训在课时量、内容和命名等方面都不同。例如，接受完中等职业技术培训的人被称作技术人员，而仅接受了基础职业培训的人则多被称为"操作员"或"助理"等。

---

[1] NGABA A V. Transnacionalismo e políticas educativas o impacto do sistema educativo mundial nos sistemas educativos nacionais: o caso angolano (1975—2015) [D]. Lisbon: Universidade Católica Portuguesa, 2017.

[2] 资料来源于葡萄牙LUSIS集团官网。

二、现状

（一）学制和入学年龄

2016年，安哥拉通过颁布《教育和教学体制基本法》将职业技术教育作为一个子系统延续了下来。这里的职业技术教育包括基础职业培训和中等职业技术教育两个阶段。职业技术教育的宗旨是为受教育者进行必要的职业技能和专业准备，以便使其完成学业后能直接进入劳动力市场。职业技术教育同时也设置通识课程，不影响毕业生继续在高等教育子系统深造。基础职业培训阶段设置了7—9三个年级，学生年龄一般在12岁—14岁，实际上17岁以下都可以参加。完成基础职业培训阶段学习后，学生可以继续就读中等职业技术教育机构，中等职业教育学制4年。而对于普通教育的9年级和12年级毕业生来说，可以选择在中等职业技术教育学习，根据专业的不同，学习时间从半年到两年不等。中等职业技术教育的招生对象年龄下限为15岁，不设上限。

（二）职业技术教育机构及其培训领域

截至2015年，安哥拉全国共有196所职业技术教育机构，教学网络遍及全国各地，其中公立技术学校有108所，私立技术学校有88所。[1] 但是，只有本格拉、卡宾达、万博、罗安达、威拉、威热6个省份有私立职业技术学校[2]，私立职业技术学校仅覆盖全国三分之一的省份。

实际上，安哥拉的职业教育在过去的十几年中似乎并没有得到应有的重视。除了没有建立大量公立的中等职业技术院校外，一些老牌院校也失

---

[1] Instituto Nacional de Estatística. Anuário de estatísticas sociais–dados de 2011-2016[R]. Luanda: INE, 2018.

[2] Universidade Católica de Angola. Relatório social de Angola 2015[M]. Luanda: UCA, 2016.

去了技术方面的优势,而民办学校中社会科学领域的课程激增。政府确实不应忽视通识领域知识培训的针对性和必要性,但是绝不可以为此而舍弃了专业技术的培训。

2012年,安哥拉为实施《国家行政人员培训战略》制定了《行政人员培训计划》。该计划为期7年(2013—2020年),旨在确保中高级管理人员的职业技能培训。职业技术教育的使命是多重的,既要为那些希望进入高等教育的人提供高质量的知识培训,也要为那些寻求专业技术和想立即进入劳动力市场的人提供技术培训。对于从职业教育系统毕业后想直接参加工作的人来说,最好的培训领域是工业、农业、渔业、行政管理、卫生、石油、社会服务、通信和经济。表7.1按照职业技术教育培养领域进行划分,显示了2010—2015年安哥拉公立职业技术学校在不同领域的分布情况。

表7.1 2010—2015年安哥拉公立职业技术学校数(单位:所)[1]

年份	第一产业	第二产业	第三产业			总数
	农耕	工业技术	行政管理	卫生	艺术	
2010	7	27	17	—	—	51
2011	9	29	22	1	—	61
2012	9	34	28	13	—	84
2013	9	38	31	15	—	93
2014	10	38	33	16	—	97
2015	10	46	33	18	1	108

根据表7.1,安哥拉公共职业技术教育机构的数量在6年间从51所发

---

[1] 资料来源于安哥拉教育部网站。

展到108所，增长率约为112%，尤其是为第二和第三产业进行培训的职业教育机构，其增长速度更为明显。在第三产业中，国家对于行政管理领域的技术人员需求较大。随着社会的发展，政府也加大了对卫生领域的投入，短短五年间将卫生职业培训学校由零增加到将近20所。因受当地的经济、社会发展水平影响，安哥拉的艺术类职业院校只有1所。

（三）注册学生数

职业技术教育机构的发展是为了适应人们日益增长的职业培训需求，表7.2显示了2015年安哥拉各省接受职业技术教育培训的人数。

表7.2 2015年安哥拉各省职业技术教育注册学生数（单位：人）[1]

省份	公立职业技术学校注册学生数	私立职业技术学校注册学生数
本戈	2 289	—
本格拉	15 692	4 991
比耶	2 924	—
卡宾达	9 583	4 136
库内内	1 737	—
宽多-库邦戈	1 868	—
北宽扎	1 939	—
南宽扎	3 362	—
万博	5 610	7 240
威拉	6 148	530

[1] 资料来源于安哥拉教育部网站。

续表

省份	公立职业技术学校注册学生数	私立职业技术学校注册学生数
罗安达	62 383	32 667
北隆达	2 365	—
南隆达	1 909	—
马兰热	2 263	—
莫希科	2 248	—
纳米贝	2 420	—
威热	2 942	39
扎伊尔	1 025	—
总数	128 707	49 603

表7.2的数据显示，2015年安哥拉职业技术教育子系统注册学生数共178 310人，其中公立学校注册学生数是128 707名，是私立学校注册学生数的两倍多。首都所在的罗安达省是全国经济最发达的省份，也是拥有职业技术教育学生最多的省份，学生人数将近占了全国总注册学生人数的二分之一。

鉴于安哥拉没有接受过职业技术培训的年轻人和成年人数量众多，职业技术教育在全国范围内的推广，应该成为安哥拉政府在创造新的学习和就业机会方面的一面重要旗帜。国家必须大力发展职业教育，建设更多的职业技术学校，为国家培养更多的职业技术人才。

第二节 职业教育的特点

作为非洲的发展中国家，安哥拉在社会和经济等方面受到了来自国际的影响。在教育领域，很多国家和国际组织都促进了安哥拉国家长期职业教育计划的制订和知识传播网络的构建。近年来一些国家和地区极大地助推了安哥拉职业教育的发展。比如，经济增速多年来位居前列的中国，与安哥拉拥有共同语言的葡萄牙，还有巴西和古巴等美洲国家。

一、依靠中国的资金支持，恢复职业教育机构基础设施建设

中国通过"中非合作论坛"和中非发展基金在整个非洲，特别是撒哈拉以南非洲的经济发展中发挥着重要作用。中国政府鼓励中国企业在其感兴趣的多个领域对非洲进行投资，这其中就包括教育。中国企业派出人员在安哥拉工作，中国政府参与安哥拉的国家重建，中国在非洲的投资超过50亿美元，安哥拉从中受益良多。[1] 自 2004 年以来，中安双方在相互尊重、互利互惠的基础上，双边关系取得了长足的发展，究其原因是中国国内经济增长需要自然资源，而拥有丰富资源的安哥拉需要资金来支持自身的发展，进行重大的重建项目。

2007 年，中国对安哥拉的资金投入达到了约 120 亿美元，拉动当地多领域发展。对于教育领域来说，中国资金主要帮助了普通教育和技术教育学校网络的建设。安哥拉的职业技术学校及其实验室等基础设施需要翻新，其扩建和装备一方面依靠中国政府的融资，另一方面依靠中国企业或者中安合作企业的融资。中国致力于安哥拉的发展和复兴，主要参与职业技术教育机构的基础设施建设和设备供应等相关项目。在教育方面的融资合作已经成为安哥拉和中国之间最重要的双边合作之一，成绩非常显著。目前，安哥拉每个省至少有一所由中国公司建造和装备并由中国提供资金的职业

---

[1] BERNARDINO B M L. Estratégias de intervenção em áfrica uma década de segurança e defesa na comunidade dos países de língua portuguesa[M]. Lisboa: Prefácio, 2008.

技术院校，培训领域涉及理工和行政管理等。到 2007 年，中国已经参与了安哥拉 20 多个修复或建设项目，并向 20 多个职业技术教育学校提供了设备支持。2009 年，又有 20 余所理工类职业技术中学在中国信贷额度下开始运作，集中培养农业和管理专业技术人员。截至 2011 年，中国在安哥拉的教育投资约为 6 245 亿美元，所有资金都用于恢复教育基础设施及供应设备。2009 年，有 21 家新的中型理工学院在中国贷款帮助下开始运作，主要包括农业和管理专业。[1]

二、依靠葡萄牙的帮助，完成职业教育改革方案的设计与实施

葡萄牙在葡语国家共同体、非洲葡语国家和联合国教科文组织的合作框架内，积极培养督导员对安哥拉职业技术教育的学生进行培训。实际上，葡萄牙与安哥拉拥有一段共同的历史，在冷战结束后葡萄牙也对安哥拉表示出了友好和亲善，两国早已在政治、社会、经济和文化等方面建立了双边伙伴关系。作为伙伴关系的一部分，葡萄牙和安哥拉签署了多个双边协议和谅解备忘录。例如，2007 年，两国签署了《葡萄牙共和国政府与安哥拉共和国政府关于 2007—2010 年指示性合作计划的谅解备忘录》等。葡萄牙和安哥拉在教育领域的双边合作主要集中在中等职业教育和高等教育层次上。其中，安哥拉进行职业教育改革前，改革方案的设计和实施都直接从葡萄牙方面获得了建议。

---

[1] NGABA A V. Transnacionalismo e políticas educativas o impacto do sistema educativo mundial nos sistemas educativos nacionais: o caso angolano (1975-2015) [D]. Lisboa: Universidade Católica Portuguesa, 2017.

三、依靠非盟的教育政策协调，推进职业教育与培训计划的实施

非盟主要是基于以欧盟为模式的非洲一体化愿景，努力在全球社会和全球知识管理中占据重要地位，这意味着需要大量投资来开发人力资源，必然需要提高公民的职业教育水平。安哥拉是非盟的成员国之一，非盟在职业教育领域与联合国教科文组织、欧盟和世界银行建立了牢固的合作关系，也使得安哥拉大大受益。从1995年开始，在非盟与其他国际组织的框架下形成了两个"行动计划项目"：《非洲第一个十年教育行动计划（1997—2006年）》和《非洲第二个十年教育行动计划（2006—2015年）》。其中，《非洲第二个十年教育行动计划（2006—2015年）》规定了成员国之间教育政策的协调，成员国需要加强关于教育政策的互助和经验分享，建立教学管理信息系统等。职业技术教育与培训正是该行动计划的优先事项之一。该计划意在确保会员国的教育系统能够更好地向年轻一代提供优质教育，使他们具备永久学习的技能和企业家文化的态度，以使其适应不断变化的工作环境。该计划特别重视职业教育的课程设置，强调了将民族语言作为学习的对象和手段，以及重视科学技术等问题。

第三节 职业教育的挑战和对策

一、挑战

为了发展职业教育子系统这一关键部门，安哥拉政府需要提高基础职业培训和中等职业技术教育质量，促进建立终身教育和终身培训的理念，

推动受教育者向商界和劳动力市场过渡。因此，安哥拉需要进一步扩大和完善职业教育的教学网络和设备，建立并加强学校和企业的伙伴关系，增强毕业生在工作和生活中理论联系实际和专业创新的能力。安哥拉职业教育系统面临的最严重问题之一是师资力量非常薄弱，这对重视实践教学的职业教育系统是非常大的掣肘。因此安哥拉要根据2016年《教育和教学体制基本法》的要求切实落实对职业技术教育的教师的培训，从教学、教学法和技术、组织等多方面提高教师水平，并对学校管理和组织方面进行培训。

二、对策

（一）聘请国际专家一起探讨提高职业教育质量的战略

为解决职业教育师资缺乏的燃眉之急，安哥拉需扩大与其他国家的伙伴关系与合作，聘请其他国家具备更先进知识的专业技术人员。例如，《安哥拉报》报道，安哥拉职业技术中学聘请了巴西顾问，一起探讨提高职业教育质量的战略，从而向市场输送更多符合当前安哥拉经济发展要求的工作人员。企业与安哥拉职业技术学校合作，在安哥拉OK Technology公司的推动下，迄今已有100多名巴西专家到安哥拉的10余所农业和理工领域的职业技术学院任教。因此，安哥拉职业教育近年来的拓展有赖于其他国家教师的参与，他们除了传授专业技术知识外，还要向学生灌输不断更新知识的重要性，此外还肩负着对安哥拉职业教育教师进行培训的使命。

（二）鼓励私营部门参与，促进学生创业与就业能力

除了政府的努力外，私营部门参与到职业技术教育进程中来也是非常

重要的。私营部门的参与可以保证学生进行专业实习，促进创业和就业能力。2019 年，在教育部的推动下，安哥拉召开了全国职业技术教育博览会。会上有来自全国 18 个省份的职业技术培训学校的 50 多个项目展出，涉及电力、电子、电信、卫生、机械和土建等领域。这些项目注重提高职业技术教育的质量，体现了行政部门的政策导向。企业和企业家应该通过项目到职业教育机构进行实地考察，了解学校教育质量，类似博览会这样的平台可以促进教育机构和用人单位之间的经验交流，发展跨学科项目，促进创业和自营职业可持续发展，有助于职业技术学校和公司开展合作，实现战略创新。

（三）借助国际组织的力量，全面提升安哥拉职业教育质量

此外，借助国际组织的力量，全面提升安哥拉职业教育质量，也是安哥拉政府的对策之一。例如，"振兴职业教育和技术培训"项目（简称 RETFOP）是一个由欧盟资助的总预算为 2 200 万欧元的项目，也是一项雄心勃勃的职业教育教师培训方案。[1] 作为一个支持和促进职业教育公共政策的项目，该项目将研究、公共政策咨询、能力建设和技术援助相互结合，对出现的问题做出系统性反应。该项目的总目标是通过提供更多合格的人力资源，帮助减少安哥拉的失业率，特别是年轻人的失业率。该项目的具体做法是加强安哥拉中央和地方各级政府机构的战略管理能力，并加强它们与私营部门之间的协调，以提高职业教育的课程和资格的质量和相关性，支持毕业生向劳动力市场过渡。

---

[1] 资料来源于葡萄牙卡蒙斯学院官网。

第八章 成人教育

成人教育子系统是安哥拉现行《教育和教学体制基本法》所规定的六个教育子系统之一，其总体目标除了帮助受教育者增加知识，提高技能，进行爱国主义、思想品德和公民意识教育外，最重要的就是为未能按时入学接受教育者提供教学，扫除文字性文盲和功能性文盲。

第一节 成人教育的发展和现状

一、历史沿革

安哥拉独立时文盲率达到了 85% 以上 [1]，因此成人教育最重要的目标之一便是扫除文字性文盲和功能性文盲，国家第一任总统自 1976 年 11 月 22 日起在全国发起扫盲运动。

1976—2000 年，约有 2 827 279 名安哥拉公民脱盲（其中 48% 为妇女）。安哥拉独立后又进行了旷日持久的内战，大约 45% 以上的人（主要是妇女

---

[1] PNUD. Os desafios pós-guerra[M]. Luanda: Nações Unidas, 2002.

和女孩）再次成为功能性文盲。2004—2009 年，安哥拉有 6 085 734 名公民（其中 60% 为妇女）参加了扫盲班，表明国家在降低成人文盲率方面取得了一些进展。自 2004 年以来，国家重建教育部门并努力遵守地区和国际全民教育公约。近十几年来，安哥拉识字率年均增长 8.5% 左右。[1] 截至 2020 年，安哥拉已经对 300 多万人口进行了扫盲，这对于提高国家的公民整体素质有至关重要的意义。

二、现状

（一）年龄与学制

与其他子系统相比，成人教育的对象不需要一个精确的人口年龄分界线来评估教育的有效性，因为根据相关理论，文盲是指所有不能读写的人口。联合国教科文组织认为 15 岁以上的人都是成人。安哥拉现行的《教育和教学体制基本法》规定，成人教育子系统的对象是 15 岁以上的人，其他各教育子系统的对象为比参考入学年龄年长 2 岁或更多的受教育者。安哥拉成人教育分为初等教育和中等教育两个层级，目的是使受教育者获得基本的阅读、写作和数学技能，使他们能够参与社会、政治和经济活动，并为他们接受进一步的教育做准备。其中，成人初等教育分为扫盲和扫盲后两个阶段：扫盲阶段是针对 15 岁以上的学生，上 1—2 年级；扫盲后阶段是针对 17 岁以上的学生，上 3—6 年级。成人中等教育分为普通教育和职业教育的初、高中阶段。

---

[1] 资料来源于安哥拉教育部网站。

（二）教育机构

与普通教育和职业教育的教学机构一致，成人教育也可以在初等、中等教育机构中进行。但成人教育在内容安排、教育方法、评价方法和授课时间等方面更具灵活性。2016年《教育和教学体制基本法》规定，成人教育是指在一个有组织的系统中，在一个固定的时期内，在适当的学校机构中对成人进行的正规教育。安哥拉在教育系统外也开展一系列有组织的教育活动，目的是为特定的部门或群体服务，提高参与者的能力，使他们能够利用创新和灵活的教育形式，以非常规的方式解决日常遇到的问题。此外，《教育和教学体制基本法》还规定，成人教育可以获得社区、宗教机构、军事机构等社会组织的支持，这些机构都可以安排进行一些教学活动。

（三）扫盲率

2014年安哥拉最近的一次人口普查数据显示，男性识字率为86%，女性识字率却只有58%，没有接受过任何教育的成年人口比例约为30%。[1] 这意味着约42%的妇女和14%的男性是文盲，因此扫盲行动优先考虑的是妇女。

由于安哥拉几乎一半的人口在14岁以下，因此迫切需要解决安哥拉在教育方面与其他国家的差距。许多成年人在青年时期从未进入过国家的教育系统，或虽在教育机构注册过但没有条件继续学习，这使得他们作为成年人很难在变化迅速、竞争激烈、技能要求高的工作场所融入国家的经济生活，也使得他们几乎不可能摆脱极端贫困的恶性循环。

国家成人教育局的数据显示，2010年，安哥拉15岁及以上人口的识字率估计为70%，其中男性为83%，女性仅为57%。截至2015年，全国共有

---

[1] Instituto Nacional de Estatística. Resultados definitivos recenseamento geral da população e habitação–2014[R]. Luanda: INE, 2016.

3 527 665名公民从扫盲行动中受益，扫盲率上升至42.4%。其中，2011年是扫盲行动收效最大的一年，识字的人数增加了28 476人。2015年，成人教育子系统扫盲阶段共招收了1 138 541名学生，与2014年的1 203 198名学生相比略有下降。2015年，923 538名参加扫盲行动的受教育者通过了识字考试，大约占注册学生总数的81%。[1]

表8.1按年龄显示了2015年安哥拉扫盲活动的总体情况。

表8.1 2015年安哥拉扫盲阶段总体数据（单位：人）[2]

年龄	注册 总数	注册 女	完成 总数	完成 女	辍学 总数	辍学 女	不及格 总数	不及格 女
12—15岁	218 782	135 011	174 041	108 792	20 866	11 470	23 875	14 749
16—18岁	202 080	135 453	169 090	113 554	15 463	9 902	17 527	11 997
19—25岁	245 722	166 324	201 580	136 308	229 76	15 424	21 166	14 592
26—35岁	251 591	173 228	204 793	141 871	23 707	15 648	23 091	15 709
36岁以上	220 366	151 043	174 034	119 267	24 272	16 375	22 060	15 401
总数	1 138 541	761 509	923 538	619 792	107 284	68 819	107 719	72 448
百分比	100%	66.88%	81.12%	54.44%	9.42%	6.04%	9.46%	6.36%

表8.1的数据显示，扫盲阶段的辍学率是9.42%，意味着约每10个扫盲阶段受教育者中有1人未能完成学业，也就是说，绝大多数人都能够将扫盲阶段的课程坚持下来。在许多经济不发达的地区，参加扫盲班也许是青少年唯一一次享受受教育的机会。扫盲失败的比例是9.46%，与辍学率

---

[1] Instituto Nacional de Estatística. Anuário de estatísticas sociais–dados de 2011-2016[R]. Luanda: INE, 2018.
[2] Universidade Católica de Angola. Relatório social de Angola 2015[M]. Luanda: UCA, 2016.

大致相当。

从全国范围来看，参加扫盲行动的注册学生中，人数最多的是 26—35 岁年龄组，约占学生总数的 22.10%；16—18 岁年龄组的学生人数最少，但却是扫盲完成率最好的；26—35 岁年龄组的受教育者失败率最高，约为 9.18%。

然而，由于地理状况和家庭条件的限制，各地扫盲督察员无法获得某些文盲的统计数据，并且缺乏必要的监督、援助和补贴资金，这些都对扫盲行动造成了困难。2014 年安哥拉对全国人口进行普查，当年全国的识字率为 65.6%，而超过 63% 的 15 岁及以上人口都居住在城市地区，[1] 这表明文盲大部分集中在农村地区。在全国各地的扫盲班中，妇女都是少数群体，宗法秩序和文化应该是造成性别差异的主要原因。2018 年，成人教育在校生共 8.53 万人。2019 年，扫盲阶段的注册学生数为 53 845 人，其中 41 916 人顺利完成扫盲阶段的学习，通过率约为 78%。[2]

（四）教材

虽然 2016 年《教育和教学体制基本法》规定，安哥拉成人教育的目标之一是"确保民族语言、地方文化和民族文化得到重视"，但除了葡萄牙语外，其他语言的教学和学习材料供应有限。目前提供的扫盲教育中，教材数量和质量参差不齐是最大的问题。在安哥拉很多地方，扫盲教师急需教科书，特别是那些用民族语言编写的教科书。

---

[1] Instituto Nacional de Estatística. Resultados definitivos recenseamento geral da população e habitação–2014[R]. Luanda: INE, 2016.

[2] UNESCO. Quarto relatório global sobre aprendizagem e educação de adultos: não deixar ninguém para trás; participação, equidade e inclusão[R]. Brasília: UNESCO, 2020.

第二节 成人教育的特点

成人教育子系统旨在为15岁以上才接受正规教育的人服务。它采用各种强化和非强化的教育方法和程序，在官方、私立和合作学校，军事和准军事单位，工作中心和农林牧合作社进行，主要目的是帮助青年和成年参与者融入社会的教育和经济发展中去。

一、依靠外部力量，借鉴别国的学习经验

安哥拉成人教育子系统的教育改革，像职业教育子系统一样呈现出了依靠外部力量的特点。安哥拉政府分别借助巴西和古巴的资源，制定了加速扫盲的"建设安哥拉"和"是的，我可以"两种学习方法。

"建设安哥拉"也被称为"巴西方法"，是在巴西籍顾问的支持下开发的，由三个模块组成，不同年级学习不同模块的教学单元内容。扫盲阶段，即小学一、二年级的成人教育接受者参加第一模块的学习。扫盲后阶段，即三、四年级参加第二模块的学习，五、六年级学习第三模块。表8.2和表8.3按年龄组显示了"巴西方法"第二和第三模块的教育成效。

表8.2 2015年安哥拉扫盲后阶段第二模块总体数据（单位：人）[1]

年龄	注册		完成		辍学		不及格	
	总数	女	总数	女	总数	女	总数	女
12—15岁	53 688	29 296	37 232	21 319	7 935	4 023	8 521	3 954

---

[1] 资料来源于安哥拉教育部网站。

续表

年龄	注册 总数	注册 女	完成 总数	完成 女	辍学 总数	辍学 女	不及格 总数	不及格 女
16—18 岁	35 631	22 044	27 729	18 020	3 627	1 818	4 275	2 206
19—25 岁	30 109	19 749	23 809	16 167	2 518	1 451	3 782	2 131
26—35 岁	26 655	18 749	21 891	15 801	2 431	1 544	2 333	1 404
36 岁以上	17 942	12 536	14 597	10 453	1 679	1 103	1 666	980
总数	164 025	102 374	125 258	81 760	18 190	9 939	20 577	10 675
百分比	100%	62.41%	76.37%	49.85%	11.09%	6.06%	12.55%	6.51%

表 8.3 2015 年安哥拉扫盲后阶段第三模块总体数据（单位：人）[1]

年龄	注册 总数	注册 女	完成 总数	完成 女	辍学 总数	辍学 女	不及格 总数	不及格 女
12—15 岁	49 358	26 616	38 020	21 385	4 679	2 052	6 659	3 179
16—18 岁	37 041	20 189	28 109	15 664	4 089	2 011	4 843	2 514
19—25 岁	28 627	17 580	22 481	14 142	2 719	1 571	3 427	1 867
26—35 岁	19 726	11 785	15 720	9 469	1 872	1 012	2 134	1 304
36 岁以上	14 774	9 254	11 521	7 444	1 703	892	1 550	918
总数	149 526	85 424	115 851	68 104	15 062	7 538	18 613	9 782
百分比	100%	57.13%	77.48%	45.55%	10.07%	5.04%	12.45%	6.54%

表 8.2 和表 8.3 的信息显示，2015 年第二模块课程总共招收 164 025 名学生，其中学习通过率为 76.37%，失败率为 12.55%，而辍学率则是 11.09%。这一学年的成绩基本令人满意。第三模块课程共有 149 526 名学生参加，其

[1] 资料来源于安哥拉教育部网站。

中女生占多数（85 424 名），完成率为 77.48%，失败率为 12.45%，辍学率为 10.07%。

"是的，我可以"，也就是"古巴方法"，从名字可以看出是借助古巴的力量设计的。该方法以视听材料作为构思的基础，学生一边观看 DVD 等视频影像，一边由教师进行必要的讲解。视听说的优点是不涉及过多的成本投入，而且只要有电视，成人教育也可以在家里、学校或其他任何地方进行。

目前"建设安哥拉"的方法应用较为普遍。"是的，我可以"则在比耶、万博和本格拉等省得到了应用，效果较为理想，通过三个月不间断的学习可以使受教育者学会读和写，希望这种方法可以向其他地区推广。对于成人教育子系统，特别是对扫盲领域而言，到底采用哪种方法其实并不重要，只要能得到教育部的认可，方法多多益善。

二、依靠私营部门和民间社会的支持，推进成人扫盲教育的实施

在成人教育方面，国家需要依靠私营部门和民间社会的支持。安哥拉教育部已经与不同的合作伙伴签署了协议，以合作来消除安哥拉的文盲现象。虽然国家发挥了主导作用，但来自民间社会的行为者，如教会、非政府组织，甚至私人实体也为成人扫盲和扫盲后教育做出了重大贡献。2012年的数据显示，安哥拉 70% 以上的成人扫盲教育是由政府以外的机构提供的[1]，这是安哥拉成人教育的一大特色。

在安哥拉有各种非政府实体与政府合作，提供成人教育，其中最活跃的机构有安哥拉基督教会理事会、Alfalit 国际（由美国国际开发署支持）、

---

[1] FIGUEIRA S, INÁCIO E. Youth and adult learning and education in Angola[R]. Rosebank: Open Society Initiative for Southern Africa (OSISA), 2012.

安哥拉莫桑比克女性扫盲组织和安哥拉成人教育协会。这些组织使用各种方法，提供不同形式的扫盲和扫盲后教育。一些民间社会组织也参与了国家对文盲率和扫盲活动的审查。

第三节 成人教育的挑战和对策

一、挑战

从安哥拉成人教育的现状来看，成人教育发展水平较低，仍需国家和社会投入大量财力，进一步提高人民识字率。

此外，安哥拉成人教育的管理问题比较复杂。2010年，安哥拉教育部成立了国家成人教育局，内部设置了加速扫盲和扫盲后成人教育部（二级和三级）。扫盲和成人教育由各机构提供，政府发挥协调、资助和监督作用。此外，国家技术教育专业局也设在教育部。由于对成人教育的需求很大，其他一些部委也制定了成人教育方案，尤其是青年和体育部以及公共管理、就业和社会保障部，它们为青年人提供了职业培训方案。

作为中央机构，教育部负责方法指导、控制、监督和制定规范、程序和方案。另有一个多部门的中央管理机构是全民教育全国委员会，隶属于教育部，负责设计、实施、监测和评估《国家全民教育行动计划》的进程。省级教育部门负责成人扫盲方案的实际组织和管理，但是国家和省级部门间经常遇到协调、沟通和资源方面的困难。还有类似的由省长主持的省级委员会，在省一级协调《国家全民教育行动计划》的实施。

国家和民间社会组织之间有合作关系，除了教育部之外，其他各部都有自己的卫生、减贫等计划，而所有这些计划都包含重要的成人教育内容。

特别是在扫盲和扫盲后领域，大部分校外教育是由国家、公共机构、公司和民间社会组织，特别是教会和非政府组织之间的伙伴关系提供的。据估计，目前安哥拉70%以上的成人扫盲教育是由代表民间社会的实体进行的。[1]

二、对策

为进一步推动扫盲运动，安哥拉政府发布了《加强安哥拉青年和成人扫盲和教育的行动计划》[2]，旨在确保高质量和公平的全纳教育，让所有人获得终身学习的机会。2014年人口普查估计的识字率为76%，现在仍有超过400万15岁以上的安哥拉公民不会读写。根据这一计划，结合2020年的情况，预测识字率已达到79.8%左右。

这次扫盲行动计划的目标是加强社会动员，开展一系列活动，提高家庭和企业对参加扫盲班的认识，动员国有和私营企业、工会和民间专业协会，利用一切可以利用的资源，继续实施扫盲方案，尤其是加强对农村地区的成人扫盲力度。政府希望借助这一计划，努力履行本国在区域、非洲和全球就扫盲教育所做的承诺，即《南共体区域指示性战略发展计划》和非洲联盟的《2063年议程》，以及联合国《2030年可持续发展议程》。

2020年，在新冠肺炎疫情的影响下，人们需要遵循社交隔离的要求，安哥拉的扫盲进程被迫减缓。面对这种情况，教育部也实施了一系列措施来减轻停课的影响，其中包括为成人教育的学生设计和指导练习，甚至让一些省份的农业合作社将练习册分发到田间学校。

---

[1] FERREIRA M J S M. Educação e política em Angola: uma proposta de diferenciação social[J]. Cadernos de Estudos Africanos, 2005, 8(7/8): 105-124.

[2] Angola. Plano de acção para a intensificação da alfabetização e da educação de jovens e adultos–EJA–Angola 2019-2022. Decreto Presidencial n. 257, de 12 de agosto de 2019[Z]. Diário de Angola, n. 103.

此外，在《加强安哥拉青年和成人扫盲和教育的行动计划》的框架下，安哥拉政府还提出了诸多倡议，如"家庭无文盲"等。"家庭无文盲"的倡议是安哥拉消除文盲计划的第 3 号行动，号召家庭识字教师可以为那些不识字的人提供指导。家庭识字教师指的是家庭或同一社区内具有一定技能的、语文和数学水平达到六年级以上的成员。他们帮助文字性文盲和功能性文盲进行识字学习，有利于改善安哥拉中小学教育和职业技术教育的落后状况。教育部创造物质和人力条件，与社会力量一起，为每个家庭中不识字的人专门提供了《识字指南》和《家庭识字证书》两本小册子。同样，受教育者的家庭素养也需要提高，各地应根据当地实际情况，安排涉及健康卫生、家庭经济观念、道德、伦理、爱国主义、公民意识等其他学习内容。

第九章 教师教育

2016年颁布的安哥拉《教育和教学体制基本法》规定,教师教育子系统是安哥拉的六个教育子系统之一,其下细分为中等师范教育和高等师范教育。教师教育子系统的总体目标是对教师和其他教育工作者进行必要的业务培训,使他们具备扎实的教学知识和方法,增强责任感,推进他们的终身学习、进修和发展。本章通过梳理安哥拉教师教育的历史与现状,研究教师教育当前的特点、挑战和对策。

第一节 教师教育的发展和现状

一、历史沿革

(一)独立前

在长达5个世纪的葡萄牙统治期间,安哥拉几乎没有培训教师的教育机构,因为早些年负责教学的教师全部都来自葡萄牙。第一批培养小学教师的正式学校叫作初级师范学校,出现于独立前的20世纪60年代。1962年,葡萄牙在其殖民地安哥拉建立了两所初级师范学校（高中），一所在席尔瓦·波尔图市，即现在的库伊托·比耶市；另一所在马兰热，随后因为在马兰热招生人数不足而迁到了罗安达。这是安哥拉教师教育，确切地说是小学教师培训历史的开端。安哥拉师范学校由宗主国葡萄牙的相关机构管辖，在1975年安哥拉国家独立前共建了5所，这些学校都是为了培训小学教师而设置。[1]

随着葡萄牙的大学教育向海外国家的延伸，安哥拉出现了培训中学师资的机构。在当时预备开设的20个高等教育课程中，就有一门是中学教师培训。此时安哥拉面临的新挑战之一是培养有能力的教师。可以说，葡萄牙政府从20世纪60年代起在扩大安哥拉的教师教育学校网络方面贡献很大。

（二）独立后

安哥拉独立后，1975年《安哥拉人民共和国宪法》规定，教育是所有公民的权利，不分性别、种族、民族和宗教信仰。在国家独立两年后的1977年，安哥拉批准了新的国家教育和教学制度，开始对国家的教育体制进行改革。

1977年，安哥拉大约只有25 000名训练不足的教师[2]，新制度的总原则之一就是不断提高教职员工的素质，这一针对教师教育的改革步骤被认为是当时教学改革的优先事项。当时的中等教育里包括了培养专职教师的部门，即教育师范学院，目标是培训专业的中等教师等技术人员。毕业后这些学生所获得的教育与其他中学毕业生水平相当。中等师范教育学制四年，

---

[1] CHIMUCO S M N. A formação inicial de professores em Angola no contexto da reforma educativa: desafios e necessidades[D]. Minho: Universidade de Minho, 2014.

[2] JULIÃO A L. Formação de professores, ensino primário e qualidade educativa em angola: vazios e pontes na relação[J]. Revista Internacional de Formação de Professores (RIFP), 2020, 5: 1-20.

设置了9—12四个年级，招生对象为8年级毕业的学生。在11—12年级的学习中，受教育者要选择1—2个特定专业，如数学/物理、生物/化学、地理/历史、葡萄牙语、英语、法语和学前教育等。学生从教育师范学校毕业后，便可以在基础教育中任教了，可以在1—4年级教授所有课程，或在5—8年级任教两个科目，或者单独从事语言教学。与先前的教育制度一样，独立后，安哥拉对中学教师的培训是由高等院校承担的，即教育科学高等学院。学生可以专攻教育学、心理学、哲学、数学、生物、物理、化学、历史、地理、社会学、葡萄牙语、英语和法语的其中一门，毕业后进入高中任教。

尽管安哥拉在1975年已获得独立，但战争仍在继续，尤其是农村地区的许多学校被毁，学校基础设施也受到了严重的破坏。1986年，教育部对教育系统进行了一次诊断，调查了教育系统的弱点和需求，认为必须进行新一轮的教育改革。而且，安哥拉自1990年开始实行多党政治制度，这些都导致了教育政策的变化。正是在这种不利的情况下，安哥拉开始了第二次教育体制改革的初步准备工作。2001年，安哥拉共和国国民议会批准了《新教育体制基本法》，确定了教师培训是新体制下的教育子系统之一。教师教育子系统包括中等师范教育和高等师范教育，学制为4—6年。除了在师范高中和大学进行教师学历教育外，还设有提高教学水平的长期性培训活动。

此次教育体制改革还包括2002—2003学年开始在全国范围内培养拥有硕士学位的教师，涉及的学科领域包括科学教学、课程理论与发展、数学、安哥拉历史和非洲历史，以及高等教育教学法。这类教师教育主要分布在罗安达、威拉和本格拉三个经济和教育较为发达的省份，目的是为教育问题提供解决方案，以及应对各级新学科的出现。

二、现状

（一）教师教育的基本架构

2016年安哥拉颁布《教育和教学体制基本法》，延续了2001年《新教育体制基本法》中规定的教师教育的基本架构：中等师范教育和高等师范教育。中等师范教育为学前教育、初等教育、普通中等教育第一阶段、成人教育和特殊教育培养师资。高等师范教育则旨在为各级教育子系统培训教师和其他教育工作者，包括为高等教育提供教学和教学辅助工作的人员。

中等师范教育的实施机构是师范学校，面向所有完成9年级教育的学生进行招生，学制4年。此外，师范学校还可以为完成高中学业的受教育者开设职业课程或教学综合课程，课程时长为1—2年。高等师范教育的实施机构是高等教育院校，面向完成高中学业或获得同等学力的受教育者，授课时间不等。高等师范教育包括本科和研究生两个阶段的课程，根据课程不同而授予毕业生学士、硕士、博士学位或专业文凭。

（二）教师数

内战结束后，在安哥拉政府的努力下，安哥拉师资队伍总体呈现逐步扩大的趋势，2014年教师数总体上大幅增加至199 443名，2015年略有减少，降至185 105名。[1]

表9.1的数据显示，小学及学前班教师人数从2012年的108 326人增加到2015年的126 118人，新增教师17 792人。2015年初中注册教师41 258人，高中注册教师17 725人。与2014年相比，2015年教师人数有所减少，

---

[1] 资料来源于安哥拉教育部网站。

原因是财政资源有限，无法招聘新教师，如果有教师退休或死亡，空缺也无法填补。

表9.1 2012—2015年安哥拉教师数（单位：人）[1]

教育阶段	2012年	2013年	2014年	2015年
小学及学前班	108 326	114 257	143 264	126 118
初中	40 708	41 348	41 988	41 258
高中	11 716	12 891	14 191	17 725
总数	160 750	168 496	199 443	185 101

（三）教师培训

安哥拉重视教师和其他教育工作者的进修和发展。根据2016年《教育和教学体制基本法》的规定，中等师范教育的教育工作者应当到教师培训中心进修，高等师范教育的教育工作者应在高等师范教育领域的高等院校寻求专业化培训。此外，政府还会授权一些专门机构，为教育工作者提供职业发展培训。

教师的初始培训和持续培训是教育领域最重要的政策之一，对确保教学质量至关重要。对教育领域的教师、专家和研究人员的培养，旨在全面提高其教学质量，尤其是使他们在在读、写、计算和生活所必需的实际技能方面有效地提高教学效果。

近年来，教育制度改革的内容之一是在教育心理学和科学两个领域对教师进行强化培训。全国教师协会在一些省份进行的评估和检查发现，许多教师的教学和科研准备水平仍然很低。教师的学历亟待提高，业界普遍认为缺

---

[1] 资料来源于安哥拉教育部网站。

乏教师学历的助教与有教师学历的教师之间比例失调。助教是指自身学历较低且没有教学准备的辅助教学人员，目前具有7、8年级学历的助教人数正在减少，9年级学历的助教仍占多数。教育部的规划是到2030年使所有小学教师都具备相应的教师学历和教育学、科学技能，取消助教制。[1]

安哥拉在全国建立了多个教学影响区，主要工作内容：一是教师远程持续培训；二是教师初始培训。这种做法是在诊断当地需求后，为寻找本地解决方案，在学校中就地提高教师水平而采取的行动。师范院校将在以下四个方面向教学影响区提供支持：①继续对无学历教师的培训工作进行投入；②做好教师监测和评估；③继续加强学校教学和行政管理的专业化和组织化；④确保学生能够获得课本和其他学习材料。

表9.2显示了不同教育阶段的教师在2012—2015年参加培训的人数。

表9.2 2012—2015年安哥拉培训教师数（单位：人）[2]

教育阶段	2012年	2013年	2014年	2015年
学前教育	—	146	674	770
小学	17 320	20 810	27 467	30 915
初中	35 998	43 372	51 195	49 925
总数	53 318	64 328	79 336	81 610

由表9.2可以看出，师范院校提供的教师培训人数，从2012年到2015年逐年增加。2012年共有53 318名学员，到了2015年增加至81 610名，增加了约53%。与2012年相比，2015年小学师资培训增长量为78.5%，初中师资培训增长量为38.7%。同样可以看出，学前教育教师非常欠缺，教师培

---

[1] 资料来源于安哥拉教育部网站。
[2] 资料来源于安哥拉教育部网站。

训机会也远远不足。

表9.3显示，从接受教师教育培训的学科分布来看，以2015年为例，初中的师资培训特别强调历史/地理学科，约占所有人数的29.3%；其次是生物/化学学科，人数比例约为20.6%；再次是葡萄牙语和公民道德教育（约为18.2%）以及数学/物理（约为15.3%）等专业。初中教师的初始学历还远远不能满足国家的需求，应鼓励他们在高等教育领域加强进修学习。

表9.3 2012—2015年安哥拉初中培训教师数及科目分布（单位：人）[1]

科目	2012年	2013年	2014年	2015年
数学/物理	5 172	6 690	7 144	7 639
历史/地理	12 303	13 526	16 818	14 642
生物/化学	8 889	10 063	11 135	10 293
葡萄牙语和公民道德教育	6 440	7 570	9 092	9 070
英语和公民道德教育	1 070	1 588	1 747	1 933
法语和公民道德教育	853	1 231	950	1 019
视觉造型教育	921	830	231	292
公民道德教育	268	666	2 771	2 716
体育	82	1 208	1 307	2 321
总数	35 998	43 372	51 195	49 925

（四）教师评价体系

在教师评价体系方面，国家通过法令规定须对教师绩效进行考核，考

---

[1] 资料来源于安哥拉教育部网站。

核的重点是教学活动、专业学科和补充任务。另外，国家还颁布《中小学教师、教学技术人员和教育管理专家职业新章程》，建立教育绩效评估体系，规定教师的义务。在此背景下，教育部建立的评价模式具有诊断、控制与学习和分层与分类三种功能。评价方法、技术和手段也都纳入了评价体系。

第二节 教师教育的特色

一、多语言和多文化的国家

安哥拉是一个多语言和多文化的国家，有以班图语为母语的民族语言群体，它还以印欧语系的葡萄牙语作为官方语言和教学语言。在安哥拉，教师这一职业不仅需要掌握相应的科学知识和方法论，还必须掌握必要的语言和文化知识。教师必须同时掌握这些知识，才能有助于胜任教学工作。

二、教师是多语言使用者

安哥拉教师是多语言使用者。教师需要会讲教学语言葡萄牙语和至少一种民族语言（如居住地省份的语言或者父母的语言等），因为在多语言的家庭和社会背景下，父母每人至少会讲两种语言，有时彼此之间用不同的语言交流，并且在社会交往中，通常也用一种以上的语言进行沟通。虽然安哥拉要求教师需掌握学校的教学语言葡萄牙语，但是仍有许多教师在葡萄牙语的阅读和写作方面存在困难。教师需要适应教学所在地的语言环境，因为在某些城市需要用民族语言来传授教学内容。

在安哥拉，教师需具有强烈的爱国意识，应该为国家的发展和创造更好的社会环境做出贡献。当然，教师也很容易受到社会和经济变化的影响，比如，有的教师认为教师的形象已经发生了变化，教师没有受到足够的重视，教师的工资水平低等。总之，许多时候教师由于无法获得规范性文件，对教育系统的认识难免不全面，对教育改革不太了解，所以教师要具有一定的反思能力。

第三节 教师教育的挑战和对策

一、挑战

在安哥拉，经济和社会进程构成了教育发展的大背景，深刻地影响着教师的状况和表现。即使不考虑这些因素，许多与教师准备工作直接相关的科学和教学方面的问题，也使目前安哥拉的教师培训受到了影响，致使教师教育的许多目标无法实现。

教师专业知识获取不足是安哥拉教师教育面临的最大挑战。在安哥拉，教师在教学过程中需要大量使用各方面的知识，这不仅涉及专业学科内容，还包括教育学和心理学等各方面的知识。在为小学教育和初高中培养教师时，存在教师技能发展不足的局限性。教师培训过程中学习内容和手段的局限性加剧了未来教师教学技能的不足。

例如，师范类课程教学法的特点是，教师在简单的重复和再现中展示、传递信息的倾向性很强。在培训中，教师仍然只将知识视为一个产品，而不是一个构建过程，所以在培训中没有将研究的态度贯穿于整个教学训练过程中。此外，在目前的教学课程模式下，教师只将一些理论知识和技术内容灌输给了学生，实际操作仅有几个小时而已，这一点儿时间实在太微不足道了，无法使学生扎实地掌握所学知识，这是另一个局限性。在教师培训过程中，学科内的教学实践活动没有得到充分的开展，科学知识的产生过程也没有得到充分表现。教师教育的学习者受到传统教学法的制约，忽略了与教育相关的哲学、历史、社会学和人类学等许多方面，所以教师的质量和水平难以提升。[1]

按照安哥拉现在的师范院校课程设置，教学实践活动被集中放到了课程的后半部分，这就导致学生在短时间内很难发展成专业的教师。首先，这与教师教育的培训者相关。安哥拉教育科学高等学院的目标是对教师进行初始培训，根据国家教育系统的各个层面的不同要求，为他们将来的职业身份做准备。但是大多数情况下，培训者本身并不具备教师的职业能力，他们往往只是因为自己毕业于教育科学高等学院而直接变成了教育的培训者，或者从行政工作岗位走上了讲台，最初的培训环节制约了教师教育的培训质量。其次，实习是初始教师培训课程中的另一个"阿喀琉斯之踵"。通常教学实践是以不规范的方式进行的，学生只需要上四节实践课就能满足获取相应学位的实践要求，而这远远达不到成为专业教师所需要的实践锻炼。在将来的工作中，学生需要马上进行课堂教学实践，因此他们往往面临着由学生到教师角色转变的巨大困难。

高等教育学院教学课程的另一个缺陷是，它没有培养受训者（即未来的教师）开展教学活动的必要技能和对社会文化背景的敏感性。师范课程并没有提供足够的空间，让受训者以严谨、深入和批判的态度去了解他们所要从事的具体教育阶段的历史进程和社会条件。这最终导致受训者的教

---

[1] CARDOSO E M S. A formação inicial de professores em angola: problemas e desafios[C]//Actas do X congresso internacional galego-português de psicopedagogia. Braga: Universidade do Minho, 2009.

学实践变得仅仅是技术性的、机械性的重复，也使受训者缺乏与时俱进和创新的精神。

二、对策

教师职业所需的知识和技能只能在科学和教学水平较高的专业培训框架内获得，因此，安哥拉政府的有关部门必须把教师培训理解为一个永久的动态变化过程。对未来教师的初始培训，仅仅是贯穿其整个职业生涯的第一阶段。有关部门要为教师创造激励条件，对教师工作进行有效监督，以便通过对教师行为的反思逐步克服困难。教师的持续培训和学历的提高，会让普通教育中的学生长期拥有教师的指导，为提高农村地区的学习和教育质量、增加贫困人口的受教育机会提供条件。在任何教育体制中，教师都起着非常重要的作用，他们不仅负责传授重要技能、知识以及道德价值观，还要在社区中构建更好的环境，尤其是在偏远地区和城市中的贫民窟里。

诚然，教师的素质是促进教学质量的关键维度之一，而专业培训是提高教师素质的重要一环。没有教师队伍的正常发展，就没有有效的教育改革。然而，在饱经战火和贫困的安哥拉，教师的专业发展以及教育系统的改革仍是长期的挑战。社会、民族和国家也面临着来自历史进程的挑战，特别是最近几年，安哥拉在经济、政治、社会和文化方面发生了深刻的变化，引发了包括教育在内的不同领域的问题。由于无法保障广大民众获得文化、社会和经济产品，教育受到了来自各界的深刻质疑。但是，自安哥拉开始教育改革以来，政府做出的努力也应该得到承认，教育部门正在努力提高教育质量。就教师教育系统而言，迫切需要增加国家总预算投资。安哥拉的教育科学高等学院，即目前的高等师范学校，要符合当前安哥拉社会对学习计划和方案的要求，培训教师发展科学技术所需的技能以及培养越来越有能力，有反思、批判和研究精神的教师。从理论联系实践的角度出发，受训者应当深入课堂进行教学实践，学会如何调动学生的学习积极性，从而进行有效的师生互动，创设良好的班级氛围。

此外，为了培养出更多合格的教师，安哥拉高等师范院校要根据其学生的特点和社会文化条件，探求有效的课程规划和教学模式。这些专业教学人员应具有广泛的知识背景，其专业表现应能够适应科学技术发展带来的新挑战。

第十章 教育政策

本章选取安哥拉近年来的重要教育法律法规、政策规划等，通过分析解读，探讨安哥拉教育的发展方向。

第一节 法律与政策

一、法律法规

2016年10月7日，安哥拉国民议会通过了《教育和教学体制基本法》[1]，确立了教育和教学体制的基本原则，取代了2001年12月31日颁布的《新教育体制基本法》。

《教育和教学体制基本法》旨在为公共政策和国家项目的实施创造有利的条件，确保国家社会经济实现振兴和发展，并完善国家治理体系。《教育和教学体制基本法》规定，教育体系通过为全民提供贯穿一生的、高质量的教育来促进人的发展，并优化教育全过程，推动各领域的科技研究和创

---

[1] 法律原文见安哥拉高等教育、科学、技术和创新部官网，译文见附录。

新；培养具有爱国主义精神、讲道德、讲伦理的公民；为促进就业，拉动经济增长，维护社会正义、人道主义和多元民主提供保障。《教育和教学体制基本法》为采取措施优化教育和教学体制的组织、运行以及各子系统间的内在联动性提供了可能。

《教育和教学体制基本法》共分为如下七个部分：总则，教育和教学体制基本原则，教育和教学体制的组织，其他教育形式的目标和组织（特殊教育、校外教育、远程教育、半面授教育），人力、物力和财力资源，教育和教学体制的行政管理，最终和过渡性条款。

《教育和教学体制基本法》对教育和教学体制基本原则进行了重新定义，即依法治理、确保教育的完整性和普遍性、有效的国家干预、保证服务质量、保证对公民进行爱国主义价值观的教育和培养；保持六个教育子系统的统一性，即学前教育子系统、普通教育子系统、职业技术教育子系统、教师教育子系统、成人教育子系统、高等教育子系统；强化和丰富六个子系统的相关规定，以增加它们之间的协调性，确保教育质量的持续提升。《教育和教学体制基本法》强调促进青年人综合素质的协调发展，培养他们的开拓创新精神，并为踏入职场做好准备。同时，《教育和教学体制基本法》认可手语作为听力障碍者的教学语言，通过改善人力、物力、财力等条件，推广和普及语言教学，尤其是加强国际通用语言的教学。《教育和教学体制基本法》还涉及各教育子系统和教学形式的统一构建，明确了初等、中等和高等教育机构的性质、类型和名称；明确了各子系统教育机构的资金支持办法，并根据规范的价格制度，制定了教育机构的学费、报酬和其他费用的额度。此外，《教育和教学体制基本法》还界定了不同教育层次和各教育子系统的最低入学年龄，明确了由国家特定行政机关对公共教育机构实施监督。《教育和教学体制基本法》规定，凡是完成中等技术教育或中等师范教育而没有服役的学生，以及大学毕业生和硕士、博士毕业生都需要提供两年的劳动服务；要根据不同教育层次和子系统的培养目标，扩大对合格劳动力的利用。

总之,《教育和教学体制基本法》是对《新教育体制基本法》的更新、调整和完善,更加适应安哥拉和全球教育系统的新变化、新形势。

二、政策规划

(一)《国家发展规划(2018—2022 年)》[1]

《国家发展规划(2018—2022 年)》是安哥拉继《国家发展规划(2013—2017 年)》之后,在现行国家计划体系范围内实施的第二个中期计划,旨在促进国家的经济社会全面发展。《国家发展规划(2018—2022 年)》具有前瞻性的特征,涵盖国家、行业和省级规划,并执行《安哥拉 2025 年长期战略》中的部分发展方案。《国家发展规划(2018—2022 年)》关于教育方面的主要发展目标如下:

——建立公平的教育体系,为全民提供受教育和培训的机会;

——减少青年和成人文盲;

——确保学前教育的发展;确保全民接受免费的初等义务教育;

——发展职业技术教育,确保与中、高等教育和职业培训体系相衔接;

——确保合格人才和高素质人才的培训,以满足经济发展和知识创新的需求,大力改善中、高等教育和高级培训;

——培养适应新的教学大纲和教学方法的教师队伍,使其成为真正的教学专业人员。

---

[1] 资料来源于安哥拉政府官网。

为实现以上目标,《国家发展规划(2018—2022 年)》明确了教育政策的重点干预领域,有关学前、初等和中等教育方面的内容如下:

——根据当前和未来学前教育、初等教育和中等教育对合格教师的需求,调整和完善教师培训;
——改善和扩大托儿所、幼儿园等学前教育规模,并确保 5 岁儿童入学接受义务教育;
——提高中小学入学率,提高学校教育质量,改善学生学业表现不佳的情况,并对有特殊需求的学生给予包容和支持;
——促进和完善职业技术教育与培训,确保学生有更多机会到企业实习,并根据劳动力市场的需求增加技术和专业课程;
——加强对年轻人和成年人的扫盲和教育;
——改善学生的身体和健康状况,使学校成为一个具有包容性和幸福感的空间。

有关高等教育方面的内容如下:

——改善高等教育机构网络,扩招本科生,增加本科和研究生课程数量,提升硕士和博士培养的质量;
——开发高等教育评估和认证系统;
——与专业研究人员、装备精良的实验室以及国际研究和传播网络建立联系,共享国家和国际数据,促进大学和研究中心的研发。

《国家发展规划(2018—2022 年)》着重实施如下行动方案:

——师资队伍培养和管理方案;

——学前教育发展方案；

——提升初等教育质量方案；

——发展普通中等教育方案；

——改善职业技术教育方案；

——强化年轻人和成年人扫盲教育方案；

——提高高等教育质量和发展科技研究方案；

——校园社会活动、健康、体育方案。

(二)《安哥拉教育2030》[1]

《安哥拉教育2030》是《安哥拉国家教育发展计划（2017—2030年）》的简称，于2017年开始实施。该计划方案原名《安哥拉教育（2015—2025年）》，于2015年11月在安哥拉首届教育大会上宣布制定，后于2016年11月更名为《安哥拉教育2030》。该计划属于《安哥拉2025年发展战略》和《国家发展计划（2013—2017年）》的一部分，并且包含了安哥拉与联合国教科文组织合作开展的"全球全民教育框架"的六个基本目标。

《安哥拉教育2030》被视为对教育活动中所有的利益相关者来说都简单易懂的短期、中期和长期指南，旨在帮助建立现代化教育体系，培养合格的公民，使他们能够具备必要的知识以适应新的社会发展需求；旨在制定教育和教学系统的中长期行动方案，涉及各教育子系统、不同教育层次和教育形式；同时，促进制定年度和多年期行动方案，使之与公共政策的实施和必要的资金支持相适应。《安哥拉教育2030》基于对安哥拉第二次教育改革建立的教育体系的全面诊断，明确了教育领域的优先任务：①发展学前教育；②发展初等教育；③发展普通初中教育；④发展普通高中教育；

---

[1] 资料来源于安哥拉教育部网站。

⑤改善中等职业技术教育；⑥建立和发展教师培训；⑦加强成人教育；⑧发展高等教育；⑨加强其他教育形式的发展；⑩加大对教材等教育资源的投入；⑪重构学习评估体系；⑫重构教育巡视督导体系；⑬实施教育系统评价体系。

1．发展学前教育

在学前教育方面，《安哥拉教育 2030》制定的总体目标是：确保所有年满 5 岁的儿童都可以全面享受优质的学前义务教育。学前教育重点实施项目如下：

（1）采取公私合营的方式，在居民聚集区开办幼儿园，优先考虑缺乏小学设施的农村地区；

（2）在现有或即将建造的小学开设最多可容纳 36 人的班级，确保学前班的运行；

（3）根据学前教育运行的需求，聘任足够数量的具备专业教育背景和资质的教师；

（4）针对学龄儿童的父母、教育主管和社区开展宣传活动，宣讲学前教育对于推动社会经济发展和提高家庭生活水平的重要影响；

（5）为居住在学校 1 公里外的学生提供校车接送服务；

（6）提供体制和物质保障，确保学前教育的义务性和免费性，并确保学生免费获得教材和学习用品。

以 2014 年全国人口普查为基础，2014—2030 年安哥拉学前教育需达到的指标要求见表 10.1。

表 10.1 2014—2030 年安哥拉学前教育指标（单位：人）[1]

指标	2014 年	2017 年	2022 年	2025 年	2030 年
年满 5 岁儿童人口数	889 600	1 015 102	951 635	1 052 904	1 167 366
学前教育入学儿童数	602 388	668 608	795 542	882 994	1 050 629
净入学率	67.7%	65.9%	83.6%	83.9%	90%
毛入学率	72.5%	69.6%	86.5%	85.7%	90%
延迟入学的学生百分比	6.6%	5.4%	3.4%	2.1%	0

2．发展初等教育

在初等教育方面，《安哥拉教育 2030》制定的总体目标是确保所有在入学年 5 月 31 日前年满 6 岁的儿童，全面享受优质的初等义务教育。初等教育重点实施项目如下：

（1）在所有省份修建小学，每间教室最多可容纳 36 名学生，以确保所有接受完学前教育的 6—12 岁儿童享有免费小学义务教育，居民聚集区和农村缺乏小学的地区予以优先考虑；

（2）重新制定课外活动方案以防止辍学，改善学习条件，增进学生对学校的感情；

（3）通过机制改革制定提升初等教育质量的新举措，比如，优化小学课程大纲，提高小学教师培训课程质量；

（4）根据初等教育运行的需求，聘任足够数量的具备专业教育背景和资质的教师；

（5）针对学龄儿童的父母、教育主管和社区开展宣传活动，宣讲初等教

---

[1] 表内数据源自《安哥拉教育 2030》。

育对于推动社会经济发展和提高家庭生活水平的重要影响；

（6）为居住在学校 1 公里外的学生提供校车接送服务；

（7）提供体制和物质保障，确保初等教育的义务性和免费性，并确保学生免费获得教材和学习用品；

（8）为游牧和移民群体提供替代性教育模式；

（9）制定应对紧急情况（如自然灾害）的教育政策；

（10）规范教育和教学体制内所有级别的收费行为，坚决打击教育违法收费和投机行为；

（11）开展"我爱我校，我校最优"项目，促进各校之间的竞争，以此优化学校的组织、教学和行政管理。

以 2014 年全国人口普查为基础，2014—2030 年安哥拉初等教育需达到的指标要求见表 10.2。

表 10.2　2014—2030 年安哥拉初等教育指标（单位：人）[1]

指标	2014 年	2017 年	2022 年	2025 年	2030 年
6—11 岁儿童人口数	4 533 391	5 228 941	5 934 012	5 856 398	6 519 732
初等教育入学儿童数	3 523 962	3 877 496	4 547 280	5 003 477	5 867 759
净入学率	77.7%	74.2%	76.6%	85.4%	90%
毛入学率	114.5%	101.6%	93%	96%	90%
延迟入学的学生百分比	32.1%	27%	17.6%	11.4%	0

此外，在初等教育阶段，《安哥拉教育 2030》就语言教育和学习进行了规划，包括安哥拉七种民族语言和外语。在民族语言教学方面，重点实施项目如下：

---

[1] 表内数据源自《安哥拉教育 2030》。

（1）将关于安哥拉民族语言的研究融入教学中；

（2）编写、出版和推广民族语言教材；

（3）培养精通民族语言和教学法的师资；

（4）将民族语言课程纳入非大学教育的教学大纲，以普及民族语言学习；

（5）在18个省内开展对民族语言教学的监管和评估。

在外语教育方面，《安哥拉教育2030》将英语课和法语课纳入初等教育教学大纲，并加大对小学英语和法语教师的培训投入。

3．发展普通初中教育

在普通初中教育方面，《安哥拉教育2030》制定的总体目标是：确保所有12—14岁的儿童全面享受优质的普通初中义务教育。普通初中教育重点实施项目如下：

（1）在所有的教育机构中实施学校教育项目和微型项目，以促进参与式管理；

（2）数学是科技发展的基础，继续鼓励开展"数学奥林匹克"竞赛，以此作为提升数学教学质量的重要手段；

（3）将"科学博览会"打造成科学启蒙的重要空间，鼓励师生探求新知；

（4）聘任足够数量的接受过专业培训的合格教师，以应对初中教学的挑战；

（5）拟定"社会动员计划"，加强学校-家庭-社区关系；

（6）为居住在学校2公里外的学生提供校车接送服务；

（7）提供体制和物质保障，确保初中教育的义务性和免费性，并确保学生免费获得教材和学习用品；

（8）推动实施针对流动学校和其他替代教学模式的监管评估行动计划，

以服务移民、游牧等群体；

（9）制定应对紧急情况（如自然灾害）的教育政策；

（10）制定解决辍学和班级年龄差距的方案；

（11）规范教育和教学体制内所有级别的收费行为，坚决打击教育违法收费和投机行为；

（12）在教育机构逐步启用心理教育和专业支持办公室；

（13）使公立学校的校务委员会制度化；

（14）推进针对教学结果的季度性分析和评估，以找出瓶颈和优化学校（管理者、教师和学生）业绩的解决办法；

（15）协调教育系统、教育总体目标、教学大纲、学校组织和管理，以应对培养公民的挑战；

（16）在各级教育机构长期开展业绩评估。

以2014年全国人口普查为基础，2014—2030年安哥拉普通初中教育需达到的指标要求见表10.3。

表10.3 2014—2030年安哥拉普通初中教育指标（单位：人）[1]

指标	2014年	2017年	2022年	2025年	2030年
12—14岁儿童人口数	1 836 816	2 103 060	2 673 465	3 045 877	2 865 561
初中教育入学儿童数	476 796	606 423	905 413	1 151 568	1 719 337
净入学率	26%	28.8%	33.9%	37.8%	60%
毛入学率	51.2%	50.1%	47.6%	46.7%	60%
延迟入学的学生百分比	49.3%	42.4%	28.8%	19.1%	0

[1] 表内数据源自《安哥拉教育2030》。

4．发展普通高中教育

在普通高中教育方面，《安哥拉教育2030》制定的总体目标是：为所有普通初中毕业的15—17岁青少年提供优质的普通高中教育。普通高中教育重点实施项目如下：

（1）在所有的教育机构中实施学校教育项目和微型项目，以促进参与式管理；

（2）数学是科技发展的基础，继续鼓励开展"数学奥林匹克"竞赛，以此作为提升数学教学质量的重要手段；

（3）将"科学博览会"打造成科学启蒙的重要空间，鼓励师生探求新知；

（4）促进女童教育，以确保教育和教学系统中的性别平衡；

（5）聘任足够数量的接受过专业培训的合格教师，以应对高中教学的挑战；

（6）拟定"社会动员计划"，加强学校-家庭-社区关系；

（7）制定应对紧急情况（如自然灾害）的教育政策；

（8）规范教育和教学体制内所有级别的收费行为，坚决打击教育违法收费和投机行为；

（9）在教育机构逐步启用心理教育和专业支持办公室；

（10）使公立学校的校务委员会制度化；

（11）推进针对教学结果的季度性分析和评估，以找出瓶颈和优化学校（管理者、教师和学生）业绩的解决办法；

（12）根据本级学校的标准模式建造学校和配套设施；

（13）协调教育系统、教育总体目标、教学大纲、学校组织和管理，以应对培养公民的挑战；

（14）在各级教育机构长期开展业绩评估。

以2014年全国人口普查为基础，2014—2030年安哥拉普通高中教育需达到的指标要求见表10.4。

表 10.4 2014—2030 年安哥拉普通高中教育指标（单位：人）[1]

指标	2014 年	2017 年	2022 年	2025 年	2030 年
15—18 岁青少年人口数	2 134 001	2 400 027	3 014 840	3 478 563	4 034 496
高中教育入学青少年数	323 590	437 364	722 640	976 719	1 613 798
净入学率	15.2%	18.2%	24%	28.1%	40%
毛入学率	21.1%	23.8%	28.3%	31.1%	40%
延迟入学的学生百分比	28%	23.4%	15.2%	9.8%	0

5．改善中等职业技术教育

在中等职业技术教育方面，《安哥拉教育 2030》制定的总体目标是：确保对学龄人员、求职者和工人进行技术和职业教育与培训；培养学员具备从事某项职业和专业活动的技能；满足国家对适应新技术发展要求的专业合格劳动力的需求；加强对劳动的重视，鼓励学习对社会有益的劳动技能，改善生活条件；培养发展国民意识所必需的习惯和态度；为建立在美德、公民意识和爱国主义价值观基础上的研究和培育打造科学基础；巩固专业技能，为职业生涯和提高生产率做准备。中等职业技术教育的相关政策措施如下：

（1）修订《职业技术教育改革》；

（2）拟定将中等教育和高等教育、职业培训衔接起来的技术教育的基础文件；

（3）根据国家人才培训计划和职业培训计划，制定创建新课程计划；应考虑新课程的地区分布，遵循当地的生产结构类型和现有劳动力市场的需

---

[1] 表内数据源自《安哥拉教育 2030》。

求，在学校数量少的省份扩大培训课程的数量和多样性；

（4）制定国家级和省级新培训课程筹备和启动年度计划；

（5）组织规划新培训课程运营所需的基础设施和设备；

（6）规划新培训课程实施所需的人力资源；

（7）发布职业技术教育师资队伍章程；

（8）推动职业技术教育的教师和管理者在教学、技术和组织方面的能力培训；

（9）评估职业技术教育的就业能力；

（10）促进职业技术教育公共和私人推广者的多样性，尤其在启动重要新培训课程方面；

（11）指定包括企业在内的公共和私人机构，通过协议或其他方式建立合作伙伴关系，推动当地培训计划的实施；

（12）加强对学校管理者在组织和管理方面的培训；

（13）通过信息和观察系统，组织对职业技术教育就业水平的分析。

以 2014 年全国人口普查为基础，2014—2030 年安哥拉职业技术教育需达到的指标要求见表 10.5 和表 10.6。

表 10.5 2014—2030 年安哥拉基础职业技术教育指标（相当于初中）（单位：人）[1]

指标	2014 年	2017 年	2022 年	2025 年	2030 年
12—14 岁儿童人口数	1 836 816	2 103 060	2 673 465	3 045 877	2 865 561
基础职业教育入学儿童数	14 101	20 844	114 418	170 844	257 900

---

[1] 表内数据源自《安哥拉教育 2030》。

续表

指标	2014 年	2017 年	2022 年	2025 年	2030 年
基础职业培训参与率	1.5%	1.98%	9%	12%	15%

表 10.6 2014—2030 年安哥拉中等职业技术教育指标（相当于高中）（单位：人）[1]

指标	2014 年	2017 年	2022 年	2025 年	2030 年
15—18 岁青少年人口数	2 057 586	2 400 027	3 014 840	3 478 563	4 034 496
中等职业技术教育入学青少年数	121 053	221 246	387 171	486 726	652 651
职业技术教育参与率	5.7%	9.2%	13.6%	14%	16.2%
通过率	75%	78.8%	85%	88.8%	95%
留级率	21.9%	18.8%	13.5%	10.3%	5%
辍学率	3%	2.4%	1.4%	0.8%	0%
职业技术教育毕业率	4.4%	4.7%	4.8%	4.7%	4.5%
升入高等教育的青少年百分比	5.7%	9.2%	12.8%	14%	16.2%
进入劳动力市场的青少年百分比	75%	78.8%	85%	88.8%	95%

6．建立和发展教师培训

《安哥拉教育 2030》关于教师培训体系的总体目标与《教育和教学体制

---

[1] 表内数据源自《安哥拉教育 2030》。

基本法》第 44 条的相关内容一致，即：对教师和教育管理人员进行必要的培训，以实现各教育子系统的教育总体目标；培养具有扎实的科学、教育、技术、实践和方法论知识基础的教师和教育管理人员；培养提高民族意识所必需的习惯、技能、能力和态度；培养诚实、爱国、尽责的公民，使教师和教育管理人员担当起教育的重任；持续开展教师发展行动；针对不同专业领域的人才开展教育培训，使其承担教学任务。教师培训重点实施项目如下：

（1）建立关于教职员工的培训、招聘、履历等职业信息系统；建立用于监测培训、招聘、履历的数据库；

（2）确定各教学级别和学科的教师在数量和质量上的需求；拟定教师和其他教育人员需求规划；

（3）制定教师培训政策；审定教师培训项目和大纲；教育监督制度化；继续教育和远程培训机制化；

（4）拟定教师专业教育课程档案；

（5）开办学前、小学和初中教学法研究生课程，以培养教师培训师；提升师范学校教师的能力；建立针对师范学校的支持项目；

（6）对教师培训课程开展质量评估和制度评估。

以 2014 年全国人口普查为基础，2014—2030 年安哥拉中等师范教育（学前教育和初等教育教师培训，相当于高中水平）需达到的指标要求见表 10.7。

表 10.7　2014—2030 年安哥拉中等师范教育指标（单位：人）[1]

指标	2014 年	2017 年	2022 年	2025 年	2030 年
15—18 岁青少年人口数	2 057 586	2 400 027	3 014 840	3 478 563	4 034 496

[1] 表内数据源自《安哥拉教育 2030》。

续表

指标	2014 年	2017 年	2022 年	2025 年	2030 年
初中毕业后参加中等师范教育的学生数	85 738	88 738	93 738	98 738	103 738
通过率	68.3%	71%	80%	85%	90%
留级率	28%	18.4%	13%	10%	7%
辍学率	3.7%	10.6%	7%	5%	3%
中等师范教育毕业率	88.4%	90%	92%	95%	97%

7．加强成人教育

《安哥拉教育2030》关于成人教育的总体目标是：针对扫除文盲和解决入学延迟问题开展教育行动；在全国范围内消除青年和成人文盲；解决入学延迟问题；实现高净入学率。成人教育重点实施项目如下：

（1）调整学校设施和教学结构，接收参与特定教育支持计划的儿童和青年，帮助他们完成学习周期；

（2）为超过常规教育入学年龄的青年和成人提供成人教育；

（3）继续推进成人识字计划，直至消除所有成人文盲；

（4）在工作地点实施扫盲计划；

（5）在农村地区加强成人扫盲运动。

根据上述项目的实施动态，将开展以下行动以确保项目的持续性：动员公私企业部门、工会和社会专业协会积极参与；解决人力资源方面的问题；提升各教育层次的识字率；为成人教育提供人力、物力、财力支持，直到成人高中；在全国各省开展巡视；就弃学和留级的成因开展调查研究；重启安哥拉多民族语言识字计划。

以 2014 年全国人口普查为基础，2014—2030 年安哥拉成人教育（初等扫盲）需达到的指标要求见表 10.8。

表 10.8 2014—2030 年安哥拉成人教育（初等扫盲）指标（单位：人）[1]

指标	2014 年	2017 年	2022 年	2025 年	2030 年
15 岁及以上人口	13 498 440	15 053 347	18 227 227	20 552 582	24 901 402
15 岁及以上人口识字率	66%	88%	93%	100%	100%
参与识字计划的青年和成人人口（1—2 年级）	1 203 198	473 638	334 542	0	0
参与识字计划的青年和成人人口（3—6 年级）	387 734	378 849	317 901	317 756	317 702
通过率	81%	83%	85%	87%	90%
留级率	10%	9%	8%	7%	5%
辍学率	9%	8%	7%	6%	5%

成人中等教育针对小学毕业并延迟入中学的青年和成人，目前还在试行阶段。

8．发展高等教育

《安哥拉教育 2030》关于高等教育的总体目标是：为高中或同等教育水

---

[1] 表内数据源自《安哥拉教育 2030》。

平毕业且通过高等教育入学考试的学生提供优质的高等教育；重申高等教育是公民、组织、社会机构和整个国家发展的重要因素之一。高等教育重点实施项目如下：

（1）开展研究生层次的教师培训；

（2）完善从事高等教育管理和技术工作人员的培训；

（3）实现高等教育部服务信息化；

（4）支持和鼓励高等教育机构的科研工作；

（5）鼓励捐赠教学支持设备；

（6）提高高等教育机构获取图书资料的能力，并对获取的资料进行编目；

（7）提升国家高等教育研究评估管理局的能力；

（8）建造和配置学术基础设施；

（9）落实奖学金政策，促进社会经济平等。

以2014年全国人口普查为基础，2014—2030年安哥拉高等教育需达到的指标要求见表10.9。

表10.9 2014—2030年安哥拉高等教育指标（单位：人）[1]

指标	2014年	2017年	2022年	2025年	2030年
19岁及以上人口数	11 524 961	12 685 866	14 888 615	16 648 660	20 314 522
直接就业岗位数	—	170 375	18 262	18 815	19 775
高等教育教师数	—	8 961	9 408	9 693	10 188
公立高等教育机构教师数	—	4 072	4 280	4 410	4 635

[1] 表内数据源自《安哥拉教育2030》。

续表

指标	2014 年	2017 年	2022 年	2025 年	2030 年
教辅人员数	—	8 424	8 853	9 122	9 587
每 10 万居民中高教学生数	—	935	842	794	722
高教入学学生数	—	265 078	278 600	287 041	301 683
毕业生数	—	16 953	39 112	71 350	218 519
高教招生额度	—	115 887	198 755	277 241	488 787
公立高教机构录取比	—	1∶2	1∶2	1∶2	1∶2

9．加强其他教育形式的发展

《安哥拉教育 2030》关于特殊教育制定的总体目标是：将特殊教育纳入所有教育子系统中，以确保具备条件的残障学生享有受教育的权利。特殊教育将重点实施如下行动和项目。

行动：

（1）本着包容性的原则，向民众宣传特殊教育；

（2）创办《安哥拉特殊教育》杂志；

（3）创办有关特殊教育的宣传报刊；

（4）设计有关特殊教育的宣传单；

（5）举办有关特殊教育的国内和国际工作坊；

（6）扩大特殊教育服务；

（7）普及特殊教育政策；

（8）培养从事特殊教育的专门人才；

（9）为特殊教育编写或筹备教材，制造专门的教学设备；

（10）进行相关研究与调查。

项目：

（1）从包容性角度出发，重新制定师范教育机构特殊教育的内容；

（2）调整教学大纲；

（3）分析病房情况；

（4）分析自闭症情况；

（5）分析学龄儿童听力障碍发病情况；

（6）扩大儿童早期特殊教育服务；

（7）增加特殊教育服务室数量；

（8）开发特殊教育质量评估系统；

（9）举办特殊教育区域会议；

（10）举办视力障碍区域会议；

（11）开展助盲、助聋活动；

（12）开展残障成人扫盲计划。

以 2014 年全国人口普查为基础，2014—2030 年安哥拉特殊教育需达到的指标要求见表 10.10。

表 10.10 2014—2030 年安哥拉特殊教育指标 [1]

指标	2014 年	2017 年	2022 年	2025 年	2030 年
需要特殊教育的人口数（人）	28 467	—	—	—	—
根据特殊教育需要而调整的学校数	所有普通教育学校			
所有教育子系统开展特殊教育的机构数（所）	775	1 550	4 650	9 300	18 600

[1] 表内数据源自《安哥拉教育 2030》。

续表

指标	2014年	2017年	2022年	2025年	2030年
所有教育子系统专门从事特殊教育的机构数（所）	20	23	43	86	173
特殊教育服务室数（间）	28	86	173	618	1 236

《安哥拉教育 2030》关于校外教育的总体目标与《教育和教学体制基本法》的相关内容一致，即：鼓励培养团结互助、团队合作和积极参与社区生活的精神；确保个人潜力和能力协调发展；加强个人间知识和经验的交流；提供就业指导，培养开拓精神；加强学校和科研机构、生产单位、慈善组织及其他机构之间的联系；开展以克服学习困难、解决学习问题为导向的研究活动；通过娱乐、体育、文化和社会教育活动，确保创造性地利用业余时间。校外教育重点实施项目如下：

（1）编写《道德和公民教育》课程大纲（从初中开始设置该门课程）；

（2）在所有公立小学制定和实施"国家学校午餐政策"；

（3）制定和实施"国家学校健康政策"；

（4）在全国所有学校普及体育课；

（5）制定"全国体育课教学政策"；

（6）建造和完善学校体育活动设施；

（7）建立市级校车网络。

《安哥拉教育 2030》关于远程教育和半面授教育的总体目标与各教育子系统的目标一致，其政策措施均在制定中。

10．加大对教材等教育资源的投入

《安哥拉教育 2030》关于加大对教材等教育资源的投入的总体目标是：为全国各教育子系统的所有教师发放更新后的课程大纲、教学计划和教材。

教育资源重点实施项目如下：

（1）重新制定新的教学材料（课程大纲、教学计划、教材等），使之适应知识时代的技术发展要求；

（2）完善教学材料分发网络；

（3）编写学前、小学和初中教师培训教材，编写普通初等教育（物理和生物、经济和法律、人文科学和视觉艺术）和职业技术教育教材。

2014—2030年安哥拉教育资源需达到的指标要求见表10.11。

表 10.11　2014—2030 年安哥拉教育资源指标 [1]

指标	2014 年	2017 年	2022 年	2025 年	2030 年
配备可饮用水的学校占比	40%	45%	60%	80%	100%
配备学生卫生设施的学校占比	72%	77%	85%	90%	100%
配备教师卫生设施的学校占比	76%	80%	88%	95%	100%
配备电力、网络和电脑的学校占比	40%	50%	65%	80%	95%
配备实验室的中学占比	43%	50%	60%	75%	95%
配备图书馆的中学占比	20%	30%	50%	70%	95%
配备残障人士设施的学校占比	22%	35%	55%	75%	95%
配备体育设施的学校占比	46%	50%	60%	75%	95%

---

[1] 表内数据源自《安哥拉教育2030》。

11．重构学习评估体系

《安哥拉教育2030》关于重构学习评估体系的总体目标是：提高所有教育子系统和教育层次的教与学的质量。重构学习评估体系重点实施项目如下：

（1）编写中小学学习评估参考标准；

（2）重新设置国家考试；

（3）对安哥拉国民的数学能力和学习水平进行评估；

（4）对安哥拉国民的读写能力进行评估；

（5）制定学前教育、初等教育和中等教育的国家课程标准；

（6）重审南部非洲教育质量监测联盟的评估工具，使其适应重构后的学习评估体系；

（7）对学前教育、初等教育和普通中等教育课程大纲进行评估。

12．重构教育巡视督导体系

《安哥拉教育2030》关于重构教育巡视督导体系的总体目标是：巩固教育巡视督导重构和振兴的过程，确保教育巡视督导体系适应教育服务大发展的时代背景。教育巡视督导体系重点实施项目如下：

（1）加强国家教育巡视督导办公室的职能：招收合格干部（行政和督导人员）以满足安哥拉教育系统的特殊性；培养一批国家督导人员，负责维护安哥拉虚拟督导社区平台的长期运行；制定国家教育巡视督导办公室干部评估办法，促进干部职能自我评估。

（2）资源方面：规划人力、物力和财力资源，确保教育巡视督导在全国各省全面落实。

（3）督导人员工作合法性方面：建立快速有效的工作机制，通过《教育督导人员职业特别章程》，避免督导人员在履行职责过程中出现懈怠、违规等行为；调整督导工作手段，使之适应各教育层级和教育子系统的特殊性；定期调整国家督导活动发展政策，使之适应各级干预层面。

（4）统计规划方面：绘制各教育层级的学校地区分布图，以确定各省所需的教育督导人员的比例和各校巡视次数/频率；制定各校、各市和各省行动方案的实施规划。

（5）机构合作和国际合作方面：恢复与联合国教科文组织国际教育规划研究所的联系，签署补充条例，提升国家教育督导培训师的工作能力，设立安哥拉虚拟督导社区平台，并培训平台的运营人员和各省联络人员；通过各省、各部门之间的互访学习以及参与国际活动交流认识和经验。

（6）巩固新的运作模式方面：制定中学教育督导新运作模式发展方案，包括普通初高中教育、特殊教育、教师教育、职业技术教育和成人教育；组织教育督导人员、教育部领导干部、省级科技和教育领导、其他教育政策负责人召开交流会，促进督导新模式的宣传和协作；制定具体的督导覆盖学校年度工作计划。

（7）培养新模式督导人员方面：加强国家督导培训师队伍建设，提升培训和管理能力；组建省级督导培训师队伍，确保督导培训项目在地方的有效落实；制定地方督导培训方案，使资源的调配和管理更便利。

（8）出版、文献、信息方面：编写一部关于安哥拉1975—2015年教育督导发展的著作；重新编写5本督导人员培训教材；制作广告和其他印刷材料，加大对教育督导的宣传；开办教育督导网站。

（9）对督导过程和结果及时监管方面：制定中央赴省级督导组巡视计划，对督导人员的工作进展和困难进行审查；制定督导监管计划，确保国家督导培训师参与督导工作的方法指导。

（10）评估方面：制定教育机构定期内部评估计划，对督导工作及时纠偏；制定"安哥拉重构教育巡视督导计划"评估方案。

13. 实施教育系统评价体系

《安哥拉教育2030》关于教育系统评价体系的总体目标是：对教育系统的所有教育和教学机构的表现和结果进行评估。教育系统评价体系重点实施项目如下：

（1）评估教育政策的落实；
（2）监控评价体系对学校和社会的影响；
（3）提出并监督国家各种考试的举办；
（4）为国家参与外部评估提出方案；
（5）为教育机构认证制度提出规范。

第二节 实施与挑战

安哥拉的教育政策与独立后开展的教育改革密不可分。本节通过梳理安哥拉的教育改革，分析安哥拉教育战略的演变以及教育政策实施过程中遇到的问题和挑战。

一、安哥拉教育战略的演变

（一）第一次教育改革（1976—2000年）

独立后的安哥拉面临的是宗主国葡萄牙建立起来的殖民教育体系，本土人民接受教育的机会十分有限，识字率极低。因此，第一次教育改革的主要目标是打破殖民文化，建立重视安哥拉本土文化且以安哥拉社会文化价值为基础的教育体系。当时教育领域的状况是基础教学资源匮乏、师资稀缺，薄弱的教育体系造成了高文盲率，急需制定具体的教育政策以降低文盲率、重审教学内容、拟定教师培训计划并修建新校舍。1977年，安哥拉通过了《全民教育国家行动计划》，旨在扩大国民享受基础教育的机会，尤其是实行1—4年级的免费教育。政府鼓励家庭参与学校、工厂、部队、社区、农业合作社等组织的扫盲教育。为了发挥多民族语言在文化传播和传承方面的支撑和纽带作用，1987年安哥拉通过了"使用多民族语言扫盲计划"，并且成立国家语言研究所开展语言教学和研究活动。

这一时期的教育改革被认为是安哥拉实现国家变革的基本战略，通过教育改革在独立的国家基础上维持政治意识形态上的统治。所以，教育不仅是让人民学会读和写的问题，还需要让人民知晓社会、政治、经济、文化等领域的知识，懂得社会生存法则和政治社会关系。总之，该阶段的教育战略注重"量"的提升，即扩大人民的受教育机会，建立适应新独立国家政府自治和经济发展需要的教育系统。

（二）第二次教育改革（2001—2014年）

1986年，安哥拉教育部对基础教育展开诊断。诊断报告指出：薄弱的基础教育是遏制教育系统发展的主要因素之一；教育系统受内战的影响存在诸多问题，如教师、学生、课程大纲、教学过程、教育管理、教育设施等；以上问题的存在源自第一次教育改革的错误的出发点，即根除殖民教育体系。报告还指出，第一次教育改革制定的目标脱离了安哥拉经济、政治、社会、文化发展的实际情况，未考虑国家在教育领域的实际投入，即资源条件与教育实际需求不符。[1] 以诊断报告为基础，安哥拉开始进行新的教育改革。

---

[1] Ministério da Educação. Cronograma e estratégia de implementação da Lei de Bases do Sistema de Educação: vol. 6[Z]. Luanda: 2004.

2001年12月31日,《新教育体制基本法》的颁布为新教育体制的确立奠定了基础。新基本法旨在确保儿童享受教育,降低青年和成人文盲率,提高教育质量,应对安哥拉发生的社会经济变化。新基本法与之前的教育法的根本区别体现在第6条,即民主问题和对政治自由、党派自由的尊重问题,这是国家和文化统一的基本条件。[1]第二次教育改革涵盖安哥拉教育的所有方面,主要包括扩大学校网络、提高教学质量、促进教育系统的效率和公平,其目的是对建立在一党制基础上的原有教育系统进行重组,融入民主、政治和文化自由的原则,使之适应多党制、市场经济的实际,落实联合国提出的全民教育政策,提升人类发展指数。

这一时期的教育改革更注重"质"的提升,强调教育系统的完整性和各教育子系统之间的连贯和协调。在教育结构上,初等教育扩展至6年义务教育,体现出对基础教育的倾斜和重视;中等教育划分为初中(7—9年级)和高中(10—12年级)两个阶段;职业技术教育为4年,毕业后相当于9年级(之前体制里毕业后相当于8年级);高等教育在原有本科教育的基础上,增加了硕士、博士研究生教育。在教育公平上,更加注重平等对待所有安哥拉人受教育的权利,注重实现入学机会和教育过程的公平,推动教育的普惠性。

(三)"安哥拉教育"计划(2014—2030年)

继第二次教育改革之后,基于安哥拉教育部和教育改革行动跟踪委员会在2014年完成的"教育改革总体评估",为了修正和巩固教育改革的成果,安哥拉于2015年开始制定和实施《安哥拉教育2030》计划,并于2016年颁布《教育和教学体制基本法》。安哥拉政府将这一阶段教育领域的发展

---

[1] NGULUVE A K. Política educacional angolana (1976-2005): organização, desenvolvimento e perspectivas[D]. São Paulo: USP, 2006.

规划称为"安哥拉教育",旨在建立现代化教育体系,培养合格的公民,使他们能够具备必要的知识以适应新的社会发展需求。

这一阶段教育领域有 13 个优先任务,除了关注各级各类教育的均衡发展外,还构建学习评估体系、教育督导体系、教育系统评价体系,体现出教育的效率、公平和质量的多维度兼顾。

总体来说,安哥拉独立后的教育战略演变体现在如下三个方面:①教育发展战略从单一地注重某一层次或某一种类的教育,向全面、系统地看待教育转变,即从片面发展职业技术教育到向基础教育倾斜,再到促进各级各类教育均衡发展;②从片面强调教育的外在经济价值到把教育作为一种政治权利,再到关注个人发展的内在价值转变;③从片面追求教育的"量"到强调教育的"质",再到兼顾教育的效率、公平和质量,体现教育的公益性、普惠性和包容性转变。

二、问题与挑战

(一)第一次教育改革

1976—2000 年的第一次教育改革阶段,安哥拉重建教育体系面临如下困难。一是当时的师资队伍都是殖民教育培养起来的,学历低,知识储备少,仅局限于教授葡萄牙语和其他基本课程。二是由于资源匮乏,新教材的编写和新师资培养方案的制定难度较大。三是国内政治力量之间的较量给和平局势带来严重威胁。1993—2002 年,党派之间为争夺政治权力和控制经济大动干戈,将和平、民主和社会福祉抛之脑后。内战造成了国内基础设施的破坏,接受基础教育的学生数量和教学质量大幅下滑,学校扩建项目难以落实。四是重建教育体系所需的政治架构和行政组织还保留着殖民主义元素，如臣服、集权、歧视等。

因此，第一次教育改革制定的扩大入校学生数量这一目标并没有达到预期效果，反而带来了新的问题：每班学生数量过度集中；学校缺乏能力接纳数量众多的学生，无法满足他们的需求；基础设施、物质条件、教育管理等方面的限制给教学活动的开展带来重重困难；复读率高，且在就读第二阶段（5、6年级）之前辍学的人数增加；由于缺乏教师培训项目，师资学历水平低下（一般5、6年级毕业的给1—4年级授课）。

要实现教育平等和免费，国家须处于和平阶段，并且人民在政治思想上要拥有自由。但是，这一阶段的安哥拉国情恰恰与之相反，各政治派别争夺权力，缺乏对教育的适当投入，教育平等和免费只不过是权力争夺者们政治上的哗众取宠之计。[1] 当时的教育系统的组织和管理高度集中，垂直依附式的组织架构限制了地方教育管理结构的自主性。地方无法根据当地的文化、语言特征而制定适合本地的教育体系。例如，在使用乔奎语、金邦杜语、温本杜语等民族语言的省份，如果不考虑当地独特的文化传统，不使用民族语言编写教材，很难在不懂葡萄牙语的人群中开展教学活动。

从教育系统的覆盖范围看，当时的学前教育并没有得到政府的重视，而是家庭更加关注学前教育。由于缺乏就近的学校和招生名额，大多数儿童是在6岁或7岁开始就读学前班，而非国家规定的5岁或6岁接受学前教育。此外，内战也阻止了学前教育的发展：一方面，国家的财力和物力均集中到军事领域；另一方面，家庭迫于内战颠沛流离，不具备让子女到学校稳定学习的条件。

从20世纪70年代末到21世纪初，除了教育，安哥拉的其他社会问题也未得到有效解决。例如，卫生健康领域，儿童死亡率令人担忧；43%的14岁以下儿童深受内战影响。1995年，150万名儿童遭受身体、心理和情感

---

[1] NGULUVE A K. Política educacional angolana (1976-2005): organização, desenvolvimento e perspectivas[D]. DSão Paulo: USP, 2006.

第十章
教育政策

创伤，其中84万名儿童属于重症，50万名儿童死于内战。[1] 学前教育是教育的初始阶段，对后续阶段的教育起到了决定性作用。但是，内战不仅影响了儿童的启蒙学习，更影响了他们身体和心理的成长。可见，内战时期，虽然安哥拉在某些时候支持保护人权和关注儿童等国际公约，但是并未很好地遵守和履行儿童权利保护国际法。此外，安哥拉对于内战时期遭受非人道待遇的儿童并没有确切的统计数字。即使在停战后，由于道路和桥梁被毁，统计工作无法到各地进行，所以失学、没有医疗服务和食品供给的儿童数量得不到准确统计。

一项由联合国儿童基金会支持的研究（1998年）显示，安哥拉缺乏重视儿童的公共政策，儿童初级保健亟待改善。[2] 安哥拉卫生部于2003年提交的《千年发展目标》中显示，当年有7.5万个0—5岁儿童死亡。根据安哥拉国家统计局和联合国儿童基金会的数据，1998年，每1000个新生儿中有274人死亡，高于莫桑比克（214人）和赞比亚（202人），比尼日尔（320人）状况稍好；2002—2005年，这一数值有所下降，新生儿死亡率降至每千人190.5，但是相较于发达国家的每千人低于30，这个比例还是相当高的。[3] 在安哥拉，麻疹、疟疾、急性腹泻、急性呼吸道感染是儿童死亡的主要原因。安哥拉卫生部在报告中指出：政府应承担起责任，解决儿童营养、妇女儿童健康、环境卫生等方面存在的问题，应关注0—5岁儿童的健康和教育。外界很难判断安哥拉是否已经实现了在2015年将5岁以下儿童死亡率降低三分之二的目标，因为内战时期很多偏远地区都处于政府控制之外，随着停战后新区域的开放，统计数据不断变化。联合国儿童基金会、

---

[1] NGULUVE A K. Política educacional angolana (1976-2005): organização, desenvolvimento e perspectivas[D]. São Paulo: USP, 2006.

[2] UNICEF. Documentos: um futuro de esperança para as crianças de Angola: uma análise da situação da criança[R]. Luanda, 1998.

[3] Ministério do Planeamento, Sistema das Nações Unidas em Angola. Objetivos de desenvolvimento do milênio[R]. Luanda, 2003.

联合国教科文组织、安哥拉国家儿童研究所等机构组织都曾为解决和改善上述问题做出了努力，但由于资金有限，随着情况日益恶化，援助只是杯水车薪。2000年，仅有1%的适龄儿童接受了学前教育；2005年，由于总人口的增长和从邻国避难的安哥拉人民的回归，这一数值仅为1.2%。[1]

在基础教育方面，由于各省在政治稳定、经济社会、行政管理等方面的差异，基础教育政策的落实和发展水平不均衡。1990—1998年，虽然基础教育入学率从45.5%增至55%，并在2005年达到63.4%，但是高文盲率仍然是阻碍国家发展进步的重要因素。教育与国家的其他生产活动是分不开的，维持教育与国家经济生活之间的平衡至关重要。没有对教育的适当投资，就不会有科技的进步。如果对教育实行改革，必然要重新构建教育的管理和投资体系，否则就无法推动文化的进步和发展。此外，男生比例高于女生，这是由于安哥拉社会缺乏对女性参与社会活动的重视和鼓励造成的。基础教育的状况严重影响了后续教育层次的发展。

在中等教育方面，由于基础设施的匮乏，学生在基础教育毕业后面临上学难的问题，尤其是越高的年级，招生数量越少。性别比例上，就读中等教育的男生多于女生，但是在个别省份，比如纳米贝、本格拉、万博，女生占比高于男生，因为这些地区的年轻男性多被征兵。大多数中学生毕业后不再读大学，一方面是由于高等教育基础设施匮乏，招生名额有限；另一方面是由于缺乏社会条件和国家的激励政策。此外，与基础教育一样，中等教育也呈现出年级越高失学人数越多的情况。这是由留级率高、高年级空缺少等原因造成的。

在高等教育方面，学生数量较少，每10万名居民中仅有54名大学生；教育资源多集中在罗安达；学生毕业率低，每5名注册学生中仅有1—2名

---

[1] FRANCISCA E S. História recente da educação em Angola. 1ª Semana Social Nacional 99 : Educação para uma cultura de paz, dezembro 23-28, 1999[C]. Luanda.

能够拿到学位。[1]很多学生由于经济条件限制、学科教师缺乏、挂科数量多等原因无法完成学业。

在成人教育方面，基础设施、资金支持、师资等条件极为有限，归根结底在于政府缺乏重视，将大量预算用于军队和中央机构，成人教育发展困难。这一时期的成人教育主要由非政府组织和宗教组织承担，政府仅扮演监督、评估的角色。大多数接受成人教育的学生是工人或家庭支柱，只能夜间上课学习，但由于电力匮乏，很多地区的晚上课程无法正常开展，很大程度上影响了教育质量。另外，教师学历低，城区的成人教育教师一般为8年级毕业生，只有基础教育学历；郊区教师则是6年级水平，而农村教师仅有4年级水平。在注册的学生中，一半以上的学生难以完成学业。

1997年，安哥拉教育部颁布振兴扫盲教育的政策，由国家主导制定成人教育的规范。从1976年11月国家扫盲运动开始到2000年，共有近283万安哥拉人脱盲，这一数值并不高，主要原因如下：政治局势不稳定，大批居民颠沛流离，不少高文盲地区的扫盲计划遭到中止；安哥拉走上多党制和市场经济道路之后，出现了经济衰退，扫盲运动未能适应新的政治、经济和社会变化；教学方法与成人的学习心理、习惯等不适应；教学内容与教学对象的职业、社会、经济背景脱钩，缺乏实用性；使用民族语言进行扫盲教育未得到充分落实，尤其在农村地区；扫盲后继续教育缺失。

总之，第一次教育改革推动了独立后的安哥拉在教育领域的进步，主要体现在增加了一部分人受教育的机会，而这部分人在殖民地时期很少，甚至根本不可能接受正规教育。教育规模的扩大改善了人力资本的储备，使国家的人口识字率得到了提升。但是内战严重影响了教育进步，制约了决策者的选择，使教育政策难以落实，对教育领域的有限投资使在校生数量和教育质量停滞不前。

---

[1] CONJIMBI L. Situação da educação em Angola: grandes centros urbanos. 1ª Semana Social Nacional 99 : Educação para uma cultura de paz, dezembro 23-28, 1999[C]. Luanda.

（二）第二次教育改革

尽管安哥拉颁布了《新教育体制基本法》，并且政府一再强调教育改革涵盖教育各个方面的重要性，但是实际情况并不尽如人意。一方面，地方决策机构（省、市教育主管机构）与学校，尤其是小学之间的关系疏远，二者在教育教学方面协作较少，工作接触仅限于行政领域。另一方面，落实教育改革提出的教育创新和提升教学质量方面暴露出不少问题，例如，初等教育由4年延长至6年后，缺乏足够数量的合格教师承担教学任务；没有具备专门学科背景的教师讲授劳动课、体育课和其他教改引入的新课程；教学材料未实现在全国的普及和免费分发，尤其是评价材料（学生平时成绩记分册等）严重缺乏；高等教育虽然开设了研究生教育层次，但是由于缺乏基础设施和师资，并未在全国普及。

2009年，梅内泽斯[1]对安哥拉的三个省份（罗安达、万博、威拉）的第二次教育改革落实情况进行了调研。三个省的调研结果从侧面反映了教育改革的实施问题。

第一，对照教育改革的目标，平等受教育的机会没有实现；初等教育不是免费的；关于将学校打造成当地具有自主权和资源的学习中心的计划，基本未落实；在改善入学条件和降低辍学率方面，没有开展有效的行动。

第二，在教师领域，优先原则和行动并未得到实施，具体表现在：对于没有专业资质的教师，未制定专门的进修计划对其进行培训；对新型教师，未制定新的、鼓励工作的激励措施；学校建设和修复、学校办公用品配置、校餐提供等项目未落实。

第三，从教育改革实施的年度安排上来说，准备期并没有妥善落实相关政策，致使后续的改革阶段受到严重影响。例如，"制定新的课程计划和

---

[1] MENEZES M A. Um olhar sobre a implementação da Reforma Educativa em Angola: estudo de caso nas Províncias de Luanda, Huambo e Huíla[R]. Luanda, 2010.

大纲"虽然取得了一定成绩，但是未能在全国的学校，尤其是农村地区的学校广泛分发，且未按预计时间在一些年级进行试用；参与师资和学校管理者培训的人数极为有限；"采购教学设备""建造和修复校舍"等均未按预期安排实施。

第四，诸多因素影响了新的教学材料的使用：缺乏教室（很多农村地区的教学是在树下开展的）或每个教室容纳50—90人，与教育改革制定的每班35人的标准相差甚远；低工资和简陋的工作条件使得校长、教师和教育督导人员缺乏工作动力；由于财力原因，学生家长和教育主管在购买教学材料上缺乏积极配合；分发到各校的教材数量严重不足，即使是参与实施教育改革的学校也面临相同问题。

第五，在教育行政管理方面，地方的教育主管机构与学校、教师、学生家长等就学校的教育计划、活动安排、规章制度、预算等问题缺乏沟通，教育部有关教育行政管理的政策措施未能在地方得到落实。

总之，虽然第二次教育改革在增加受教育人口、建造校舍、提升职业技术教育课程量、编写新教材、组织师资培训方面取得了一定的成效，但是问题重重。例如，学校数量不足；学校距离居民区较远；学校缺乏水、电、课桌、图书馆、电脑等设施条件；缺乏教材和其他教学资源；农村地区教师数量不足；缺少提供给教师和学生的交通工具；对教师和校长缺乏基础和持续的培训；学校缺少膳食的供应；市镇教育局和学校缺少最基本的财力资源；由于薪资待遇差导致的教师缺乏工作动力；教师专业水平有限，导致学生学业表现不佳，数学、葡萄牙语等基础学科成绩差；降雨造成课堂中断等。

（三）"安哥拉教育"计划

安哥拉中央和地方的各级组织和机构负责"安哥拉教育"计划的管理

和实施。其中，安哥拉教育部是该计划的行政领导机构，负责教育政策的指导、管控和实施。此外，教育部与其他部委机构（如高等教育、科学、技术和创新部，卫生部，社会行动、家庭和妇女促进部，青年和体育部，内政部）协作，确保该计划的实施。教育部设立技术协调组，负责制定该计划的实施方案，并且负责协调教育部与其他监管部门、地方教育机构的联络。教育部领导委员会负责对该计划的实施进行管理和评估，提供咨询和支持。地方权力机构和省市镇教育主管机构负责该计划在地方上的全面落实。

"安哥拉教育"计划里设定的目标与联合国可持续发展目标中教育领域的内容一致。要达到这些目标，安哥拉需要加大对教育的投入。在公共政策范围内，安哥拉教育部要在国内和国外寻找合作伙伴，共同努力实现教育目标。为了确保该计划的全面落实，安哥拉需进一步提高教育管理水平，明确中央和地方的各自职能，改进职能的履行情况，给予学校和当地社区更多的自主权。这对有效利用教学资源和提高教学质量非常重要。教育部对计划的实施进行及时的跟踪和评估，对教育管理者和教师采取激励机制，有利于计划的迅速落实。

总之，安哥拉教育政策的实施推动了教育的长足进步，但是仍然面临巨大的困难和挑战。政府要制定并执行一系列内部连贯、能够反映国家现实和愿望、能够有效解决教育和培训领域出现的严重问题的教育政策。这些教育政策包含三个要素，即调整、复兴和选择性扩充。新政策的实施离不开管理实践的改进。世界银行在《撒哈拉以南的非洲教育政策——调整、复兴和扩充》一书中对这三个方面进行了说明，具体如下。[1]

调整包括两个方面。

（1）教育资金的筹措需多样化。通过扩大公共教育的成本分担，以及官方对教育服务的非政府性供给持更为宽容与鼓励的态度，可以实现这种多样

---

[1] 世界银行政策研究. 撒哈拉以南的非洲教育政策——调整、复兴和扩充 [M]. 朱文武，皮维，张屹，译. 杭州：浙江大学出版社，2008.

化。例如，国家让教育和培训的受益者承担这些服务所需实际成本的更大份额，考虑鼓励建立私有和私人资助的中等和高等教育机构，放宽当前阻碍这些学校运作的限制，鼓励当地团体或非政府组织建造学校，为学校筹集资金和管理学校；国家还可以让学生和家庭承担更多与教育无关的食宿和其他生活费用，要求学生去做目前由非教学员工承担的教学或行政辅助性工作（如教学设施的保管、地面的保养、文秘等）；国家引入或提高公立学校的学费等。这些政策的目的都在于减少政府分担的教育成本比重，所以政策的执行需要逐步展开，要合理解决发生的问题，避免对教育公平造成影响。

（2）控制单位成本，即在各个层次的教育系统中，降低每名学生或每个完整教育周期的经济成本，包括降低建设成本和提高物质设施使用率，改变教师和非教学员工的报酬支付方式和雇佣方式。

复兴是指通过恢复教育设施的活力，恢复和提高教育质量。复兴包括三个方面的措施。

（1）确保每一间教室、每一个学生都有教学所必需的最低限度的教学材料，切实解决教材的生产、分发和资金筹集问题。

（2）加强考试评估系统，恢复重视学术标准。

（3）在物资设备和器材的运转和维护方面加大投资。

选择性扩充是指在调整和复兴措施稳步推行以后，审慎地、深思熟虑地扩充特定的教育服务。选择性扩充包括四个方面的内容。

（1）重新推进初等教育的普及，给国家带来最高的经济和社会回报。

（2）推动远程教育计划，这是有效解决学生获得中等教育、中等后教育和教师继续教育的有效途径。

（3）加大职业技术培训，服务中途辍学和没有接受过正规教育的人，使他们获得劳动力市场所需的工作技能。

（4）促进研究生教育和科研，高度专业化的人才对国家的未来建设非常重要。

为确保政策在制定以后得到有效执行，中央政府部门和地方、学校层面应提高管理能力。中央政府部门可以考虑下放部分权力，只保留必要职能。地方和学校要保证能有效获取和使用重要的教学资源。此外，有关部门还要跟踪、监督和评估政策的落实，解决教育系统各个层次的激励机制问题。

第十一章 教育行政

根据安哥拉《教育和教学体制基本法》第102条规定,安哥拉教育和教学系统行政管理机构分为中央和地方两个层级。其主要职能是规划、定义、领导、协调、管控、监察、评估教育和教学系统,从规范和方法上对教学活动和科学教育研究进行规划和指导。中央和地方的教育管理机构与地方权力机构依法协作,共同完成对教育和教学系统的行政管理。在中央政府一级,就教育和教学系统发展问题设立了广泛的协商空间,教育和教学系统各级行政管理机构的职能范围和相互关系受法律约束。本章从中央政府和地方政府两个层面分析安哥拉教育行政管理模式。

第一节 中央教育行政

一、行政管理机构

安哥拉中央政府设有三个部委负责教育行政管理:教育部,负责初等教育、中等教育和部分学前教育等工作;高等教育、科学、技术和创新部,负责高等教育工作;社会行动、家庭和妇女促进部,负责部分学前教育工作。

（一）教育部

教育部的主要任务是制定、协调、执行和评估有关教育系统的国家政策，包括学前教育、初等教育、中等教育、特殊教育和校外教育，并且在促进提升人口素质的国家政策范畴内，将教育政策和培训政策有机结合。现任教育部部长是路易莎·玛丽亚·阿尔维斯·格里洛女士，副部长帕切科·弗朗西斯科负责学前教育和普通教育，副部长吉尔多·马蒂亚斯·若泽负责职业技术教育。教育部组织架构见图11.1。

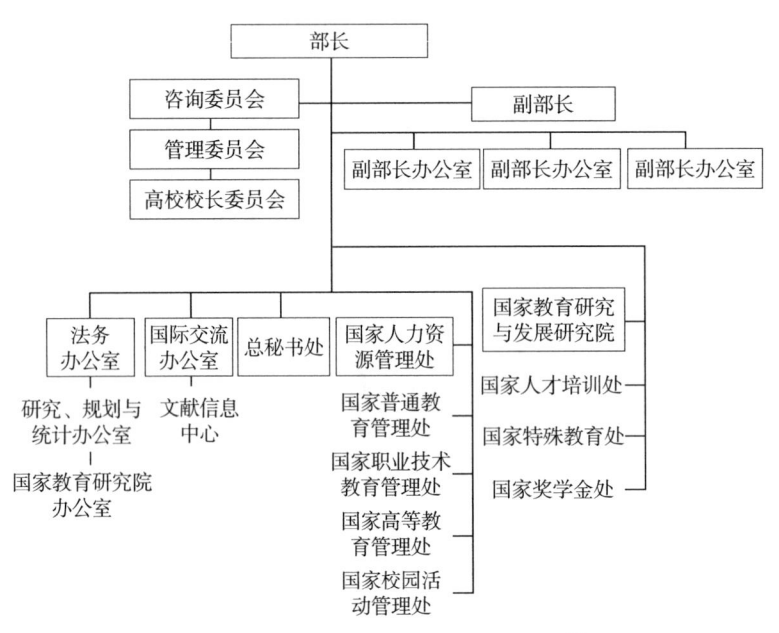

图 11.1　安哥拉教育部组织架构[1]

从图11.1可以看出，教育部的部门设置分为核心工作部门和辅助工作部门两大类。其中，核心工作部门包含两类。

---

[1] 资料来源于安哥拉教育部官网。

一是负责咨询支持的咨询委员会、管理委员会和高校校长委员会。咨询委员会负责为政府的教育政策建言献策、提供方案，管理委员会负责协助部长协调各项工作活动，高校校长委员会负责协助部长处理高等教育方面的问题。

二是负责技术和行政辅助的法务办公室、国际交流办公室、总秘书处、国家人力资源管理处和副部长办公室。法务办公室负责对所有法律技术事务方面的咨询、研究进行监督管理，下设研究规划与统计办公室和国家教育研究院办公室；国际交流办公室负责建立并维护教育部与国际组织机构之间的联系，下设为部领导提供有关安哥拉教育的国内和国际新闻摘要并且对所有资料进行信息化处理的文献信息中心；总秘书处负责普通行政事务，以及预算、资产、信息技术和公共关系等事务；国家人力资源管理处负责制定、执行和管控人力资源管理政策，下设普通教育管理处、职业技术教育管理处、高等教育管理处和校园活动管理处。

辅助工作部门是国家教育研究与发展研究院，负责开展教育研究、开发课程和教材，促进高等教育以外其他教育子系统的教学改进，下设人才培训处、特殊教育处、奖学金处。人才培训处负责协调管理学前教育和普通教育师资队伍、教师培训师、教育行政管理人员的培训事务；特殊教育处负责制定、执行和管控残疾青少年儿童教育政策，改善残疾青少年儿童的身体状况和心理问题，帮助他们获得知识、习得技能、独立自主地融入社会；奖学金处负责落实国家奖学金政策。

教育部的主要职能包括：制定和推动执行有关学前教育、初等教育、中等教育、特殊教育和校外教育的政策；与负责就业和专业培训领域的政府部门一起，制定和促进教育和专业培训政策的实施；与其他政府部门一起，参与教育、职业培训政策与其他国家政策之间的协调，特别是与推广葡萄牙语、家庭支持、社会包容、公民权益、保护环境和促进健康有关的国家政策；确保公民受教育的权利和接受义务教育，防止辍学，提高人口素质，促进终身教育；确保教育和学习条件，提升学生的学业表现，促进机会平等；推动教育创新；定义国家课程的标准和学生的评估制度，并批准教学大纲和实施计划；规划和管理公立教育机构网络，同时考虑私立和合作教育方面的举措；通过指导、监督和检查教育机构的活动，实现对教育系统的规范管理；促进学校的自主权，支持其开展教育项目、组织教学活动；规划和管理分配给教育系统的人力、物力和财力；建立学前教育、初等教育、中等教育公立学校的教师以及非教学人员招聘和职业发展制度；促进教育系统的人力资源培训和资格认定；推动和支持有关教育系统的组织和运作的研究，以及相关信息的处理和传播；促进和支持与教育系统有关的行动；根据国家的外交政策，发展教育系统国际、多边和双边关系，开展国际合作；对教育和职业培训政策的落实、教育系统活动的开展、教学资源、教育部机构运行等进行评估；监督教育系统，对系统内开展的活动进行监管。

（二）高等教育、科学、技术和创新部

高等教育、科学、技术和创新部的主要任务是规划、制定、执行、监督、检查和评估政府在高等教育、科技和创新领域的公共政策和部门方案。高等教育、科学、技术和创新部的机构组成如下[1]。

（1）高层领导：部长、副部长。

（2）咨询支持部门：管理委员会、咨询委员会、国家高等教育委员会、国家科技创新委员会。

（3）业务技术支持部门：总秘书处、人力资源办公室、研究规划与统计办公室、监察办公室、法务办公室、交流办公室、信息技术办公室、新闻

---

[1] 资料来源于安哥拉高等教育、科学、技术和创新部官网。

宣传办公室。

（4）行政执行部门：国家本科教育管理处、国家研究生教育管理处、国家科学和科研管理处、国家技术发展和创新管理处。

（5）辅助部门：部长办公室、副部长办公室。

（6）附属部门：国家奖学金管理处，国家高等教育评估、认证和认定管理处，国家科研中心，国家技术中心，国家科技发展基金。

高等教育、科学、技术和创新部的主要职能包括：提出并协调政府在高等教育、科技和创新领域的政策落实，制定有关教学、科研、技术开发、创新和推广等活动的组织、资助、执行、监督和评估方式；促进高等教育系统、科技和创新体系的发展，提升质量水平，推动实现现代化，并对相关机构进行内部和外部评估；在不影响其他部委职责的情况下，监督高等教育机构、科研和技术创新机构；鼓励和支持本科、研究生培养，以及对国家社会经济发展具有重要意义的优先领域人才的培养；对在国内和国外获得的高等教育证书进行认证；确保高等教育与其他教育子系统和国家发展政策之间的协同；批准用来评估高等教育、科技和创新机构运行质量的标准；监督高等教育、科技和创新系统人力资源管理；构思和提出法律手段，对高等教育、科研、技术开发和创新机构的活动的组织、运行、实施、监督、评估进行规范；对发放给国内公民，尤其是卓越人才的奖学金和科研基金，提出和落实管理和分配政策；促进享受高等教育的平等机会，确保高质量的专业和科学培训，对有特殊教育需求的人员和优秀人才进行区别对待；促进高等教育与科技、创新之间的协作，以及二者与生产领域的协作；在国家和国际议程范围内鼓励和发展高等教育、科技和创新领域的活动，并传播在高等教育、科技开发和创新机构中产生的科技和创新知识；推动和支持高等教育、科技和创新机构与国内外的同类机构组织建立合作关系；与外交部协作，协调在高等教育、科技和创新领域的双边和多边合作，确保安哥拉实现在地区和国际计划中的承诺；推动对高等教育、科技和创新机构的依法监督和评估；对高等教育系统遵守学术日历情况进行监督；推动建立国家教学和科研网络，促进在高等教育、科研、技术发展与创新机构中使用信息和通信技术；推动成立科研、技术发展与创新支持基金；在技术上与其他有关机构协作，提出并建立适当的空间地理信息基础设施，以支持科学活动，应对国家挑战；依法提出创建或关闭高等教育、科研、技术发展和创新机构；依法创建或关停高等教育机构的本科和研究生课程；制定高等教育、科研、技术发展和创新机构的资助方案，并对方案的实施进行依法监督；对高等教育、科研、技术发展和创新机构网络的规划、扩展、平衡开展研究；对高等教育、科研、技术发展和创新机构的运行进行依法检查，如有违法违规行为则采取相应制裁措施；履行法律规定的其他职责。

（三）社会行动、家庭和妇女促进部

社会行动、家庭和妇女促进部负责规划、提出和执行有关保护弱势群体、脱贫减贫、维护家庭权益、发展社区、提升妇女地位、保障妇女权利、确保两性平等的社会政策，并负责教育系统中部分学前教育工作。

二、革新主张与实践

（一）实施教学监督方面

教学监督是指根据《教育和教学体制基本法》制定的各教育子系统的目标，对教学全过程进行管控和监督，并给予教学、技术支持，对教学过程进行评估。安哥拉中央教育行政管理机构开展了以下工作：制定学前教

育、初等教育、普通中等教育、教师培训和职业技术教育层次的有关学习评价体系的规范性文件；制定学习评价体系方面的支撑材料；为更好地支持开展学习评价活动，在全国范围内举办培训班，对教师、各省学科和班级协调人进行指导培训；广泛实施"小学低年级阅读能力评估"项目，向学生家长、教育主管和全社会大力宣传阅读的重要性。

可以肯定的是，所有关于学习评价体系的规范性文件均由教育部制定和下发，但是存在着部分机构没有遵照文件进行正确落实或者文件没有发放到手等问题。教育部在教育发展规划文件《安哥拉教育2030》中针对教学监督提出如下建议：将教育系统评价体系建立在政治、经济、社会、预算等多元化的基础之上；注重教育质量，尤其是学生的学习效率和成绩；从三个主要指标方面调查教育质量，即教育系统的人口、经济、社会背景；研究教育系统的特征；对教学结果进行分析。具体需要实施以下行动：建立一套有关教学过程的数据和信息；对有关提高教育系统效率的数据和信息进行系统化处理；对有关促进教育系统公平的数据和信息进行系统化处理；提供有关学校网络扩充的信息；提供有关学生核心课程成绩的信息。

（二）教育巡视督导方面

《教育和教学体制基本法》规定，教育巡视督导是指依照相关法律规定，对教育和教学系统内的所有教学机构和其他组织的运作进行管控、监察，核查其组织、管理和运作是否符合法律要求。安哥拉中央教育行政管理机构在第二次教育改革中开展了"重构和振兴教育巡视督导项目"，具体完成了如下行动：2015年，在联合国教科文组织国际教育规划研究所国际教育专家的支持下，起草并通过了《振兴教育巡视督导评估报告》；起草《重构教育巡视系统项目评估初级报告》；开启"安哥拉虚拟督导社区"项目，旨在提升国家督导人员的工作水平，有36位联络人、18位总督导、18位省教育负责人和12位督导培训师参与其中；完成第三轮"百名巡视督导员培训"项目，并选拔出113名学员参加第四轮培训；对6个正在培训中的省级督导小组进行了监督，接受培训的人员包括6位省教育和科技负责人、35位市教育负责人、138所中小学负责人；对莫希科省、比耶省13位校长和13位教师的督导培训进行监督；对"重构和振兴教育巡视督导项目"中18位国家巡视督导员培训进行监督。2010—2015年参与"重构和振兴教育巡视督导项目"的督导员和学校数量见表11.1。

表11.1 2010—2015年安哥拉"重构和振兴教育巡视督导项目"督导员和学校数（督导员单位：人，学校单位：所）[1]

省份	督导员总数	已参加培训的督导员	未参加培训的督导员	2010年学校数	2012—2013年学校数	2013—2014年学校数	2014—2015年学校数
本戈省	33	16	17	—	21	30	11
本格拉省	55	20	35	—	—	—	—
比耶省	76	20	56	30	30	30	26
卡宾达省	27	16	11	—	30	29	30
宽多-库邦戈省	19	16	3	—	30	29	13
北宽扎省	31	16	15	—	30	26	15

[1] 表内数据源自《安哥拉教育2030》。

续表

省份	督导员总数	已参加培训的督导员	未参加培训的督导员	2010年学校数	2012—2013年学校数	2013—2014年学校数	2014—2015年学校数
南宽扎省	24	19	5	27	30	30	30
库内内省	33	21	12	30	30	30	30
万博省	27	21	6	28	30	20	26
威拉省	23	20	3	8	29	30	30
罗安达省	94	26	65		20	44	34
北隆达省	21	10	5	—	—	—	—
南隆达省	18	15	3	—	30	30	30
马兰热省	21	19	2	—	24	30	24
莫希科省	49	16	33	—	30	30	30
纳米贝省	38	19	19	30	30	30	22
威热省	109	16	93	—	—	—	—
扎伊尔省	35	16	15	—	19	30	30
总数	733	322	398	153	413	448	381

根据第二次教育改革评估报告的分析，随着中央教育行政管理权限的逐步下放，新模式的教育巡视督导取得了一定成效，具体表现在：通过举办几轮次的督导员培训，国家督导培训师队伍自身的能力得到不断提升；培训出一定数量的、符合预期标准的新督导员；建立了"安哥拉虚拟督导

社区"平台，并通过该平台培养了由36位督导员（每个省2位）组成的联络人队伍；以18个专题形式系统分享专业督导经验；改变了督导员的社会形象；加强省级教育督导部门机制建设；在巡视督导过程中，引入对机构能力进行诊断、规划、评估等工作环节；编写了5部督导培训教材；培训了405名国家督导员，以及若干名督导培训师，并组建了省督导小组；参与教育巡视督导项目的学校的机制建设得到加强；学校的管理实践能力得到提升；完善了省级教育管理机构对扩充学校网络的认识；加强了各部门机构之间的沟通交流。

针对如何确保有效的教育督导，安哥拉教育部提出如下标准：在"重构和振兴教育巡视督导项目"的框架下，培训督导员；通过虚拟督导社区平台和其他专业培训，培养更多的督导员；在省级督导部门和其他高层次教育机构深化巡视督导工作；实现教学监督机制化；设立教育督导员职业章程；修订教育督导规范性文件，使之适应新的巡视督导模式；调配资源，确保各教育层次督导工作的进行；调整督导工作方法和手段，以适应不同学校、不同教育子系统和教育层次的特点；确保督导员与中央和地方教育行政管理机构保持通畅的沟通渠道，确保决策者能够便利地获取信息；所有的督导环节尽可能涉及不同的教育活动参与者；满足学校需求；培训国家督导员掌握虚拟督导社区平台管理技能，以维护平台的可持续运行；扩大督导培训师队伍。

为了优化教育督导，教育部提出如下建议：继续开展省级督导培训师计划；建设国家督导员管理和维护虚拟督导社区平台；加强国家督导员队伍建设，使之适应新的督导模式；基于省级和市级督导工作的结果，建立督导数据库；使督导工作的方法和手段适应不同学校、不同教育层次和子系统；制定国家督导工作年度计划，中央定期派督导员到省里巡视，并召开省级和市级督导负责人会议；对新督导员培训进行监督；颁布督导员职业章程；在省、市级教育主管机构、省政府和学校管理者当中加强对新型督导工作的宣传；在选拔督导员时考虑其任职年限、教学经验、工作能力等综合条件。

（三）教育和教学系统评估方面

《教育和教学体制基本法》第118条规定，教育和教学系统评估包括对系统内所有教学机构和其他组织的业绩和成果进行质量评估。目前，负责安哥拉中央教育行政管理的三大部委均设有专门的部门对学生成绩、师资培训、学校的组织和管理、教师业绩和职业发展等方面进行评估。评估指标包括师生比、留级率、通过率等，这些信息是分析教育系统质量的重要基础。但是，关于学生在一个学年或一个学习周期结束后对各科目的掌握情况和学习表现，政府机构得到的信息比较缺乏，不利于了解教师和学生在教育和学习过程中遇到的问题及其成因和影响。为此，安哥拉政府组织了"教育和教学系统评估"，旨在通过系统化的评估数据对教学过程进行客观诊断，促进所有教学和教育有关人员以更严格的标准进行自我评价。

"教育和教学系统评估"涉及四个教育阶段：学前教育、初等教育、中等教育和高等教育。所有公立、私立和合办学校机构均接受评估。该评估是《安哥拉教育2030》的组成部分，其主要目的是促进有关安哥拉教育质量的研究、调查和评估，从教育质量和教育公平的标准方面推动教育公共政策的制定和执行，并且为教育者、管理者、研究者和大众提供清晰可靠的信息。"教育和教学系统评估"中有关学校组织和运营的指标包括：义务教育履行情况、毕业率、毕业生就业情况、课程设置和建设、学校参与教育活动的情况、教学方法和技巧、学生评价制度等反映学校组织和运营情况的数据。

总之，虽然安哥拉政府在教育领域的预算拨款有限，教育部等中央教育行政管理机构经常由于缺乏经费停止运行，国际援助的教育基金被挪用于政府认为重要的领域，但是教育等社会问题正在慢慢被列入国家中长期发展规划的重要位置，中央教育行政管理在机构设置、人员素质、职能履行等方面正在逐步完善。

第二节 地方教育行政

一、行政管理机构

安哥拉地方教育行政管理机构分为省、市、镇三个级别，各省政府设有教育厅，各市政府设有教育局，各镇设有教育办公室。

各省教育厅的职能和机构设置依照省行政机构章程而定，下面以万博省为例说明省教育厅的主要职能。省教育厅负责确保本省教育领域的政策、措施、方案、项目、行动和活动的落实，并协调本省的科技发展和创新项目，具体如下：①构建教育和教学系统，使之适应本省实际情况，并且与教育、教学、科技和创新领域的部级领导单位保持密切协同；②促进、协调和监督教育领域干部培训；③与市教育局保持协作，共同落实教育政策，监督小学管理；④管理初高中学校、教师培训学校和中等技术学校；⑤与教育部一起，推动中学建设；⑥在中央主管机构的指导下，监督公立学校的活动；⑦在省内推动与体育文化和青年发展相关的校园教育活动；⑧促进本省的科技发展和技术研究项目；⑨与省人力资源厅协作；⑩履行法律规定的其他职责。省教育厅在行使职能时服从中央管理机构在业务、技术和方法上的领导。教育厅设有四个处室：教育和教学处、规划统计和人力资源处、科技和创新处、教育巡视督导处。[1] 有的省份，如本格拉省，教育厅还设有咨询委员会，以及中等技术学校等附属机构。[2]

二、革新主张与实践

根据安哥拉教育部机构章程的规定，一方面，省教育厅在有关教育系统和教育政策问题上要服从教育部的领导；另一方面，省教育厅的财政预算归属地方政府管理，要与地方各机构保持协作。可以说，地方教育行政管理机构一定程度上落实了中央颁布的教育政策，推动了安哥拉教育的发展和进步。但是，很多地方教育行政管理机构缺乏与中央层面的协作，倾向于地方自治管理，唯有罗安达省与其他省份不同，在执行教育部决策和与中央机构联系方面表现更加积极。其他省份与教育部的联络仅仅局限于每个学期末提交师生出勤和学习表现等材料，有时由于沟通技术问题（如缺少交通工具或运输不安全）和资金紧张问题，这些材料甚至无法提交至中央。安哥拉教育部研究与规划办公室曾发表研究报告，指出教育系统存在的不足，即由于政府拨款较少，无法满足教育部统计人员在国内调研的需求，致使许多数据无法到达教育部统计部门，造成大量数据缺失。[3] 国内人力、物力在流通方面缺乏安全保障，以及政府在教育领域投资的匮乏，进一步加剧了全国的教育体系管理呈现出的各地分裂的状态。地方教育基本上由教育厅厅长直接管理，教育厅厅长与省长和执政党省委代表保持密切协作，而与教育部的联络并未放在首要位置。因此，中央对于地方教育

---

[1] 资料来源于万博省政府官网。

[2] 资料来源于本格拉省政府官网。

[3] FERREIRA M J S M. Educação e Política em Angola, uma proposta de diferenciação social[J]. Caderno de estudos africanos, 2005, 7-8: 105-124.

的发展情况缺乏深入了解。

各级政府之间的分权和每一级政府内部的集权是并行的。地方教育系统的学校有很少的管理权和自治权，学校的大多数重大决定须报省教育厅或市教育局批准。省市教育主管机构对人事和资源分配政策有较大决定权。但是地方管理效率低下，疏于与当地学校的沟通联络。

此外，作为教育主体的学校，在自身管理方面也存在着问题。从第一次教育改革到第二次教育改革，教育管理始终没有被教育机构放在优先地位。在学校领导层引入管理的概念和实践、确定管理岗位的职能指标、对教育机构进行系统评估、通过督导和巡视对教育管理进行检查等方面均未在教育改革中得到落实，主要原因在于校长未履行职责。[1] 学校是正规教育机构的基本单位，应该对中央管理机构推动的培训、协调、监督等工作给予配合。教育部在实施教育改革过程中收集的数据表明，校长和教师的缺勤、旷工是导致学生学业不精、学校失败的主要原因。

根据梅内泽斯对罗安达、万博和威拉三个省份第二次教育改革的落实情况所做的调研结果，地方教育行政管理存在的问题可归纳如下：缺乏经费；省市教育主管部门不够作为；教育管理人员缺乏专业素养等。

同时，该调研报告也指出了部分值得肯定的教育支持方式。例如，某些地区自发成立了家长委员会和社区委员会，这些组织与学校密切协作，支持当地教学活动的开展；有些地方的教育还得到了部落首领的支持和协助。社会力量的参与对教育改革起到了积极的推动作用。[2]

为进一步完善安哥拉地方教育行政管理工作，安哥拉政府应加大对地方教育的财力、人力和物力支持，通过对省、市、镇和学校的教育主管人员及督导人员进行专业培训来提高教育管理和教育督导水平，使他们真正

---

[1] 资料来源于安哥拉教育部网站。

[2] MENEZES M. Um olhar sobre a implementação da Reforma Educativa em Angola: estudo de caso nas províncias de Luanda, Huambo e Huíla[R]. Luanda, 2010.

成为协调者、监管者和促进者。同时，政府可以适当将中央管理权限下放，让省、市、镇、学校根据实际情况制定和落实有利于本地区教育发展的政策和计划，实现更大程度的教育分权和学校自治。各级教育主管机构应加强内部联系和协作，切实对学校教育给予指导和扶持，还可以动员和利用更多的公立、私立部门的社会力量为地方教育贡献力量。

这一章，通过对安哥拉中央和地方教育行政管理进行梳理可以看出，虽然安哥拉教育管理取得了一定的进步，但在实践中仍然存在着诸多问题。首先，受集权化影响，教育政策、教育制度有时难以连贯、持久、有效地贯彻落实。中央与地方、地方与学校间的距离被拉大，缺乏联动性和协作性。其次，教育改革中的制度惰性问题不利于教育改革的推进和教育质量的提升，更不利于将创新思想和新技术引入教育体系和学校管理当中。再次，安哥拉教育管理政策的制定和执行缺乏连续性、统一性和持久性，缺乏对教育制度管理活动的重视，使得学校得不到有效的管理和指导。安哥拉各级教育管理层都面临管理问题。为了减少教育行政系统中中间层的权力和影响，让学校得以和高层教育管理机构建立互动，政府可以尝试赋权学校和社区参与教育治理。随着财政和管理权的让渡，民主的学校管理将带来一定的裨益。例如，校长选举制可以减少政府对学校管理和运营的政治干预，营造自治、尊重和自由的学校氛围，促进教师、行政人员和学生之间的民主关系，使校长更加高效地解决学校面临的问题，也有利于教师更加能动地开展教学；家长和社区的参与可以帮助学校解决餐食、卫生等问题；社会力量的援助有利于解决教育经费不足的问题。

第十二章 中安教育交流

本章对中国与安哥拉两国间的文化交流历史、现状、模式与原则进行梳理，同时结合两国教育交流合作中的典型案例——内图大学孔子学院，分析其成功的经验和存在的问题，对未来中安双方在"一带一路"框架下的文化教育交流提出中肯建议。

第一节 交流历史

中国与安哥拉的交流与合作是在中非关系的大框架下进行的，总体来说，可以分为建交前和建交后两大历史时期。

一、建交前的中安关系

1983年以前，也就是中国与安哥拉建立外交关系之前，双方的合作交流主要集中在政治和军事领域，中国大力支持安哥拉民族独立运动。中国邀请安哥拉代表团访华，与安人运主席马里奥·平托·德·安德拉德和安人运总书记维里亚托·达·克鲁兹建立联系。克鲁兹是安哥拉著名的诗人，也是一位争取民族独立与解放的战士，同时以非洲民族主义领袖而闻名。他与内图、安德拉德在当时并称为安哥拉三大诗人。1957年，由于葡萄牙殖民当局的追捕，克鲁兹被迫流亡海外。20世纪50—60年代，他曾以作家和安人运领导人的身份四次访华。安人运因出现政治分歧而分裂后，克鲁兹在1966年应邀来北京参加亚非作家会议，并定居北京，于1973年在北京逝世。1966年10月1日，他曾代表在北京的外国朋友，在中国17周年国庆大会上，在天安门城楼发表题为《人民中国万岁》的讲话，讲话于第二日刊登在《人民日报》的显要位置。[1]

中国向南部非洲葡语国家给予医疗用品和武器援助，支持他们获取民族独立。这期间，这些国家必然需要大量翻译人员，以协助中国军事专家对其武装人员进行军事训练，包括武器的使用及战术技巧。这催生了中国第一个葡萄牙语专业的开设，李长森在回忆北京广播学院（简称北广）于1960年开办葡萄牙语本科专业时提道："当时，每期以连为建制的百余名人员需要培训六个月，而且他们多为贫苦农民，文化程度不高，学习各种武器及工兵的操作困难重重，需要中国军事专家的反复讲解及示范，对葡语翻译的需求量很大，每期每个营地至少要三名翻译人员才能应付得来。"[2]1960年，21名高中毕业生考入北广外语系葡语专业，这是中国第一个葡语本科班。随着国际形势的发展和南部非洲葡语国家武装斗争的深入，1965年，北广一次招收两个葡语班，其中一个班专门学习非洲葡语。第一位应邀来华教授葡语的非洲黑人教师苏格拉底·德·奥利维拉·达斯卡洛斯正是在这个时候来到北广。他是安哥拉著名的政治家和民主战士，也是一位作家。他为中国学生了解非洲历史文化和促进中安两国教育文化交流做出了巨大贡献。后来，他的不少中

---

[1] 吴秉真. 一位安哥拉诗人在中国[J]. 世界知识，1996（10）：28-29.
[2] 李长森. 中国传媒大学与中国葡语教学[M]// 洪丽，等. 非通用语特色专业教学与研究：第2辑. 北京：中国传媒大学出版社，2014.

国学生成为翻译人员，陪同中国军事专家与安哥拉游击战士一起进行军事训练，克服重重困难，将青春奉献给非洲民族解放事业和中国的外交事业。

安哥拉先后在中印边界问题、中国核试验和中国恢复在联合国的合法席位等方面对中国持支持立场。这一时期，双方在经济和文化层面的交往较少。虽然两国关系并非源远流长，但是由于同属发展中国家，并且共同面临国家统一、民族振兴的重任，两国在重大国际和国内问题上能够同声相应。[1]

二、建交后的中安关系

（一）中安关系平稳发展（1982—1991年）

1982年9月27日，两国政府互相承认，并派出代表就建立外交关系进行谈判。1983年1月12日，双方签署建交联合公报。中安两国在联合公报中表明了彼此的外交政策。中华人民共和国政府支持安哥拉人民共和国政府维护民族独立、国家主权和领土完整，发展民族经济的正义斗争，同时谴责南非种族主义军队对安哥拉的肆意侵略，并要求南非军队撤出安哥拉领土。安哥拉人民共和国政府承认中华人民共和国政府是代表全中国人民的唯一合法政府，台湾是中华人民共和国领土不可分割的一部分。[2]

安哥拉多斯桑托斯总统实行多元化外交政策，淡化意识形态，使得中

---

[1] 杨昆鹏. 能源外交视角中的中国与安哥拉关系 [D]. 北京：外交学院，2009.
[2] 中国、安哥拉建交公报 [EB/OL]. (1983-01-12)[2020-10-09]. https://www.fmprc.gov.cn/web/gjhdq_676201/gj_676203/fz_677316/1206_677390/1207_677402/t6494.shtml.

安关系稳步发展。1988年10月，多斯桑托斯总统访华。这是安哥拉独立13年以来国家总统首次访问中国，将建交以来的两国关系推至高峰。

在文化教育领域，1988年10月两国签订文化协定，并在此基础之上于1990年签署《中华人民共和国政府和安哥拉人民共和国政府文化和教育合作执行计划》。该计划指出，双方加强在文化艺术、电影、新闻和教育方面的交流合作。具体到教育方面，"双方促进出版物、图书及科学和教育性资料的交流；双方将为发展两国高等教育机构之间的联系而努力；中方每年向安方提供的奖学金名额和要求将通过外交途径商定。"[1] 这一阶段，中国开始向安哥拉捐赠学习用品等教育物资，并且向安哥拉学生提供奖学金。

（二）中安关系稳步推进（1991—2002年）

1990年，安哥拉政府放弃社会主义路线，并于1991年引入多党制。1992年，安哥拉举行独立后的首次多党选举，安盟选举失利挑起内战。在联合国的协调下，1994年，安政府与安盟签署《卢萨卡和平协议》。1998—2002年，安盟拒不履行和平协议，安哥拉和平进程受阻，再度陷入内战。

这一阶段，中安关系稳步向前。中国支持安人运结束内战、统一全国；安哥拉继续秉持一个中国的原则，在联合国人权会议上坚定支持中国立场。双方高层互访不断，1995年，时任国务院总理朱镕基访问安哥拉；1998年，安哥拉多斯桑托斯总统再度访华，将两国关系推至新高。

两国间的文化教育交流合作也继续推进。1996年5月，双方签订《1997—1998年度文化合作执行计划》，发展和加深在文化艺术和教育方

---

[1] 中华人民共和国政府和安哥拉人民共和国政府文化和教育合作执行计划 [EB/OL]. (1990-09-08)[2020-12-10]. https://law.lawtime.cn/d532292537386.html.

面的关系。该计划就教育领域的合作规定如下：双方将促进出版物、图书和科学教育文化方面的交流；双方将为增进两国文化艺术培训中心的联系而努力；中方每年向安方提供文化与艺术奖学金，其名额和要求将按《中华人民共和国国家教育委员会和安哥拉共和国教育部教育合作协议》办理。[1]

（三）中安关系突飞猛进（2002年至今）

2002年，安哥拉结束长达27年的内战，开始国内重建，在外交政策上谋求国际社会对重建给予援助。安哥拉恢复和平后，中安两国关系进入快速发展的新阶段，高层交往密切，政治互信不断增强，经贸合作成果丰硕，文化、教育、卫生等领域交流合作全面展开，成为中非合作、南南合作的典范。

不少中资企业在援助安哥拉完成基础设施重建项目后，将投资转向工业、农业和社会文化领域。例如，举办文化艺术展览和表演等活动，尤其是由内图大学、哈尔滨师范大学与中信建设有限责任公司合作建设的孔子学院在2015年建成后，大力推动了两国间的文化教育交流，为两国关系的发展奠定了更加坚实的民意基础。万博省开办了中国-安哥拉友谊学校。在中非合作论坛和中国-葡萄牙语国家经贸合作论坛[2]等合作机制之下，两国的文化教育交流得到深化和拓展。2012年7月，中安签署《中华人民共和国政府和安哥拉共和国政府文化合作协定2012—2014年执行计划》。该计划规定，双方在未来3年内将互派政府文化代表团、表演艺术团，互办艺术展览，互派造型艺术家或作家，加强文化艺术领域培训以及在文化遗产保护

---

[1] 中华人民共和国和安哥拉共和国文化合作执行计划 [EB/OL]. (1996-05-29)[2020-12-10]. https://code.fabao365.com/law_17822.html.

[2] 简称"中葡论坛"，成立于2003年，总部在中国澳门，是世界上第一个以语言文化为纽带的合作机制。

和管理、出版和知识产权保护领域的合作。中国驻安哥拉大使高克祥和安哥拉文化部部长席尔瓦女士在签字仪式上均表示，文化合作是中安合作的重要组成部分，双方将共同努力，落实好新签署的执行计划，推动双边文化领域交流与合作迈上新台阶。[1]文化合作项目从2003年的4大类增加至2010年的14大类，涵盖文化领域的各个方面。自1988年中安政府签订文化合作协定至2006年，中国共向47名安哥拉在华留学生提供奖学金。随后，此数字成倍增加，2009年仅中国水电集团就资助了63名安哥拉来华留学生。[2]1988—2009年，中国政府共向103名安哥拉学生提供奖学金。2009年，安哥拉在华留学生有194人。[3]此外，双方不断拓展教育合作方式，比如，中方向安哥拉提供短期职业培训、派遣援助教师、开展学术机构之间的教育与科研项目合作等。

总之，中国与安哥拉一直保持着密切友好的关系，双方的交流合作从早期的政治、军事领域，逐步扩展到经贸、医疗、文化、教育等方面。中国全力支持安哥拉的经济和社会发展计划。自中安建交以来，中国共向安哥拉提供贷款超过600亿美元，用于建设诸如电厂、公路、桥梁、医院和住房等基建。[4]在中安双边关系发展过程中，除了传统的政治、经济和军事因素发挥了作用，文化因素也扮演着日益重要的角色。中安双方文化教育的互动服务两国外交大局，增进了两国间的相互了解，做到了增信释疑。

---

[1] 中国和安哥拉政府签署文化合作协定2012—2014年执行计划[EB/OL]. (2012-07-18)[2020-11-25]. http://news.ifeng.com/c/7fchiVHC5ss.

[2] 曾祥名，黄兴华. 建国以来我国对葡语国家文化外交的历史回顾与现实挑战[J]. 无锡商业职业技术学院学报，2013, 13(3): 84-87.

[3] 中国同安哥拉的关系[EB/OL]. (2010-06-01)[2020-11-12]. http://ao.chineseembassy.org/chn/zagx/t631482.htm.

[4] 中国和安哥拉战略伙伴关系维持坚实稳固[EB/OL]. (2018-01-16)[2020-07-01]. https://www.sohu.com/a/216996750_271142.

第二节 现状、模式与原则

一、交流现状与模式

在中国与非洲人民的友谊不断加深，中非政治和经济交往日益密切的大框架之下，尤其是 2000 年中非合作论坛成功召开，2003 年中葡论坛成立，使得中国与安哥拉的文化教育交流不断取得新进展和新突破，呈现出合作规模不断扩大、领域不断拓展、层次日益提升、形式和主体渐趋多元的特点。两国的主要交流合作模式如下。

（一）中外合作办学

孔子学院是中国与非洲国家交流与合作的重要媒介。通过孔子学院把中国的文化和理念传播到非洲大陆，让非洲各国认同中国，这对加强中国与非洲各国之间的了解，促进中非教育交流与合作的发展有重要作用。

2014 年，安哥拉内图大学、哈尔滨师范大学、中信建设有限责任公司三方合作建立了安哥拉内图大学孔子学院。这是安哥拉首家孔子学院，也是首所由中资企业参建的孔子学院。学校于 2015 年 2 月 15 日开工建设，2015 年 11 月 30 日竣工，2016 年 9 月 14 日举行了落成暨首届开学典礼。内图大学孔子学院坚持以服务为宗旨，充分发挥孔子学院的综合文化交流平台的作用，努力适应中国公共外交、人文交流的需要，积极推广汉语与中国文化，努力为当地经济、教育、文化发展提供服务；坚持服务当地、互利共赢，促进中国语言文化与安哥拉文化的相互融合，做到"走出去，请进来"，实现中安文化之间的相互借鉴。内图大学孔子学院不仅为内图大学及安哥拉首都罗安达民众提供汉语教学服务和文化推广活动，还以校企合作为特色，为当地中资企业的中外方员工提供双向语言教学服务，为在安中资企业输送了很多懂汉语、了解中国文化的安籍人才，为中国"一带一路"发展起到了纽带作用。同时，内图大学孔子学院也在积极促成哈尔滨师范大学与安哥拉高教部、内图大学等教育机构在学生、师资、学术等方面的合作与交流项目，为两国高等教育的深度合作打下坚实基础，从而为增进两国经贸发展做贡献。[1] 正如中国驻安哥拉大使崔爱民在安哥拉内图大学孔子学院落成仪式暨开学典礼上的讲话所说："它的建成和启用凝聚了中安两国政府、学术机构、企业和民众的心血和努力，为安哥拉人民特别是广大青年朋友了解和学习中国语言文化打开一扇新的窗口，将为中安两国人文交往和民间友好的长远发展发挥积极作用。"[2]

（二）互派留学生和教师

中国增加对安哥拉留学生提供奖学金的名额，每一届中非合作论坛、中葡论坛的成功召开，中国政府都在不断加大对非洲国家、葡语国家的留学生奖学金的力度，这一措施进一步促进安哥拉来华留学生数量的增加。截至2016年，中国政府共为276名安哥拉学生提供奖学金。此外，一些企业和民间团体也向安哥拉学生提供赞助，支持他们来华留学。2018年，安哥拉在华留学生达714人，其中奖学金生154名。[3] 安哥拉学生在中国高校里学习汉语、

---

[1] 安哥拉内图大学代表团访问我校 [EB/OL]. (2018-10-18)[2020-11-26]. https://www.sohu.com/a/260316241_333499.

[2] 驻安哥拉大使崔爱民在安哥拉内图大学孔子学院落成仪式暨开学典礼上的讲话 [EB/OL]. (2016-09-18)[2020-11-30]. https://www.fmprc.cn/zflt/chn/jlydh/t1398275.htm.

[3] 安哥拉共和国驻华大使馆. 安哥拉，机遇国度 [R]. Psearcher, 2018.

医学、生物、农业、经济学、机械工程、国际关系等专业，获取学士、硕士或博士学位。很多安哥拉留学生回国后为推动安哥拉政治、经济、文化的发展做出了重要贡献，有些还成为中安两国贸易和文教交流的使者。同时，中国向安哥拉派遣教师，从基础教育课程、人文学科到前沿学科和自然科学领域，全方位支持安哥拉教育事业的发展。中国赴安哥拉教师用他们严谨的教学和科研态度、辛勤的汗水与当地人民建立了深厚的友谊，促进了中安的友好关系。目前，以中国接收安哥拉留学生和向安哥拉派出教师居多，中国学生选择去安哥拉留学的较为少见。通过留学生和教师互派这一传统方式，促进了中安教育交流与合作的发展，培养了更多的人才来增进双方的了解和信任。

（三）互派文化教育访问团

除了在国家和政府指派下进行的教育互访，不少私人或非政府团体也保持着密切友好的互访交流。通过互派代表团，加强了中安之间彼此的了解，中国的高校和政府能够更加贴近安哥拉的实际情况来制定相应的政策和培养方式，帮助安哥拉培养适合本国实际需要的人才。

（四）举办专业研修班

专业研修班是中国高校应非洲国家社会发展的急需而开办的一种教学形式，旨在短时间内帮助非洲国家培训相关人才，发展教育及相关产业。研修班时间短、收效快、效率高，日益受到中安两国的重视，在中安教育交流与合作中发挥着日益重要的作用。尤其是随着"一带一路"倡议的不断深化落实，很多中国教育机构发挥其科教优势，推进中外文化交流。例如，江苏南通职业大学拓展与南部非洲国家职业教育的合作空间，招收培养安哥拉留学生，为安哥拉经济社会发展培养专业技能人才；河海大学作为中国水利高等教育的开创者受中国港湾集团委托，为安哥拉定制培养高端人才；华侨大学与安哥拉总统基金会合办的"安哥拉青年科技人才班"，截至 2017 年 6 月已经招生三期，共 77 人，华侨大学对他们的培养采取"2+4"模式，即前 2 年学习汉语和中国传统文化，后 4 年学习工学专业；"集美大学－中国浩远国际班"采用校企合作、优势互补的模式，学员由中国浩远集团在安哥拉注册的全资子公司中安雷竣建筑有限公司选拔推荐，并资助学生所有的来华学习费用。集美大学海外教育学院为学生设计学习方案，采取"1+4"学制，即 1 年的汉语学习，4 年的本科学习，计划用 5 年的时间培养精通汉语的专业人才。在第一年的汉语学习期间，除了为学员安排语言课程之外，还安排了书法、国画、剪纸等传统文化课程，让学员在学习期间充分感受中华文化的魅力。

可以看出，承办研修班的多为中国的高校。举办研修班项目，不仅能为安哥拉培训大量的急需人才，还能加强中国高校与安哥拉高校之间的联系，促进双方的相互理解，为中安之间的校际合作奠定基础。不少参加完培训的学员回到安哥拉后投身职业教育中，为促进安哥拉职业教育的发展做出了贡献。

（五）援助教育物资和援建学校

中国向安哥拉提供图书资料、教学用品、体育用品、教学仪器、学习用品、计算机设备、实验用品等教育物资。提供教育物资对发展中安之间的双边交流与合作有重要的推动作用。中国根据安哥拉教育发展的实际需要提供教育物资，支持其教育的发展，这对增进安哥拉了解中国、树立中国在非洲大陆的良好形象有重要的作用；并且让非洲国家看到了中国与非洲国家教育交流与合作的决心，让其敞开心扉与中国进行教育交流与合作。

在中非论坛和中葡论坛的框架之下，中国向安哥拉提供的教育物资援助不断加大。

中国在安哥拉援建的学校超过100所，其中2008年2月交付使用的松贝理工学院是中国为安哥拉援建的第一所高校。该校是安哥拉中部南宽扎省的第一所理工学院，占地面积1万多平方米，主要建筑物包括2栋教学楼、6个实验室和2个教学车间，可接纳大约1 100名学生。安哥拉时任教育部部长安东尼奥·布里蒂·达席尔瓦称赞中国是在安哥拉战后第一个提供实际援助的国家，是安哥拉真正的朋友。中国公司在短时间内高质量地建成这所学院，为安哥拉战后重建做出了贡献。[1]

2008年2月，由中国水电建设集团承包建设的比耶省安杜鲁农学院落成。安杜鲁农学院是中安两国政府间一揽子合作项目之一，已成为中安政府合作项目的经典之作。农学院建筑面积1.1万平方米，主要建筑物包括1栋教学楼、3栋学生宿舍楼、16栋别墅公寓以及其他配套设施，可为1 400名学生提供就读机会。[2]

2014年2月24日，由中铁十七局集团有限公司承建的中国援助安哥拉"中安友谊小学"项目顺利移交。该学校位于万博省万博市，是中国政府为落实中非合作论坛第四届部长级会议举措，根据中安双方2011年3月22日的换文规定为安哥拉政府无偿援建的。中安友谊小学占地面积5 168.4平方米，建筑面积1 523.73平方米，包括教室、多功能室、教师办公室和图书馆等，可以容纳200个孩子就学。在项目移交仪式上，安哥拉时任外交部部长希科蒂代表安哥拉政府和人民感谢中国政府多年来真诚无私的援助，并表示中安友谊小学的建成改善了当地小学生的就学条件，体现出

---

[1] 中国为安哥拉援建的第一所高校开学 [EB/OL]. (2008-02-14)[2020-10-18]. http://www.chinadaily.com.cn/hqzg/2008-02/14/content_6454471.htm.

[2] 安哥拉总理视察中国援建的农学院 [EB/OL]. (2008-02-05)[2020-12-05]. http://news.sohu.com/20080205/n255086830.shtml.

中国政府对安哥拉改善教育水平和教学环境的关心，也是中国政府帮助安哥拉提高自我发展能力的具体行动，更是中安友谊的又一见证。承建单位中铁十七局有限公司向学生们捐赠了文具，驻安哥拉中资企业商会向学校捐赠了两台微波炉，中国驻安哥拉大使高克祥捐赠了8台手提电脑和10部照相机。[1]

中国援助安哥拉在罗安达省卡玛玛市建立国际关系学院，项目于2016年开工建设，2018年12月竣工，为安哥拉培训外交领域专业人才提供了一流的教学设施和教学环境。2019年4月，中安两国签署"安哥拉职业技能培训中心项目实施协议"，中国将在万博省万博市无偿援建职业技能培训中心，该中心建成后将极大地满足万博省及周边省份的青年职业培训需求，帮助安哥拉培养更多未来国家建设发展所需的专业人才。[2]

在援建学校项目中，最具特色的是中信建设有限责任公司的百年职校。作为"走出去"的中国企业代表，中信建设自2008年到安哥拉参与战后重建以来，得到了安哥拉各级政府的高度重视和大力支持，一大批基础设施项目陆续完工并投入使用。深知职业教育对解决贫困问题、推动经济发展的重要意义，中信建设于2014年将百年职校公益职业教育模式引进安哥拉，与中国青少年发展基金会、百年职校理事会正式签署协议，捐资发起创建中信百年安哥拉职校。学校立足于服务当地贫困年轻人，帮助他们学到一技之长、实现就业，为家庭排忧解难，为企业培养人才。2014年4月，首期学生正式入学。百年职校这个诞生于中国的公益模式走进非洲，并逐步实现本土化。安哥拉百年职校已成为爱心传递的桥梁、文化交流的纽带，以及企业承担社会责任的平台。目前，中信百年安哥拉职校设置有建筑电

---

[1] 张春明. 中国援助安哥拉小学校项目建成移交[EB/OL]. (2014-02-24)[2020-11-18]. https://china.huanqiu.com/article/9CaKrnJEnet.

[2] 贾丁. 安哥拉共和国国别报告[M]// 王成安, 等. 葡语国家发展报告（2020）. 北京：社会科学文献出版社，2020：158.

工、机械操作、砌筑工、酒店服务等课程。学校在传授学生专业知识的同时，还开设企业管理、阅读、写作、演讲与口才、计算机、英语、环境保护、商务礼仪、道德与法律等人生技能培训课程。百年职校的汉语课就属于"人生技能"培训的辅修课之一。学校团队主要由热心教育和公益的安哥拉籍员工组成，他们接受百年职校的理念、文化和管理。除中信建设作为主要资助者外，学校还将面向安哥拉本国社会、当地中资企业、国际机构等筹措办学资源。[1]

（六）高校的校际合作

中国的多所高等院校与安哥拉的高等院校建立了教育交流与合作关系，主要包括：互派留学生、互派访问学者和教育代表团、互换信息、互派教师、互聘学者和教授、共同举办国际学术会议、共同开展科研项目等。例如，中国部分开设葡萄牙语专业的高校开始开设非洲葡萄牙语文学、非洲葡语国家政治制度等课程，中国的葡语教师还从事安哥拉文学作品的译介，将一系列安哥拉经典文学作品引入中国，受到广大中国读者的欢迎。2016年，安哥拉作家若泽·爱德华多·阿瓜卢萨的《贩卖过去的人》中文译本由湖南文艺出版社出版（陈逸轩译）；2018年，安哥拉总统诗人阿戈斯蒂纽·内图首部诗歌中文译本《神圣的希望》由江苏凤凰文艺出版社出版（张晓非译）；2020年，阿瓜卢萨的《遗忘通论》中文译本由上海人民出版社出版（王渊译）。中国与安哥拉高等院校之间的校际合作与交流促进了双方教育的合作与交流，加强了彼此之间的了解。中安之间高校的校际合作有良好的发展前景。随着经济社会的不断发展，非洲国家逐渐重视教育的发展，很多的高等院校拥有自己的优势和特色。

---

[1] 安哥拉百年 [EB/OL]. [2020-09-10]. https://www.bnvs.cn/SinglePage.aspx?CatalogId=114&ThreeId=115.

安哥拉拥有丰富的自然资源，并且历史文化独具特色，而中国的高校已经形成了门类齐全的学科体系，双方的合作空间广阔，两国应促进高校之间的优势互补。

二、交流原则

在中非合作论坛的框架之下，中国与安哥拉共同努力，在中国倡导和坚持的教育交流与合作的原则下，推动中安教育文化交流与合作不断深入，向多层次、多领域发展。其原则主要包括无条件限制原则、互惠互利原则和平等原则。

无条件限制原则是中国与非洲国家文化教育交流与合作的核心原则。20世纪60年代，中国政府提出了关于对外援助的原则：中国政府提供的对外援助，严格尊重受援国的主权，绝不要求任何特权，绝不附带任何条件。[1] 中国在与安哥拉的文化教育交流与合作中，没有任何的条件限制，唯一的前提是承认中华人民共和国政府是中国的唯一合法政府。这并不与"无条件限制"矛盾，因为中国尊重安哥拉的领土和主权。同样，安哥拉也要尊重中国的领土和主权。无论是向安哥拉派遣教师和志愿者、援助教育物资、提供奖学金名额，还是举办培训班、开展校际交流，这一系列的中安教育合作与交流都是没有条件限制的。这不仅有利于中安两国的友好团结，而且有力地推动了两国的经济和社会发展。双方的文化教育交流与合作在"无条件限制"的原则下，寻求适合双方共同发展的道路，尊重交流合作的自主权，不附加任何外在的条件限制。这是中国与非洲国家教育交流与合作的一个传统，也是中国与非洲国家交往的一个原则和

---

[1] 齐平. 中非教育交流与合作的历史历程与发展研究（1949—2006）[D]. 金华：浙江师范大学，2013.

政策。

互惠互利原则是中非文化教育交流与合作的前提条件。中国与安哥拉在历史发展的进程中都有受压迫、受歧视的经历，在教育发展过程中其内外的压力也很大。随着经济的发展，中国和安哥拉的教育需求量不断增加。两国之间的文化教育交流一方面大力促进了安哥拉文化教育的发展，例如，中国援建学校、捐赠教育物资、提供奖学金、派遣教师、提供职业培训等，这些都能够满足安哥拉人民接受教育、提升文化教育水平的需求。对于安哥拉来说，中国的发展历史与其有相似之处，可以借鉴中国现有教育的发展模式，科学地制定教育发展的纲要，使其教育发展更能符合社会的需求。另一方面，在与安哥拉的文化教育交流与合作中，中国的文化教育走出国门，推向世界，实现教育的国际化，扩大了中国"软实力"在非洲的影响。总之，中安的文化教育交流与合作不仅符合中国的国家利益，也符合安哥拉的国家利益，达到了真正的互惠互利。

平等原则是中非文化教育交流与合作的基点。中国政府在20世纪50年代提出的"和平共处五项原则"指出，在世界舞台上国家不分强弱、贫富和大小，在法律上都是平等的，在国际事务中都拥有平等的权利。[1] 在中安文化教育交流与合作中，两国始终坚持平等原则，平等对待对方，平等处理文化教育交流与合作中的事务，共同促进双方的发展。虽然从提供奖学金、派遣教师和代表团、援助捐赠等方面来看，中国对安方的"供给"要超过"收入"，中国一直处于主动的地位，但是中安两国是平等的，互为战略合作伙伴，安哥拉需要中国的援助，中国也需要安哥拉的支持。平等原则并不是说中安在文化教育交流与合作上追求数量的平等，而是指拥有平等的权利，中国不会因为两国间的经济和社会发展差距而成为发布命令的角色，也不会把自己的意志强加给对方。中安两国在平

---

[1] 齐平. 中非教育交流与合作的历史历程与发展研究（1949—2006）[D]. 金华：浙江师范大学，2013.

等的基础上，共同磋商合作，进行文化教育交流，从而推动彼此的共同发展。

第三节 案例与思考

一、安哥拉内图大学孔子学院概况

孔子是中国古代伟大的思想家、教育家和儒家文化的代表人物。孔子学院是阐释中国文化的一个合适载体。自 2004 年韩国首尔开设首家孔子学院后，目前全球已有 162 个国家（地区）设立了 541 所孔子学院和 1 170 个孔子课堂。其中，非洲设立了 61 所孔子学院、48 个孔子课堂。[1] 人文合作对于增进中非政治互信、加强经贸交流有着不可替代的作用。孔子学院充分利用自身优势，通过开展汉语教学，培训汉语教师，提供汉语教学资源，开展汉语考试和汉语教师资格认证，提供中国教育、文化等信息咨询，开展中外语言文化交流活动等，逐步形成了各具特色的办学模式，成为各国学习中国文化、了解当代中国的重要场所，受到当地社会各界的热烈欢迎。内图大学孔子学院是目前安哥拉境内唯一的孔子学院，在促进中安文化教育交流与合作中承担了重要角色。下面将以内图大学孔子学院为例，分析探讨中安文化教育交流的成功经验和面临的挑战。

如前所述，安哥拉内图大学孔子学院位于安哥拉首都罗安达，由内图大学、哈尔滨师范大学与中信建设有限责任公司合作建设，为全球首家由

---

[1] 刘豫锡. 中非共建"一带一路"风正一帆悬 [EB/OL]. (2021-01-24)[2021-03-16]. http://news.21cn.com/caiji/roll1/client/2021/0124/10/49350081.shtml.

中资机构参与建设的孔子学院。学院于2014年3月1日签署协议，2015年年底建成，2016年3月28日正式开课，总建筑面积为600余平方米，包括教室、语言研究室、图书室及大型多功能厅等，是集教学、会议、活动为一体的多功能教学场所。内图大学孔子学院为内图大学师生和罗安达当地民众提供了学习中国语言、交流两国文化的广阔平台，是增进安哥拉人民对中国语言文化了解的重要手段，为安哥拉汉语学习者提供了方便、优良的学习条件。

李汤在《安哥拉内图大学孔子学院汉语教学情况调查报告》[1]中指出，从招生和课程设置上看，孔子学院联合内图大学面向内图大学及周边地区招生，通过海报、传单、网络宣传、广播、电视等形式做招生宣传，并通过笔试、面试选拔生源。2016年首期招生160人，2017年招生200人，共10个班级。课程分为综合汉语和中国文化体验两个课型，其中综合汉语课使用《汉语乐园》《跟我学汉语》《快乐汉语》《当代中文》等中国教材，重在讲授汉语语言知识，培养学生的汉语听力和口语表达能力；文化体验课以介绍中国文化为主，内容形式多样，包括太极拳、中国结、舞蹈、民歌、剪纸等。从学生构成来看，学生男女比例大约在6∶4，内图大学卡玛玛校区的学生以工程和科技学院的学生为主，这两个专业的男生偏多。年龄方面，孔子学院的汉语学习者15—25岁的人数最多；其次是年龄在35—45岁的汉语学习者；45岁以上的学习者数量最少。安哥拉内图大学孔子学院的学生以本校大学生为主，他们上课时间较固定，能听懂英语的人多一些。不少学生在进入孔子学院之前有过汉语学习经历。罗安达省内有相当多的中资企业，随着中安贸易和各方面往来日益密切，一些培训机构开始开设短期汉语培训班，同时也促进了安哥拉当地人自发学习汉语的行为。该调查报告对学生学习汉语的动机做了统计，排在前三位的分别是掌握语言技能后

---

[1] 李汤. 安哥拉内图大学孔子学院汉语教学情况调查报告[D]. 广州：广东外语外贸大学，2016.

方便找工作、对中国的语言文化感兴趣和工作单位的要求。可以看出，第一项和第三项都与求职就业有关。"中资企业在安哥拉影响力大，到处可见中国制造，使安哥拉人发觉汉语作为一种交流工具是非常有必要学习的，学习汉语能让自己拓宽不少未来的可能性，对找工作、寻求自身更多的发展机会、和中国人打交道做生意、开办自己的公司等方面都有很重要的作用。相比其他企业，中资企业的普通员工收入也是属于比较高的。"[1]从师资状况看，内图大学孔子学院的教师全部由中国中外语言交流合作中心派出，包括孔子学院中方院长1名、中方秘书1名，以及公派教师和志愿者若干名。

除了课堂教学，内图大学孔子学院还举办许多文化活动。每逢春节、中秋、端午等重要节日，内图大学孔子学院便会举办活动，邀请学生和当地民众参加，介绍中国的历史文化、风土人情，介绍生活知识，使他们学习常用汉语，体验中国文化的独特魅力。此外，内图大学孔子学院还与和平方舟号医院船、援安医疗队合作举办文化活动和中医讲座。为了让安哥拉学生更直观地感受中国文化，内图大学孔子学院会安排学生到中国参加夏令营活动。安哥拉高教部、教育部、内政部等部门也会组成访华团到中国访问交流。汉语课程在未来几年将逐步作为内图大学的选修课。哈尔滨师范大学也会选派教师到内图大学授课，加强内图大学与哈尔滨师范大学的校级合作和学术、文化交流，让更多的安哥拉师生走进中国，亲身感受中国的文化和发展，认识真实的中国。[2]

在助力安哥拉中资企业展开本土化经营方面，内图大学孔子学院也发挥了重要的作用。在安哥拉的中资企业有一半是当地员工，由于语言不通、文化不同，中外员工间难免会有沟通障碍。内图大学孔子学院院长刘孝忠

---

[1] 李汤. 安哥拉内图大学孔子学院汉语教学情况调查报告 [D]. 广州：广东外语外贸大学，2016.
[2] 积极推广汉语教学和中国文化——访安哥拉内图大学孔子学院院长刘孝忠 [EB/OL]. (2017-11-15)[2020-09-15]. https://www.sohu.com/a/204548030_271142.

在 2017 年 11 月接受《安哥拉华人报》采访时表示："针对这些问题，内图大学孔子学院对中信建设百年职校毕业生进行汉语强化训练，为安哥拉移民局、犯罪调查局、国家警察等部门员工开设汉语培训课程，有效地帮助他们理解中安之间的语言文化差异，增进安哥拉民众与华人之间的沟通交流。"[1]

总之，内图大学孔子学院已成为当地学生和民众学习汉语、了解中国文化和进行职业培训的重要平台，并且极大地推动了内图大学与哈尔滨师范大学等中安高校间的校际合作，为促进中安人文交流合作，增进两国人民的相互了解做出了重要贡献。

二、问题与思考

内图大学孔子学院的发展目前还面临着几大问题。

首先，语言和文化障碍。语言和文化障碍一直是非洲孔子学院共有的一个问题。安哥拉的官方语言是葡萄牙语，而且安哥拉是一个多民族国家，由于国民受教育水平低，大多数当地人使用本民族的语言，对于葡萄牙语、英语、法语等语言的掌握程度并不高。经由中国中外语言交流合作中心培训来到非洲教学的教师和志愿者能够熟练掌握当地语言的非常少，很多教师或者志愿者对于当地语言的了解仅限于培训时获得的一点儿入门知识，或者是自学来的，这些用于教学是远远不够的。第一批到内图大学孔子学院的四人中，只有孔子学院中方院长一人能够用葡萄牙语与当地人对话。当教师和志愿者用自身并不熟练的语言教学时，会遇到非常多的问题。[2] 所

---

[1] 积极推广汉语教学和中国文化——访安哥拉内图大学孔子学院院长刘孝忠 [EB/OL]. (2017-11-15)[2020-09-15]. https://www.sohu.com/a/204548030_271142.

[2] 李汤. 安哥拉内图大学孔子学院汉语教学情况调查报告 [D]. 广州：广东外语外贸大学，2016.

以，在今后的孔子学院公派教师培训和志愿者培训中，应加强对葡萄牙语的语言培训，提升教师与学生之间的沟通质量。而且，中国和非洲的不同不仅表现在语言和文化的不同，还有深层的思想逻辑方式和心理的不同。公派教师和志愿者必须抱着开放和学习的心态去接受和了解当地文化，这样才会达到预期的教学效果。教师了解和融入安哥拉当地文化不仅有利于在课堂上选择合适的方式、方法进行教学，更对了解学生、与学生相处，乃至适应当地的生活有帮助。

其次，师资和教材方面。随着中安交流合作的日益密切，"汉语热"引起越来越多的安哥拉人萌生学习汉语的兴趣。目前内图大学孔子学院的师资力量远不能满足需求。从孔子学院的长期发展来看，培养一批优秀的本土教师势在必行。培养本土教师不仅可以帮助零起点的学生更快地进入学习汉语的状态，还能帮助中国籍教师克服一些跨文化交际的问题。而且，未来孔子学院还可以在其优秀毕业生中选聘本土教师，形成一种从学习到就业的良性循环。在使用的教材方面，虽然很多教材已经有葡萄牙语版，如《当代中文》《快乐汉语》《跟我学汉语》《轻松学汉语》等，但是这些教材在介绍国别和城市时，往往以葡萄牙或者巴西为例，在安哥拉学生看来很有距离感。在世界上使用葡萄牙语的国家中，每个国家都有不同的文化传统。安哥拉有自身一套完整的语言文化体系，其中既有葡萄牙的文化元素，也带有鲜明的非洲文化特色。安哥拉的葡萄牙语更接近欧洲葡语，即葡萄牙的葡语，同时也融入了一些当地的语言元素。国别类教材是大势所趋，安哥拉应该积极编写自己的国别类教材，以应对日益发展的汉语教学形势。

展望未来的发展，孔子学院应进一步发挥其教育文化交流平台的作用。基于安哥拉人民对中国文化的浓厚兴趣，如中国武术、歌曲等，孔子学院可以通过丰富多样的文化活动，增进当地人民对中国历史文化的了解。例如，举办中国文化周、电影展、音乐会等，还可以走出校门，以社区、企业为中心，开展面向全社会的教育文化交流。总之，孔子学院要全方位地亲近大众，融入当地环境。2020年，新冠肺炎疫情给全球教育事业带来了巨大冲击，孔子学院也及时调整教学模式，以适应后疫情时代的教育发展趋势。孔子学院充分利用互联网等新技术，将线上活动与线下活动、远程办公和现场办公相结合，确保教学等活动的正常进行。

孔子说"智莫难于知人"，要真正认识和了解一个人是一件很困难的事情，要了解一个国家、一个民族则是更加困难的事情。发展中安两国的长期友好合作关系，离不开两国民众的相互了解和认知。孔子学院不仅是传播中国语言文化的课堂，更是了解当代中国的窗口，是增进中安两国人民相互了解与友谊的桥梁。未来，孔子学院应在培养中安友好使者、深化中安人文交流方面发挥更大的作用。

综上所述，中国与安哥拉的文化教育交流与合作经历了几十年的长足发展之后，不断向多层次、多领域深化。随着中国与非洲国家之间经贸联系的不断加强，以及中国和非洲大陆之间友好关系的进一步巩固，尤其是2000年中非合作论坛的成功召开，中国与安哥拉的文化教育交流与合作更加密切，也进一步增进了双方的相互了解与联系。中国政府做出的努力主要是援建学校，提供教学设备和资料，派遣教师，举办职业培训，提供奖学金等。安哥拉政府做出的努力主要是派遣文化教育访问团，进行汉语文化教学研究，拓宽校际合作领域，增派留学生等。在双方的共同努力下，文化教育的交流与合作促进了两国社会与经济的共同进步。

同时，中安文化教育交流与合作也面临诸多问题，主要表现在中国政府参与多、安哥拉政府参与少，安哥拉现有的教育发展水平比较落后等方面。这些问题给中安文化教育交流与合作带来了挑战。要实现中安文化教育交流与合作的长远发展，就要打破现有的中国处于"主动"、安哥拉处于"被动"的局面，要调动安哥拉开展教育交流与合作的积极性。中安双方要共同参与文化教育交流与合作,这样才能既促进安哥拉文化教育的发展,又开拓中国国际教育的新领域。总之,"平等"是中安双方教育交流与合作的前提,而"双赢"是中安文化教育交流与合作获得持续和更大发展的动力。

结　语

安哥拉是非洲西南部国家，具有悠久的历史文化传统。在欧洲殖民者到来之前，当地土著人以班图人为主。早期土著人文化教育的主要形式是口头文化教育，包括讲述故事、神话、传说、历史、寓言等，还有唱歌、跳舞以及部落成员参与的所有仪式活动。虽然它们都是以口头相传，但是却确保了不同民族的语言、文化、价值观得以世代流传，体现了土著人丰富多样的文化，并对今天的安哥拉文化教育仍有重要影响。

15世纪末，葡萄牙人开始与安哥拉居民交往，企图通过宗教以文化渗透的方式占领非洲土地，宗教逐步与教育关联在一起。在此后长达400年的殖民统治期间，葡萄牙在安哥拉采取的教育政策始终以传播葡萄牙的殖民主义价值观为基础，享有教育资源的是社会的优势群体，处于弱势的土著人处于受教育的边缘地带。

1975年，安哥拉独立时面临着教育体制落后、教育基础设施薄弱、国民文盲率极高等一系列严重的教育发展问题。虽然政府采取了教育改革措施，但27年的内战导致政局不稳、经济萧条，教育领域更是满目疮痍。2002年内战结束后，安哥拉进入全面恢复和重建时期，围绕着"联合国千年发展目标"，制定了新的教育政策，掀起第二次教育改革。

安哥拉在教育发展领域取得了一定成就，其教育体系的六个子系统（学前教育、基础教育、高等教育、职业教育、成人教育、教师教育）具有如下特点。

学前教育具有一定的强制性。2001 年通过的《新教育体制基本法》规定，5 岁前未上过托育所和幼儿园的学龄前儿童必须就读学前班。现行的《教育和教学体制基本法》第 12 条将这一强制性规定扩展到了所有学前班适龄儿童。学前教育突出以儿童为中心的教育。安哥拉遵循"儿童中心主义"的原则，由国家出台适合不同年龄的、统一的课程和教学计划，并明确要求一切教学活动都必须以符合儿童心理发展的游戏的形式来进行。全国所有的学前教育机构都要遵守这一原则。

基础教育重视对不同语言的学习。葡萄牙语是安哥拉的官方语言，也是《教育和教学体制基本法》规定的教学语言。除此之外，安哥拉还有许多民族语言。为保护语言遗产和民族文化，安哥拉在相应地区的小学课程中都设置了民族语言的教学。

高等教育方面，国家对高等教育入学的规定体现出人道主义的特点，对残疾人、军人等特殊人群给予了一定的政策倾斜。同时，安哥拉在高等教育领域也注重履行国际承诺。在教育现代化的国际背景下，安哥拉鼓励高等教育机构培养复合型、跨专业人才。设立大学术区是安哥拉政府在高等教育发展方面的一大举措。为了扩大和重组高等教育网络，提高高等教育质量，安哥拉在全国建立了七大学术区。监管部门将权力下放到各学术区。各教学研究机构在教育、文化、学科、行政和财务等领域行使自主权，目的是实现学术自由和民主管理，提高服务质量并平衡高等教育网络的地区分布。

安哥拉职业教育的最大特点是与世界上的其他国家合作。例如，联合修建教学设施，引进科技项目，并且引进技术领域的专业人员来担任教师。除了正常授课外，这些引进的专业人员的另一主要职责是培训职业教育教师，在授之以鱼的同时授之以渔。此外，安哥拉还积极利用中国的信贷资金，增加职业教育的财政投入，从而发展本国的职业教育。

成人教育方面，安哥拉积极依靠外部力量。政府分别借助巴西和古巴的师资力量和教学资源，制定了加速扫盲的"建设安哥拉"和"是的，我可以"两种学习方法。

教师教育方面，安哥拉将改革的重点放在对教师进行教育心理学和科学两方面的强化培训上。国家鼓励由教师培训中心或其他获得授权的教育机构提供在职教师培训，以提高教师的教学和科研水平。

安哥拉历史上进行的两次教育改革和目前正在推进的《安哥拉教育2030》，体现出安哥拉在教育发展战略上做出的转变：从单一地注重某一层次或某一种类的教育，向全面、系统地看待教育转变，即从片面发展职业技术教育到向基础教育倾斜，再到促进各级各类教育均衡发展；从片面强调教育的外在经济价值到把教育作为一种政治权利，再到关注个人发展的内在价值转变；从片面追求教育的"量"到强调教育的"质"，再到兼顾教育的效率、公平和质量，体现教育的公益性、普惠性、包容性转变。

在中国与安哥拉双边关系发展过程中，除了传统的政治、经济和军事因素发挥了作用，文化因素也扮演着日益重要的角色。中安双方文化教育的互动服务于两国的外交大局，增进了两国间的相互了解，做到了增信释疑。在中国与非洲人民的友谊不断加深、中非政治和经济交往日益密切的大框架下，尤其是2000年中非合作论坛的成功召开和2003年中葡论坛的成立，中国与安哥拉的文化教育交流不断取得新进展和新突破，呈现出合作规模不断扩大、领域不断拓展、层次日益提升、形式和主体日趋多元的特点。安哥拉内图大学孔子学院是两国文化教育合作交流的成功案例，为安哥拉人民了解和学习中国语言及文化打开了一扇新的窗口，为中安两国的友好长远发展起到了桥梁和纽带作用。同时，中安文化教育交流与合作也面临诸多问题。这些问题给中安文化教育交流与合作带来了挑战。要实现中安文化教育交流与合作的长远发展，就要实现中安文化教育交流与合作的平等和双赢。

习近平主席在2013年9月和10月提出的"一带一路"倡议，向世界展示了当今中国的责任与担当；中国教育部在 2016 年 7 月印发《推进共建"一带一路"教育行动》，旨在将国家倡议转化为教育实践；2020 年 6 月，《教育部等八部门关于加快和扩大新时代教育对外开放的意见》对新时代中国教育的对外开放进行了重点部署。在这样的背景下，中安两国在未来将继续坚持互鉴、互容、互通，形成更加全方位、宽领域、多层次的文化教育交流与合作局面，具体可以围绕如下几个方面展开。

一是加强合作办学。中国已成为世界最大的国际学生生源国和亚洲最大的留学目的地国。中外合作办学作为教育对外开放的重要载体实现了蓬勃发展。国际中文教育方兴未艾，孔子学院（孔子课堂）及其在线平台为各国各界人士学习汉语、了解中国文化创造了有利条件。[1] 中方可以将内图大学孔子学院的模式复制到安哥拉境内的其他高校，继续发挥好孔子学院在文化教育交流方面的桥梁和纽带作用。

二是加大对赴安留学、教学人员和来华留学、教学人员的资助，进一步促进双方教育文化人员的交流互访和学习。中方可以为安哥拉学生提供更多的奖学金名额，为他们提供更多的机会来深入了解中国文化，并且通过开放办学、国际化办学等方式，吸收更多的安哥拉学生到中国学习，帮助安哥拉培养高端人才。另一方面，为赴安交流的中国专家和教师提供支持，便于他们在安哥拉开展教学和文化研究活动，为从事安哥拉研究的人员提供更多保障。

三是中国为安哥拉教育发展贡献中国方案。2020 年暴发的新冠肺炎疫情给各国教育造成不同程度的冲击，实现联合国《2030 年可持续发展议程》的教育目标面临更大挑战。安哥拉教育受新冠肺炎疫情影响严重，部分教学活动停滞。抗击疫情期间，中国在"停课不停学"、有序复学复课、线上线下教学模式相结合等方面积累了成功经验，可以分享给安哥拉，扩大教

---

[1] 教育部等八部门印发意见加快和扩大新时代教育对外开放 [EB/OL]. (2020-06-23)[2020-10-30]. http://www.moe.gov.cn/jyb_xwfb/s5147/202006/t20200623_467784.html?ivk_sa=1023197a.

育国际公共产品的供给，向安哥拉提供力所能及的帮助。

四是进一步引导中国院校"走出去"。随着中国与世界各国的联系日益紧密和共建"一带一路"的持续深入推进，"走出去"办学日益成为我国教育对外开放的重要内容。安哥拉应参照中信百年安哥拉职校的理念和模式，积极推动应用型本科、职业院校配合中国企业"走出去"，开展协同办学，实现共同发展。中国应扩大在线教育的国际辐射力，将具有中国特色和国际竞争优势的专业课程、教学管理模式和评价工具推广到安哥拉，为安哥拉的人才培养和经济发展助力。

五是大力培养服务中安交流的高端人才，包括精通葡萄牙语和其他安哥拉民族语言的高端语言人才，急需的政治、经济、法律等多领域专业技术人才，以及从事非洲、安哥拉国别和区域研究的人才。中安两国应扩大人才培养规模，创新人才培养模式，以期更好地为中安各领域的交流合作和"一带一路"建设输送高质量人才。目前，中国虽有50多所高校开设葡萄牙语专业，但是教授安哥拉本土语言的教学机构凤毛麟角。那些既掌握必备语言又熟悉中安文化、通晓国际规则、具有全球视野和跨文化交流能力、拥有全球竞争力的国际化人才，是目前中安两国共同的需求和人才培养目标。中安两国可以围绕专业和课程设置、教学模式与方法、质量监控与评价等方面开展联合培养人才的项目，提升教育服务两国经济社会发展的能力。

六是中安共同服务并参与全球教育治理。中国和安哥拉同属发展中国家，应利用中非合作论坛、中葡论坛等多边合作机制，共同协作，发挥本国教育在区域和全球的影响力，积极参与制定国际教育政策、制度和标准，在提升本国教育质量的同时为国际社会贡献力量，促进区域和全球教育发展。

总之，中国与安哥拉近半个世纪的教育交流与合作促进了双方的了解，能够更好地形成政治上的相互认同、经济上的相互扶持，共同促进双方社会的发展，这符合中安两国的共同利益。安哥拉作为中国能源的重要来源地以及贸易与工程承包的重要地区，对中国未来的国家战略规划非常重要。随着中华民族伟大复兴步伐的加快和"一带一路"倡议的深入推进，中国应努力构建社会主义大国的价值观，在参与体系构建的过程中彰显中华文化的影响力，积极提高"中国制造"的文化附加值。中国应以"汉语热""中国热"为契机，构建多层次的交流合作网络，扩大中国的国际影响力和文化向心力，增强中国制度、中国价值观的吸引力，努力实现中国"政治上更有影响力、经济上更有竞争力、形象上更有亲和力、道义上更有感召力"[1]的伟大目标。作为软实力重要组成部分的教育交流与合作应该受到中安双方政府的重视。中安两国应共同磋商建立中安教育交流与合作机制，并使之逐渐制度化，从而巩固两国之间的友好关系，促进中安教育交流与合作的发展。希望中安两国以打造新时代更加紧密的中非命运共同体为指引，以落实中非合作论坛成果为契机，密切配合，进一步拓展和深化两国各领域的务实合作，不断丰富中安两国的全面战略合作伙伴关系内涵，加快两国合作转型升级和提质增效步伐，推动中安关系不断迈上新台阶。

---

[1] 曾祥名，黄兴华. 建国以来我国对葡语国家文化外交的历史回顾与现实挑战[J]. 无锡商业职业技术学院学报，2013, 13(3): 84-87.

附 录

安哥拉《教育和教学体制基本法》(编译)[1]

第一章 总则

第一条 目的

本法规定了教育和教学体制的基本原则和总依据。

第二条 教育和教学体制

1. 教育是一个有计划的、系统的教与学的过程,旨在使个体获得充分准备,能够适应个人和集体生活。

2. 根据前款的规定,个体在人类共存中发展,以便能够面对社会的主要挑战,特别是在巩固和平、促进民族团结、保护人权和环境,以及推动国家的科学、技术、工艺、经济、社会和文化发展方面。

3. 教育和教学体制是一整套教学结构、模式和机构。国家通过这些结构、模式和机构开展教育,旨在全面协调地培养受教育个体,以建立一个自由、民主、法治、和平、进步的社会。

第三条 法律的适用范围

本法适用于全国范围内构成教育和教学体制的一整套结构、模式和机

---

[1] 本法由作者翻译,法律原文见安哥拉高等教育、科学、技术和创新部官网。

构，其依据是《安哥拉共和国宪法》、国家发展战略和国家教育政策。

第四条 教育和教学体制的目的

1. 持续、系统、协调地培养公民，尤其是培养青年的思维才智、劳动能力、社会公德、道德品质、伦理观念、审美能力、体质体力和爱国情怀，提高他们的科学、技术和工艺水平，为国家的社会经济发展做出贡献。

2. 确保受教育者获得必要的知识和技能，以充分有效地开展个人生活和参与集体生活。

3. 培养能够用批判性、建设性和创新性思维来理解国家、区域和国际问题的个体，使其按照民主原则积极参与社会生活。

4. 促进受教育者个人良知的发展，特别是在尊重民族价值和民族形象方面；提倡尊重人性尊严，提倡包容与和平的文化；维护民族团结；提倡保护环境并不断提高人民的生活质量。

5. 在推崇个人享有生命、尊严、自由以及个人和集体完整性权利的过程中，促进相互尊重，捍卫安哥拉人民的最高利益。

6. 以尊重差异的态度发展与各国人民之间的团结友好关系，实现良好的区域和国际一体化。

7. 确保个人在全面发展的过程中追求卓越、积极创业、提高效率、讲究效益。

第二章 教育和教学体制的基本原则

第五条 基本原则

教育和教学体制具有合法性、综合性、世俗性、普遍性、民主性、公益性、义务性的特点，遵循有效的国家干预，保证服务质量，培养受教育者的美德、公民意识以及爱国主义价值观的原则。

第六条 合法性

所有教育机构以及教育和教学体制的不同行为主体和合作伙伴都必须

依照《安哥拉共和国宪法》和法律规范自己的行为。

第七条 完整性

教育和教学体制通过培养目标和内容的统一来确保培养目标与国家发展目标相一致，并保证教育子系统、教育层次和教育模式间横向和纵向的长期衔接。

第八条 世俗性

国家应确保不分宗教派别，始终把实现教育和教学体制的目标和各教育子系统的目标放在首位，确保受教育者在满足既定要求的情况下获得不同层次的教育，并确保教育机构不崇尚任何宗教思想。

第九条 普遍性

教育和教学体制具有普遍性，即所有个体在符合各教育子系统标准的前提下，在入学、就读和完成学业方面享有平等权利。教育和教学体制确保社会包容、机会平等和公平，禁止任何形式的歧视。

第十条 民主性

教育和教学体制具有民主性，即凡直接参与到教学过程中的个体，作为教育工作者或合作伙伴，都有权根据各教育子系统的规定，参与组织和管理教育相关的结构、模式和机构。

第十一条 公益性

1. 教育和教学体制的公益性意味着所有在公办教学机构接受初等教育的个体都无须支付任何注册费、课时费、学习资料费、社会资助费和在校伙食费。

国家应提供和推行必要的机制以保障中等教育第一阶段的免费教育，免除公办教育机构的交通费、学校保健费和学校伙食费。

2. 中等教育第二阶段和高等教育的注册费、课时费、教材费和其他费用的支付，由学生家长或监护人负责。如果学生已到法定年龄，或由学生本人负责。

国家提供社会支持机制。符合法律规定要求的学生可以申请。

3. 上述各款的规定不影响在特定法律中另有规定的奖学金的使用。

第十二条 义务性

1. 教育的义务性,即教育是国家、社会、家庭和企业的义务,以保证和促进所有学龄人员进入教育和教学体制就学。

2. 义务教育包括学前教育、初等教育和中等教育的第一阶段。

第十三条 国家干预

1. 国家通过教育行政部门负责教育和教学体制的发展、管理、协调、监督、控制和评估。

2. 教育发展事业是国家的责任,私营或公私合营实体在遵守特定法律的前提下以补充形式参与发展教育。

3. 在行使管理权的过程中,不论教育机构的公私性质如何,教育行政部门批准和执行关于教育和教学体制在其不同子系统和层次上的组织、运作和发展的政策和标准。

4. 在纳入教育发展规划的前提下,国家可以支持民办教育机构和公办民营教育机构有效履行公益职能的发展举措。

第十四条 服务质量

教学机构在开展教育活动时必须遵守高标准,在科学、技术、工艺和文化领域取得硕果,并积极在办学方面彰显特色、引领创新、追求卓越品质、提高教学质量。

第十五条 教育与培养美德、公民意识和爱国主义价值观

教育和教学体制提倡尊重民族形象,热爱民族历史和民族文化,增强民族认同感,维护国家统一和领土完整,维护国家主权、和平和民主,保护良风民俗,强化道德观念和公民意识。

第十六条 教学语言

1. 教学授课必须使用葡萄牙语。

2. 国家促进和保证人力、科技、物质和财政条件,以扩大和普及在教学中使用安哥拉的其他语言，并为有听力障碍的受教育者提供手语教学方面的支持。

3. 在不影响本条第 1 款规定的情况下，依据特定法律中规定的条款，安哥拉的其他语言可作为一种补充和学习工具在不同的教育子系统中使用。

4. 国家推行公共政策，在所有教育子系统中插入和普及几门主要的国际交流语言的教学，优先支持英语和法语教学。

第三章 教育和教学体制的组织
第一节 教育和教学体制的结构
第十七条 结构

1. 教育和教学体制是一体的，由六个教育子系统和四个教育层次组成。

2. 六个教育子系统如下：

（1）学前教育子系统；

（2）普通教育子系统；

（3）职业技术教育子系统；

（4）教师教育子系统；

（5）成人教育子系统；

（6）高等教育子系统。

3. 四个教育层次如下：

（1）学前教育；

（2）初等教育；

（3）中等教育；

（4）高等教育。

第十八条 流动机制

各教育子系统或不同教育子系统间的流动机制由特定法律进行规定。

第十九条 教育子系统间的衔接

1. 不同教育子系统所保障的知识和技能与国家资格认证制度之间的衔接，由其特定法律进行规范。

2. 在教育子系统之间的衔接中，语言教学、文化艺术教育、体育、德育与公民教育、政治与爱国主义教育等领域都有具体的发展策略。考虑到各子系统的特殊性，根据各自的法令条例来进行规范。

第二十条 教育和教学体制的最低参考年龄

1. 各级教育的最低入学参考年龄和就学年限即是各教育子系统规定的最低入学参考年龄和就学年限。

2. 以规定的各级教育最低参考年龄为准，允许延缓2年入学，各级教育的入学在此时限内皆被视为正常入学。

3. 与各级教育规定的最低参考年龄相比，超过2年入学被视为成人教育，其教学-技术条件不同。

第二节 学前教育子系统的总体目标和结构

第二十一条 学前教育子系统

学前教育子系统是教育的基础，是幼儿时期的教育，也是人生第一个教育阶段。在此阶段，学前儿童的心理发展受到调节和指导。

第二十二条 学前教育子系统的总体目标

1. 刺激幼儿的智力、身体、道德、美学和情感发展，保证幼儿的个人发展有一个健康的环境，帮助其进入普通教育子系统。

2. 通过教幼儿观察身边的自然、社会和文化环境，让幼儿更好地融入并参与其中。

3. 培养幼儿的表达能力、交流能力、创造性想象能力，激发幼儿的好奇心和对游戏活动的兴趣。

第二十三条 学前教育子系统的结构

1. 学前教育分为三个阶段：

（1）托育所：3月到3岁。

（2）幼儿园：3岁到5岁。

（3）学前班：5岁到6岁。[1]

2. 学前班可以在小学开设。

第三节 普通教育子系统的总体目标和结构

第二十四条 普通教育子系统

普通教育子系统是教育和教学体制的基础，其目的是确保全面、协调、扎实地培养受教育者，这是受教育者进入劳动力市场和社会的必要条件，也是后续接受更高级别教育的必要条件。

第二十五条 普通教育子系统的总体目标

1. 确保全面协调地提高受教育者的综合素质，使其在智力、劳动、艺术、公民意识、道德品质、伦理、美学和体质健康方面得到发展。

2. 确保科研知识支持专门技术，满足高效生产的需要，以适应经济和社会发展的要求。

3. 教育儿童、青少年和成年公民获得其发展所需的习惯、技能、能力和态度。

4. 激发青年人和其他社会阶层对工作的热爱，鼓励他们学习有益于社会的劳动，使他们能够改善其生活条件。

5. 为新生代提供扎实有用的职业和专业指导，使其更好地融入职业生活。

第二十六条 普通教育子系统的结构

普通教育子系统的结构为：

1. 初等教育；

2. 中等教育。

---

[1] 法律原文为幼儿园：3岁到6岁，包括5岁到6岁上的学前班。为便于读者理解，译者做了调整。

第一分节 初等教育

第二十七条 初等教育

1. 初等教育是普通教育的基础，顺利完成初等教育是接受中等教育的前提。

2. 初等教育的学制为 6 年，在入学当年 5 月 31 日之前年满 6 周岁的儿童均可入学。

第二十八条 初等教育的组成

1. 初等教育包括三个学习阶段，各阶段包括两个年级，具体安排如下：

（1）1、2 年级，在 2 年级进行该阶段教学目标的最终评价。

（2）3、4 年级，在 4 年级进行该阶段教学目标的最终评价。

（3）5、6 年级，在 6 年级进行该阶段教学目标的最终评价。

2. 未完成初等教育的 12—14 岁的儿童应受益于具体的教育支持方案来完成学业，超过这一年龄的受教育者应纳入成人教育。

第二十九条 初等教育的具体目标

1. 以掌握读、写、算为基本要求，培养受教育者的学习能力。

2. 发展和完善受教育者交流沟通的能力、口头及书面表达能力。

3. 完善受教育者的社交习惯，提高其社交能力，形成积极的社交态度。

4. 为受教育者的智力发展提供知识和机会。

5. 鼓励受教育者发展能力和技能，使其在劳动、艺术、公民意识、道德品质、伦理、美学和体质健康方面均得到发展，弘扬爱国主义精神。

6. 确保受教育者有计划地进行运动和体育活动，以提高其心理素质和运动能力。

第二分节 普通中等教育

第三十条 普通中等教育

普通中等教育是接续初等教育的阶段，为受教育者后续接受高等教育，或立即进入劳动力市场，或接受进一步职业培训做准备。

第三十一条 普通中等教育的组成

1. 普通中等教育包括两个学习阶段，各学习阶段包括三个年级，具体安排如下：

（1）普通中等教育第一阶段包括 7、8、9 三个年级，受教育者年龄在 12—14 岁。

（2）普通中等教育第二阶段包括 10、11、12 三个年级，受教育者年龄在 15—17 岁。

2. 未完成中等教育第一阶段的 14—17 岁的儿童和青年可受益于具体的教育支持方案来完成学业，超过这一年龄的受教育者应纳入成人教育。

第三十二条 普通中等教育第一阶段的具体目标

1. 巩固、加深和拓宽受教育者的知识，加强其在初等教育中获得的技能、习惯、态度和能力。

2. 使受教育者能够在各级教学和后续领域的学习中获得必备的知识基础。

3. 抓好对受教育者的逻辑推理、反思能力和科学求知欲的培养。

4. 以美德、公民意识和爱国主义价值观为本，深化受教育者的人文基础。

5. 深化技术、文化和艺术的培养，为受教育者继续学习或融入以后的职业生活提供适当的认知和方法上的支持。

6. 培养受教育者的个人和团体工作习惯，鼓励其发展逻辑清晰的思考能力和适应变化的能力。

7. 鼓励受教育者创业，培养其职业生活的习惯、技能、能力和态度，培养其主动性、创造性和自主性。

第三十三条 普通中等教育第二阶段的具体目标

1. 在某一知识领域为受教育者提供全面坚实的教育。

2．为受教育者进入高等教育子系统或参加职业培训活动和融入职业生活做准备。

3．让受教育者形成基于哲学、逻辑和抽象思维的世界观，以及评估应用科学模型解决生活实际问题的能力。

4．鼓励受教育者在研究、批判性反思、观察和实验的基础上获得并应用更深层的知识。

5．巩固受教育者的爱国主义思想和公民意识等价值观，培养其积极参与和融入社会生活的精神。

6．丰富实践经验，加强学校与社区的联动机制，激发学校的创新和干预功能。

7．通过工艺技术层面的准备，推动青少年的职业指导和培训工作，以便其更好地进入职场。

第四节 职业技术教育子系统的总体目标和结构

第三十四条 职业技术教育子系统

职业技术教育子系统是教育和教学体制的基础，其目的是确保受教育者获得必要的职业技能和专业准备，使其能完成本系统各阶段的学业并进入劳动力市场，同时不影响其在高等教育子系统继续学习的可能性。

第三十五条 职业技术教育子系统的总体目标

1．确保对学龄者、求职者和从业者进行职业技术培训和教育。

2．使受教育者有能力进行职业或专门活动。

3．满足国家对合格和熟练劳动力的需求，并适应技术和工艺的发展。

4．使受教育者热爱工作，鼓励受教育者学习有益于社会的劳动，使他们能够改善其生活条件。

5．培养提高民族意识所必需的习惯和态度。

6. 以美德、公民意识和爱国主义价值观为基础，抓好进一步开展研究、学习和全面培训的科学基础。

7. 巩固受教育者的职业素养，使其做好就业准备，以提高生产力水平。

8. 教育行政部门推进职业技术教育子系统与职业培训系统之间的衔接，目的是确保熟练劳动力的培训，并使其适应技术和工艺发展。

9. 上段中的衔接并不意味着职业培训系统中学历学位的授予。

第三十六条 职业技术教育子系统的结构

1. 基础职业培训；

2. 中等职业技术教育。

第一分节 基础职业培训

第三十七条 基础职业培训

基础职业培训旨在让受教育者获得并发展与从事某一职业直接有关的一般性和技术性知识、职业态度和职业实践。

第三十八条 基础职业培训的组织

基础职业培训相当于中等教育的第一阶段，学生在完成初等教育后，在中等技术学校学习。

基础职业培训包括7、8、9三个年级，参加培训的学生年龄在12—14岁，17岁以下的个人可以参加。

第三十九条 基础职业培训的具体目标

1. 巩固、加深和拓宽受教育者的知识，加强其在初等教育中获得的技能、习惯、态度和能力。

2. 在终身学习的框架内补充学校教育。

3. 抓好对受教育者的逻辑推理、反思能力和技术及工艺求知欲的培养。

4. 使受教育者能够在各级教育和后续领域的学习中获得必备的知识。

5. 推动发展受教育者的职业工作技能和生活技能，培养受教育者的创业精神、主动精神、创造精神、创新精神和自主精神。

第二分节 中等职业技术教育

第四十条 中等职业技术教育

中等职业技术教育是过程性培训，其目的是使受教育者获得和拓展国家经济和社会活动不同部门的一般性、技术性和工艺性知识，使他们能够进入职业生活，从事专业活动，并依据标准接受高等教育。

第四十一条 中等职业技术教育的组织

1. 受教育者在完成 9 年级学业后，在中等技术学校接受为期四年的中等职业技术教育。

2. 受教育者在完成普通中等教育的 9 年级和 12 年级学业后，接受职业技术培训。根据所选专业，培训时长从 6 个月到 2 年不等。

3. 年满 15 岁的个人可以接受中等职业技术教育。

第四十二条 中等职业技术教育的具体目标

1. 拓宽、加深、巩固受教育者在中等教育第一阶段中获得的知识、技能、习惯、态度和能力。

2. 使受教育者有能力从事职业或专门活动。

3. 抓好受对教育者的逻辑推理、反思能力和科学求知欲的培养。

4. 为受教育者进入劳动力市场或继续在高等教育子系统学习提供所需的知识、习惯和技能。

5. 鼓励发展受教育者的工作技能和生活技能，培养受教育者的创业精神、主动精神、创造精神、创新精神和自主精神。

第五节 教师教育子系统的总体目标和结构

第四十三条 教师教育子系统

教师教育子系统是为培养所有教育子系统的教师和其他教育工作者，

使之获得必备资格的一整套综合的、多样化的组织、机构、规定和资源。

第四十四条 教师教育子系统的总体目标

1. 为充分实现不同教育子系统的总目标，对教师和其他教育工作者进行必要的教学业务培训。

2. 培养具有扎实的科学、教学、方法、技术和实践知识的教师和其他教育工作者。

3. 培养提高民族意识所必需的习惯、技能、能力和态度。

4. 弘扬诚信、爱国、美德及公民意识，使教师和教育工作者在完成教学任务的过程中肩负起责任。

5. 推进教师和教育工作者终身进修和发展的行动。

6. 推进教学综合培训，使个体在多个知识领域受到培训以从事教学服务工作。

第四十五条 教师教育子系统的结构

1. 中等师范教育；

2. 高等师范教育。

第一分节 中等师范教育

第四十六条 中等师范教育

中等师范教育是指受教育者获得和拓展知识、习惯、技能、能力和态度的过程。通过该过程，受教育者能够在学前教育、初等教育、普通中等教育第一阶段、成人教育和特殊教育中从事教育工作，并依据标准能够获得接受高等师范教育的机会。

第四十七条 中等师范教育的组织

1. 受教育者在完成9年级学业后，在师范学校接受为期四年的中等师范教育。

2. 师范学校可以为完成中等教育第二阶段的受教育者开设职业课程或

教学综合课程。根据所选专业的不同，课程时长为1—2年不等。

3. 教师进修培训主要由教师培训中心或其他获得授权的教育机构提供。

第四十八条 中等师范教育的具体目标

1. 拓宽、加深、巩固受教育者在中等教育第一阶段中获得的知识、技能、习惯、态度和能力。

2. 使受教育者有能力在学前教育、初等教育和中等教育第一阶段开展教学和教育活动。

3. 抓好对受教育者的逻辑推理、反思能力、教学技术方面的创造性和科学性的培养。

4. 为受教育者进入劳动力市场或继续在高等教育子系统学习提供所需的知识、习惯和技能。

5. 培养受教育者的开拓性、主动性和自主性，以拓展其职场工作技能。

第二分节 高等师范教育

第四十九条 高等师范教育

高等师范教育是高等教育机构制定的一套程序，旨在培训教师和其他教育工作者，使他们能够在各级教育子系统中开展教学和教学辅助活动。

第五十条 高等师范教育的组织

1. 受教育者在完成第二阶段中等教育或获得同等学力的情况下接受高等师范教育。根据课程特点，教授时长不一。

2. 高等师范教育可以为本科课程，授予应用型学士学位和学术型学士学位。

3. 高等师范教育可以为研究生课程，授予硕士学位和博士学位。

4. 高等师范教育可以为研究生课程，教授教学综合课程，授予专业文凭。

5. 通过教学综合课程的开展，教学专业化能够在高等教育中得到保证。

6. 教师和教育工作者的进修培训最好由高等师范教育领域的高等院校或经授权的其他机构来提供。

第五十一条 高等师范教育的具体目标

1. 为受教育者能够在本科和研究生学术水平上开展教学和教学辅助活动提供教育，并授予其学士、硕士和博士学位。

2. 保证教学综合课程形式下研究生专业水平的高等师范教育，授予受教育者专业文凭。

3. 通过与教学综合课程相当的具体培训行动，在任意高等教育中确保教学专业化。

4. 抓好教师和教育工作者的继续进修。

第六节 成人教育子系统的总体目标和结构

第五十二条 成人教育子系统

成人教育子系统是指根据成人教育学的原则、方法和任务，实施教学过程的一整套综合的、多样化的机构、组织、规定和资源。

第五十三条 成人教育子系统的总体目标

1. 为未能按时入学接受教育者提供教学，扫除文字性文盲和功能性文盲。

2. 促进个人潜力的开发，以使其更好地融入社会和职场。

3. 为受教育者传授技术技能，以满足国家经济和社会发展的需求。

4. 弘扬美德，培养公民意识，培养受教育者相互包容、相互尊重、尊重差异和保护环境的精神。

5. 确保民族语言、地方文化和民族文化得到重视。

6. 培养受教育者的习惯、技能、能力和态度，使其更好地改造家庭和社会环境，促进社区和农村发展。

7. 拓展和巩固受教育者的职业和专业指导，以帮助其选择合适的专业。

第五十四条 成人教育子系统的结构

成人教育子系统旨在使 15 岁以上的个人融入社会教育和经济生活，其结构如下：

1. 成人初级教育；

2. 成人中级教育。

第五十五条 成人教育子系统的组织

1. 成人初级教育分成两个阶段，具体安排如下：

（1）扫盲阶段，这一阶段对应 1、2 年级，15 岁以上的学生可就读。

（2）扫盲后阶段，这一阶段对应 3、4、5、6 年级，17 岁以上的学生可就读。

2. 成人中级教育的组织形式如下：

（1）普通中等教育的第一阶段，包括 7、8、9 年级。

（2）普通中等教育的第二阶段，包括 10、11、12 年级。

（3）基础职业培训，包括 7、8、9 年级。

（4）中等职业技术教育，包括 10、11、12、13 年级。

3. 成人初级教育在内容安排、教育方法、评价方式以及教授时长等方面具有灵活性，适合受益者的特点、需求和愿望。

第五十六条 成人教育的教授地点

1. 在教学-技术条件允许的情况下，成人教育在公办、公办民营和民办学校中进行。教授时间与常规教育活动不同，或更为灵活。

2. 成人教育可以获得社会组织的支持，即社区协会和组织、军事和准军事机构，以及宗教机构和其他经正式授权的机构。

第七节 学前、初等和中等教育机构

第五十七条 学前、初等和中等教育机构的性质

学前、初等和中等教育机构有公办、民办和公办民营学校。

第五十八条 学前、初等和中等教育机构的类型

1. 学前教育的机构是幼儿园。

2. 普通教育、职业技术教育、教师教育和成人教育等子系统的教育机构可以为：

（1）小学；

（2）初级中学；

（3）高级中学。

3. 初等和中等教育机构可以为：

（1）小学和中等教育第一阶段的学校（九年一贯制学校）；

（2）小学和中等教育第一、二阶段的学校（十二年一贯制学校）。

4. 中等教育机构可以为：

（1）中等教育第一阶段学校；

（2）中等教育第一、二阶段学校；

（3）中等教育第二阶段学校；

（4）技术学院；

（5）理工学院；

（6）师范学校。

5. 上述各款中的教育机构可以包括学生的寄宿家庭和学校、生产场地、工厂车间和其他服务机构，以及管理人员、教师和工作人员的住宅。

6. 上述各款中的不同教育机构的组织和运作应在特定法律中加以规定。

第五十九条 学前、初等和中等教育机构的命名

1. 学前教育机构的名称为幼儿园。

2. 初等教育机构的名称为小学。

3. 中等教育机构的名称为：

（1）初中，教授中等教育第一阶段的内容。

（2）高中，教授中等教育第二阶段的内容。

（3）技术学院，提供中等技术教育的培训课程。

（4）理工学院，提供中等技术教育各领域的培训课程。

（5）师范学校，提供学前教育、初等教育和中等教育第一阶段的教师培训课程。

（6）综合学校，同时提供同一教育子系统内不同级别的课程，具体由特定法律加以规定。

第六十条 关于学前、初等和中等教育机构命名的事项

1. 在不影响前一条规定的情况下，教育机构可以有独特的名称。

2. 教育机构的名称不应与公司实体重名，不应伤风败俗，不应是粗俗平庸的概念或常识性词汇。

3. 教育机构的名称不应与国家公共生活部门不同机构的名称相同或混淆。

4. 教育机构的名称可以采用民族英雄或教育发展史中杰出人物的名字，也可以采用教育机构所在地的名称以及其他名称，其他名称的分析和判定标准由行政部门负责。

第八节 高等教育子系统的总体目标和结构

第六十一条 高等教育子系统

高等教育子系统是一套综合的、多样化的机构、组织、规定和资源，其目的是培养高水平的管理和技术人员，确保他们有扎实的科学、技术和人文准备，推动开展科学研究和扩大高等教育规模以促进国家发展。

第六十二条 高等教育的入学条件

1. 完成中等教育学业或具备同等学力并通过入学考试的个人，可以接受高等教育。

2. 在申请者高等教育入学资格的评定中，以下方面具有决定性作用：中等教育结束时根据学习评估系统的标准所评定的成绩和荣誉、中等教育所学内容与高等教育所授内容的衔接性以及入学考试的成绩。

3. 前面几款提到的规定和办法，以及对中等教育所学内容与高等教育所授内容之间不具有衔接性情况的特殊处理，由特定法律加以规定。

第六十三条 高等教育子系统的总体目标

1. 在各专业领域培养具有高水平、高素养的科学、技术和人文人才。

2. 开展与科学研究紧密联系的培训，旨在解决国家发展中固有的地区和国家问题，并将其纳入科学、技术和工艺培养体系。

3. 注重批判性思维的培养和运用，鼓励受教育者参与经济活动以促进社会发展。

4. 开设本科生和研究生课程，培养高水平的管理和技术人员。

5. 开设专业课程，为高层次人才提供科学和技术支持。

6. 促进科学研究及其成果的推广和应用，以丰富科学知识，促进国家的全方位发展。

7. 通过有助于机构本身及其所在社区发展的行动，促进大学推广教育的发展。

8. 拓展和巩固受教育者的职业和专业指导，以帮助其选择合适的专业。

第六十四条 高等教育子系统的二元性质

1. 高等教育子系统具有二元性质，其特征表现为系统内部大学教育机构和理工教育机构的一体化。

2. 高等教育子系统的二元性还表现为高等院校组织上的自主性和统一性。

3. 组织上的自主性表现为一种有机体制的建立，在该体制内大学教育机构与理工教育机构互不依赖。

4. 组织上的统一性表现为一种有机体制的建立，在该体制内大学教育机构与理工教育机构相整合。

第六十五条 大学教育

1. 大学教育以扎实的科研培训为导向，考虑国家的具体发展需要，将培训活动与基础科学研究相结合，在大学和学院授课。

2. 大学教育的办学方向是科学研究和创造知识，以培养专家型人才。

3. 大学教育结束后，受教育者可以获得应用型、学术型学士学位，以及硕士和博士学位。

第六十六条 理工教育

1. 理工教育面向高级技术培训，以专业为导向，在高等学校和高等教育机构授课。

2. 通过开设以从业为目的研究和解决具体问题的课程，理工教育在培训领域、应用科学研究领域和技术发展领域开展活动。

3. 在理工教育中，授予本科学位的课程采用双阶段制模式，第一阶段授予应用型学士学位，第二阶段授予学术型学士学位。获得学位的前提是均应完成相应课程的学习。

第六十七条 高等教育子系统的结构

高等教育子系统提供的本科和研究生课程是与国家发展的具体需要、省级发展计划和高等教育机构发展计划相协调，并始终与构成教育和教学体制的其他教育子系统相衔接。

第六十八条 本科

1. 本科分为应用型本科和学术型本科。

2. 应用型本科的教授时长为 3 年，旨在让完成中等教育第二阶段的申请者获得基本的科学和技术知识，以便其在特定的专业领域内开展实践活动。

3. 学术型本科的教授时长为4—6年，旨在让完成中等教育第二阶段或应用型本科学业的申请者获得某一特定知识领域的基本知识、技能、价值观和实践，以及之后的专业或学术培训。

第六十九条 研究生

1. 高等教育机构的研究生包括学术型和专业型。

2. 学术型研究生课程有两个层次：硕士研究生和博士研究生。

3. 硕士研究生的学制为2—3年，其基本目标是深化本科毕业生的科学和技术专业能力。

4. 博士研究生是一个培养和研究的过程，学制为4—5年，旨在培养具有本科或硕士学位申请者的科学、技术和人文能力，其最终撰写的博士论文内容具有创新性和原创性，并对科技进步和人类发展做出相关贡献。

5. 专业型硕士研究生旨在提高完成任意本科阶段教育的个人的技术专业水平，包括：

（1）职业能力培训，课程时长不限。

（2）专业培训，课程时长根据具体的知识领域而定，最短期限为1年。

第七十条 高等教育机构

高等教育机构是推动学术与专业培训、科学研究和高等教育的中心，具有独立法人资格，受本法和其他适用法律的约束。

第七十一条 高等教育机构的性质

根据本法和其他适用法律的规定，高等教育机构的性质可以为公办、民办或公办民营。

第七十二条 高等教育机构的类型

1. 根据高等教育活动在教学、科研方面的特点，高等教育机构有以下类型：

（1）高等研究院，致力于在单一知识领域，个别在一个以上的知识领域，开展学硕和专硕研究生培养、基础和应用科学研究以及大学推广教育工作。

（2）大学，致力于在三个以上的知识领域，开展本科培养、学硕和专硕研究生培养、基础和应用科学研究以及大学推广教育工作。

（3）高等理工学院，致力于在三个知识领域，开展本科培养、学硕和专硕研究生培养、应用科学研究以及大学推广教育工作。

（4）高等技术学院，致力于在单一知识领域，开展本科培养、学硕和专硕研究生培养、应用科学研究和大学推广教育工作。

（5）高等理工学校，致力于在三个知识领域，开展本科培养、应用科学研究和大学推广教育工作。

（6）高等技术学校，致力于在单一知识领域，开展本科培养、应用科学研究和大学推广教育工作。

2. 其名称取决于自身的特殊性和复杂性，具体由特定法律加以规定。

第七十三条 高等教育机构的知识领域

1. 知识领域由高等教育机构提出，基于其机构发展计划中所预设的科学概念以及地区和国家的发展需要和优先事项的考虑。

2. 高等院校的各知识领域都整合了一套课程和专业，其基础是同类学科或有亲缘关系的科学领域，其审批由特定法律加以规定。

3. 每门课程和专业都有一支专职教师队伍，教师需具有大学、理工类高等院校、高等技术院校、理工类学校、技术类学校的博士、硕士学位，具体由特定法律加以规定。

第七十四条 高等教育机构的命名

1. 本法第七十二条所指的教育机构类型的名称只适用于高等教育机构。

2. 高等教育机构的命名可以采用民族英雄或科学文化发展史中杰出人物的名字，以及教育机构所在地的名称。

3. 高等教育机构的名称不应与公司实体和其他国家机关重名，名称应尊崇道德礼仪规范，避免庸俗浅薄和其他有损于国家价值观的内容。

4. 分析和确定高等教育机构相关名称的标准由行政部门负责制定。

第七十五条　高等教育机构的分类

1. 根据科学、教学、学术、行政和基础设施等条件，行政部门制定高等教育机构的分类标准。

2. 高等教育机构的分类源于内部或外部机构的评估，并在具体法律中得以界定。

第七十六条　促进培训、科学研究和大学推广教育

行政部门促进和支持公办、民办和公办民营实体的事业，以促进对工作人员和技术人员的培训、基础和应用科学研究以及大学推广教育的发展。

第七十七条　高等教育机构的自主权

所有高等教育机构都享有自主权，即高等教育机构有权根据本法和其他适用法律的规定，就其在科学、教学、文化、学科、行政、财政和资产领域组织和运作的各种固有事项做出决定。

第七十八条　学术自由

所有高等教育机构都享有学术自由，即高等教育机构有权根据本法和其他适用法律的规定，在教学领域制定和实施教育项目、教学方案、科研项目、具体发展计划，并确保设计的科学性和方法的多元化。

第七十九条　民主管理

根据本法和其他适用法律的规定，所有高等教育机构应通过采用社区行为主体和成员的参与性结构和程序，推动发展民主管理的精神与实践，以提高教学、科研和大学推广教育的质量。

第八十条　科学、技术和文化责任

1. 根据本法和其他适用法律的规定，所有高等教育机构都有责任为发展科学、技术和工艺做出贡献，参与解决经济、社会和文化生活中的各种问题和挑战,以促进国家的持续发展。

2. 出于前一款的目的,依照法律条款规定,所有高等教育机构应提高尊重知识产权的意识。

第四章 其他教育形式的目标和组织
第一节 其他教育形式
第八十一条 其他教育形式

其他教育形式指的是组织和实施教育过程的其他具体方式,它贯穿各教育子系统,适应受教育者的特殊性。

第八十二条 其他教育形式的分类

其他教育形式如下:

1. 特殊教育;
2. 校外教育;
3. 远程教育;
4. 半面授教育。

第二节 特殊教育
第八十三条 特殊教育

特殊教育是一种贯穿各教育子系统的教学形式,其对象是有特殊教育需求的个人,即有残疾、发育或学习障碍的人,以及具有特殊才能和天赋的人,目的是让他们融入社会教育。

第八十四条 特殊教育的具体目标

1. 确保有特殊教育需要的个人实现不同教育子系统的教育目标。
2. 开发受教育者的身体和智力潜能,减少因缺陷或障碍造成的限制。
3. 支持有特殊教育需要的个人融入家庭、学校和社会,帮助他们获得稳定的情绪和社会关系,以及自尊和自信。

4. 培养受教育者的口头、书面或手势交流能力。

5. 培养受教育者职业生活所需的能力、习惯和技能，培养其主动性、创造性和自主性。

6. 为受教育者提供充分的专业准备和职业指导，帮助其融入社会生活。

7. 为发展超常受教育者的技能、能力和潜力创造条件。

第八十五条 特殊教育的组织

1. 特殊教育的组织方式可以有差别，可以根据特殊教育需求者的特点进行调整。

2. 特殊教育可以在以下场所开展：

（1）所有教育子系统的非特殊教育机构；

（2）所有教育子系统的特殊教育机构；

（3）其他授权机构的专门教室。

3. 特殊教育要求课程、教学方案、学习评价制度和其他相关教育设备充分适应学生的特殊性。

4. 超常受教育者的教学组织与安排由具体法律进行规范。

第三节 校外教育

第八十六条 校外教育

校外教育是一种贯穿所有教育子系统的教学模式，包括一系列课程活动的补充和延伸。

第八十七条 校外教育的具体目标

1. 鼓励培养受教育者的社会团结和团队合作精神，以及积极参与社区生活的态度。

2. 确保受教育者的个人潜力和能力得到协调发展。

3. 鼓励受教育者之间进行知识和经验交流。

4. 为受教育者提供职业指导，培养其主动性。

5. 促进并加强受教育者与教育科研机构、生产单位、慈善机构和其他机构的联系。

6. 确保开展有针对性的学习活动，旨在帮助受教育者纠正学习中出现的错误，克服学习困难。

7. 确保受教育者在业余时间创造性地进行娱乐、体育、文化和社会教育活动。

第八十八条 校外教育的组织

1. 教育机构可以借助与其他教育科研机构、生产单位、慈善机构及各类组织的合作关系，通过课程内容的补充活动的形式开展校外教育。

2. 校外教育活动的组织方式多种多样，包括青年社团、兴趣班、郊游、夏令营、生产性活动、娱乐性活动、体育文化活动、参观学习、讲座、导学等。

第四节 远程教育

第八十九条 远程教育

1. 远程教育是一种教育模式。在此模式下，教与学的过程是利用信息技术和其他通信手段以及多样化的教学材料以虚拟的方式进行的，并辅以学生、教师和其他人员之间的面授教学。

2. 在本法中，远程教育是以面授教育模式为参照。在此模式下，不同教育子系统的总体和具体目标应在正式认可的教学计划中得到保证和实施。

第九十条 远程教育的组织

远程教育是贯穿各教育子系统的，是根据各认证教育机构的特殊性以及面授教育中某些阶段的正向机构评估来组织的。

第九十一条 远程教育的目标

远程教育的目标与其所处的各教育子系统确定的目标相同。

第五节 半面授教育

第九十二条 半面授教育

1. 半面授教育是指学生、教师和其他人员利用信息技术和其他通信手段以及多样化的教学材料，间断地进行面授教学的一种模式。

2. 在本法中，半面授教育是以面授教育模式为参照。在此模式下，不同教育子系统的总体和具体目标应在正式认可的教学计划中得到保证和实施。

第九十三条 半面授教育的组织

半面授教育是贯穿于各教学子系统的，是根据各认证教学机构的特殊性和面授教育中某些阶段的正向机构评估来组织的。

第九十四条 半面授教育的目标

半面授教育的目标与其所处的各教育子系统确定的目标相同。

第五章 人力、物力和财力资源

第九十五条 教育教学工作者

1. 在本法中，教育教学工作者是指教师、教学督导员、检查员、教学机构管理部门负责人、技术人员和其他在教育领域为不同教育子系统提供有效服务的专家。

2. 教师和其他教育教学工作者在行使其职能时，必须具有良好的品德和公民意识，必须具有爱国主义精神，必须持续提升科学技术水平和专业技能，必须具有敬业和奉献精神，必须符合相关职业章程规定条款的要求。

3. 教师和其他教育教学工作者在履行职责时可以寻求合作，即同家庭和社区的合作，但条件是合作对象必须致力于实现教育系统的宗旨，具体细则将在各教育子系统中进行规定。

第九十六条 教育机构网络

1. 教育机构网络指的是全国范围内构成教育和教学体制的一系列机构。

2. 学校章程的制定、学校项目和网络的指导和管理由行政部门负责。

3. 高等教育机构的规划、高等教育机构基础设施和网络的指导和管理由行政部门负责。

4. 根据国家、各省和地方的发展规划组织协调学校网络和高校网络。

5. 国家地方行政机构和地方当局有权根据特定法律中规定的条款建设、装备、维护和修缮学前教育、初等教育和中等教育第一阶段的学校机构。

6. 国家地方行政机构和地方当局须保护学校机构,并采取措施防止学校资产各种形式的退化。

第九十七条 教育资源

1. 凡是有助于教育和教学体制发展的手段都是教育资源。

2. 主要教育资源如下:

(1)教学指导和方案;

(2)教科书;

(3)教学的科技手段;

(4)图书馆;

(5)硬件设施;

(6)实验室;

(7)工作室;

(8)体育器材和文化设施;

(9)排练、训练和实验场地;

(10)礼堂和功能厅。

第九十八条 各教育子系统下教育机构的经费

1. 公办教育机构的经费由国家总预算和其他渠道保证。

2. 民办和公办民营教育机构的经费来自所提供的不同服务的报酬和其他资金。

3. 前面几款提到的经费来源应多样化，经费可以来自在教育领域提供服务的收入、专业活动的收入、科研活动的收入以及向社区传授知识的收入。

4. 国家可以与私人创办的教育机构合作，共同出资，但机构须具有相关的或战略性的公共利益。

5. 行政部门制定适用于不同教育子系统的公办、民办和公办民营教育机构的融资制度。

第九十九条 学费、费用和薪酬

1. 行政部门对各级公办教育机构所提供服务的收费和报酬进行管理和授权。

2. 民办和公办民营教育机构提供的服务需要受教育者支付学费和薪酬。

3. 学费和薪酬的确定须依据适用的法律规定实行价格监督制度。

4. 教育机构对学费和薪酬的规定是以质量标准为依据，按照评估过程中划定的等级来确定的，具体依据特定法律中规定的条款执行。

第六章 教育和教学体制的行政管理

第一百条 公办教育机构的领导和监督

1. 公办教育和教学机构受行政部门的领导和监督，行政部门根据特定法律条款的规定，负责批准、监测、控制、检查和评估公办教育和教学机构以及教育和教学体制的宗旨和目标的执行和落实情况。

2. 行政部门创建公办教育机构，并可通过合作协议获得其他公共实体的合作参与。

3. 前一款中的行政部门同其他公共实体合作的重点在于确定培训需求、融资、行政管理以及支持发展的具体计划和项目的设计和实施方面，旨在使培训内容多样化，提高教育质量。

第一百零一条 国家与民办和公办民营教育机构的关系

1. 民办教育机构受国家协调、管理和监督。

2. 国家应通过行政部门，根据本法和其他适用法律的规定，制定民办和公办民营教育机构的创建、组织、运作、评估、监督和终止规则。

3. 行政部门同民办和公办民营教育机构的关系是行政部门对不同教育子系统行使组织和管理职能。

4. 民办和公办民营教育机构与国家合作，制定和执行国家教育、文化、科学和技术政策，以及地方和国家发展方案。

第一百零二条 教育和教学体制的管理层次

1. 教育和教学体制的行政管理工作由国家中央和地方行政机构负责，具体内容如下：

（1）规划、确定、指导、协调、控制、监督和评价。

（2）从规范和方法上，对教学和科研活动进行规划和指导。

2. 在管理教育和教学体制的过程中，国家中央和地方行政机构应根据本法和其他适用法律的规定与地方政府合作。

3. 国家中央行政部门为教育和教学体制发展的相关事宜创造广泛的协商空间。

4. 教育和教学体制不同层级管理部门之间的权限划分和衔接由其自行规定。

第一百零三条 教育机构的组织架构

1. 教育机构是教育和教学体制的基本单位，按其所处的教育子系统进行组织。

2. 教育机构不论其特殊性如何，其组织都是为了通过内部运行、关系、内容、形式和工作方法等促进教育目标的实现。

3. 教育机构的章程和内部规章制度规定了教育机构内部运行的一般规则。

第一百零四条 教育和教学体制内的其他机构

1. 只要教育机构符合本法和其他适用法律规定的建立和运作的要求，

以及教育子系统的总体和具体目标，军事组织和准军事组织可以在教育和教学体制中推动建立教育机构。

2. 国家可以通过拟建的程序和机制将安哥拉在境外推动建立的教育机构纳入教育和教学体制。教育机构需遵守所在国家（地区）的法律、法规。

第一百零五条 课程、教学计划、教学大纲和教科书

1. 学前教育、初等教育和中等教育的课程、教学计划、教学大纲以及教科书具有全国统一性，并依据行政权力机构批准的条款执行，具有强制性。

2. 高等教育的课程设置、教学计划、教学大纲和教科书都在特定章程中有具体规定。

3. 各教育子系统的课程和教学规范都在特定章程中有具体规定。

4. 驻安哥拉的国际学校的课程、教学计划、教学大纲和教科书都应遵守各国的规定，并应确保学生融入安哥拉的社会文化。

第一百零六条 职业和专业指导

1. 职业和专业指导是多方面综合培养的一部分，旨在增进和巩固受教育者对职业的了解，确保发展其专业技能，使其融入劳动力市场和工作生活。

2. 职业和专业指导的开展要以对学生的志向和能力、社会环境和劳动力市场的特殊性，以及国家的政治、经济、社会和文化发展优先事项的了解为基础。

3. 要在教育和教学体制各层级的教育机构中，通过课堂和课外活动以及其他服务，确保对受教育者的职业和专业指导。

第一百零七条 就读和升学制度

1. 任何申请者接受高等教育的先决条件是所接受的中等教育的内容与高等教育的内容之间具有衔接性。

2. 由于各教育子系统和教育对象具有特殊性，不同教育子系统的就读和升学制度都有各自的规定。

3. 外国公民在不同教育子系统中的入学和就学制度在特定章程中进行规定。

第一百零八条 教育和教学体制内的文凭授予

1. 接受并完成不同层次的教育将获得教育机构颁发的资格证书，即证明、证书和学位证书等由教育机构发布的正式文件。

2. 证明是由教育机构颁发的正式文件，证明出勤率和某一级教育的结业。

3. 证书是教育机构根据教学计划规定的要求颁发的正式文件，是受教育者的资格、课程学习、教育或学术成就的证明，并有相关素质合格以及接受教育时长等信息。

4. 学位证书是由教育机构或主管部门颁发的正式文件，证明受教育者顺利完成特定技术或专业课程，授予特定的学术学位，并有权从事某种职业。

5. 在不影响前几款的情况下，教育机构可因其他目的签发其他文件，但其他文件不得取代本条所述的文件。

6. 本条所述文件的特点以及颁发的实体应在各教育子系统的法律条例中加以规定。

第一百零九条 各教育子系统的文凭授予

1. 学前教育结业证明；

2. 初等教育结业证书；

3. 普通中等教育第一阶段课程结束证书；

4. 基本职业培训课程结业证书和学位证书；

5. 普通中等教育第二阶段课程结束证书和学位证书；

6. 中等技术教育第二周期和中等师范教育课程结束证书和学位证书；

7. 应用型本科课程结束证书和学位证书；

8. 学术型本科课程结束证书和学位证书；

9. 专业型硕士课程结束证书和学位证书；

10．学术型硕士课程结束证书和学位证书；

11．博士课程结束和学位证书。

第一百一十条 各教育层次的学位

1．教育体制中不同层次的教育所授予的学位如下：

（1）完成基本职业培训课程的个人获得技师学位。

（2）完成中等技术教育第二周期和中等师范教育课程的个人获得技师学位。

（3）完成应用型本科的个人获得应用型学士学位。

（4）完成学术型本科的个人获得学术型学士学位。

（5）完成硕士课程的个人获得硕士学位。

（6）完成博士课程的个人获得博士学位。

2．高等教育机构可根据具体章程中的规定授予个人荣誉学位。

第一百一十一条 毕业生登记

1．证书和文凭持有者的相关信息载于各教育子系统的国家数据库，由监督教育和教学体制的机构管理。

2．证书和文凭持有者的相关信息载于各教育机构的登记册中，并经由监督教育和教学体制的机构正式确认。

3．前几款的规定由各教育子系统自行规范。

第一百一十二条 学历和学位证书的认证

1．教育机构颁发的证书和文凭经由监督教育和教学体制的机构认证。

2．学历证书和学术学位证书认证的要求和程序在特定法律中进行规定。

第一百一十三条 教育体制的可比性、学历的承认和等同

1．本法中的教育和教学体制与其他国家的教育体制的可比性基于行政部门批准的参考框架，该框架用于订立相互承认学业、学历、学位的协议。

2．在国外获得的初等、中等和高等教育证书和文凭，只要得到行政部门的认证，即在安哥拉共和国有效。

3. 国外取得的学历和同等学力的认证要求和程序在特定法律中进行规定。

第一百一十四条 社会支持

1. 行政部门为受教育者制定社会支持服务标准，旨在最大限度地减少不稳定的经济和社会条件对学生的个体发展、学校表现和学习成绩的负面影响，提高受教育者顺利完成学业的可能性。

2. 社会支持服务的形式多样，如校餐、奖学金、学习材料、交通费、寄宿家庭或学校宿舍、心理教育、职业和专业指导等。

第一百一十五条 教学日历和学术日历

1. 学年是指教育机构开展教学和非教学活动的年度时间，包括教学年和学术年。

2. 教学日历规定了教学年。教学年具有全国统一性，并在普通教育、职业技术教育、教师教育和成人教育等子系统中具有强制性。

3. 学术日历规定了高等教育的学术年。学术年具有全国统一性和强制性。

4. 教学年和学术年都至少有 180 个工作日的教学活动时间。

5. 学前教育子系统的校历根据自身特点进行调整，有其自己的结构。

6. 教学日历和学术日历的确定和编制由行政部门负责。

第一百一十六条 教学督导

1. 教学督导包括对所有教育过程的调控和监测，以及在教育、教学和技术方面提供支持，并根据本法规定的各教育子系统的目标，对教学过程进行评价。

2. 教学监督由行政部门实施，具体依据特定法律中规定的条款执行。

第一百一十七条 教育和教学体制的巡视

1. 教育和教学体制的巡视包括根据本法和其他适用法律的规定，按照既定的准则和规范，调控、监督和核查组织条件的符合情况、教育规定的遵守情况、教育机构以及教育和教学体制其他结构的运作情况。

2. 教育和教学体制的巡视对巡视中发现的不符合规定的行为，要根据具体的建议和实施计划进行纠正，对违反规定情节严重者，要根据各教育子系统应遵守的相应条款对其进行纪律处分或刑事诉讼。

3. 教育和教学体制的巡视由行政部门实施，具体依据特定法律中规定的条款执行。

第一百一十八条 教育和教学体制的评估

1. 教育和教学体制的评估是指根据适用于各教育子系统的国家质量保证体系，对子系统的教育机构和其他机构的业绩和成果进行质量评估。

2. 国家质量保证体系适用于各教育子系统，并由特定文件加以规定。

第一百一十九条 教育机构的设立

1. 教育机构在符合法律规定的情况下设立，且必须遵循以下条件：

（1）教育项目和机构发展计划应与各教育子系统和国家发展计划的要求相一致。

（2）教育机构拟议的法规和其他条例，以及关于教学计划和各种活动的提议要符合教育系统的法律规范和原则。

（3）教育机构须确保经费的可持续性，并长期保障符合各教育子系统要求的合格人力和物力。

（4）教育机构须确保教育工作者能诚实守信、品行端正，具有爱国意识、高水平的科技和专业能力以及敬业和奉献精神。

（5）教育机构由行政部门根据各教育项目的具体条件、国家经济状况和发展需要，以及各教育子系统的条例规范进行设立。

2. 军事和准军事教育机构的创建制度由特定法律来进行规定。

第一百二十条 教育机构的终止

1. 当教育机构不再符合其设立的目的时，教育机构将被终止。终止一般有以下几种情况：

（1）教育机构不符合教育项目和经批准的机构发展计划，以及各教育子系统和国家发展计划的要求。

（2）教育机构的组织和管理不符合章程和其他规定，不符合教学大纲、教学活动方案以及教育系统的法律规范和原则。

（3）教育机构无法确保经费的可持续性，无法长期保障符合各教育子系统要求的合格人力和物力。

（4）教育机构无法确保教育工作者能诚实守信、品行端正，具有爱国意识、高水平的科技和专业能力以及敬业和奉献精神。

2．教育机构由行政部门根据各教育项目的具体条件、国家经济状况和发展需要，以及各教育子系统的条例规范进行终止。

3．军事和准军事教育机构的终止制度由特定法律加以规定。

第一百二十一条　为社会提供信息

1．主管教育子系统和教育机构及其辅助机构的行政部门，须定期向社会和对教育和教学体制感兴趣的人士提供有关教育教学机会、现有服务项目以及教育培训项目质量方面的信息。

2．行政部门提供的信息和宣传必须遵守法律、职业道德和教育行为规范，内容必须真实准确。

第一百二十二条　行为、利益以及学术文凭证书的无效性

1．因不遵守本法的相关规定或任何其他经证实有损各教育子系统目标的违规行为而带来的一切后果和所获利益，以及授予的所有学术文凭证书，均属无效，且不产生任何教育和学术影响。

2．针对前一款中被视为无效且不产生任何教育和学术影响的行为，以及所获得的利益，各教育系统在特定文件中加以规定。

3．上述各款规定不免除行为人依法接受纪律处分、依法承担民事或刑事责任。

第七章 最终和过渡性条款

第一百二十三条 疑问和遗漏

本法在阐明和执行过程中产生的疑问和遗漏将由国民议会解决。

第一百二十四条 废止

废除所有与本法规定不符的法律，尤其是 2001 年 12 月 31 日颁布的第 13/2001 号法律。

第一百二十五条 生效

本法自颁布之日起生效。

参考文献

一、中文文献

奥耶巴德. 安哥拉的风俗与文化 [M]. 李国武，邓煜平，译. 北京：民主与建设出版社，2015.

鲍里奇. 有效教学方法 [M]. 9 版. 杨鲁新，译. 上海：华东师范大学出版社，2021.

本书编写组. 习近平总书记教育重要论述讲义 [M]. 北京：高等教育出版社，2020.

方汉文. 比较文化学新编 [M]. 北京：北京师范大学出版社，2011.

冯增俊，陈时见，项贤明. 当代比较教育学 [M]. 2 版. 北京：人民教育出版社，2015.

格利克曼. 教育督导学：一种发展性视角 [M]. 10 版. 任文，译. 上海：华东师范大学出版社，2021.

顾明远. 顾明远教育演讲录 [M]. 北京：人民教育出版社，2014.

国家信息中心"一带一路"大数据中心. "一带一路"大数据报告（2017）[M]. 北京：商务印书馆，2017.

贺国庆，朱文富，等. 外国职业教育通史 [M]. 北京：人民教育出版社，2014.

洪丽，等. 非通用语特色专业教学与研究：第 2 辑 [M]. 北京：中国传媒大学出版社，2014.

黄志成. 巴西教育 [M]. 长春：吉林教育出版社，2000.

教育部课题组. 深入学习习近平关于教育的重要论述 [M]. 北京：人民出版社，2019.

李春生. 比较教育管理 [M]. 南京：江苏教育出版社，2008.

刘海方. 安哥拉 [M]. 北京：社会科学文献出版社，2006.

刘捷，谢维和. 栅栏内外：中国高等师范教育百年省思 [M]. 北京：北京师范大学出版社，2002.

刘捷. 教育的追问与求索 [M]. 北京：人民出版社，2021.

刘捷. 专业化：挑战 21 世纪的教师 [M]. 北京：教育科学出版社，2002.

刘进，张志强，孔繁盛. "一带一路"高等教育研究（2019）：国际化展望 [M]. 北京：北京理工大学出版社，2020.

刘进. "一带一路"学生流动与教育国际化 [M]. 北京：北京理工大学出版社，2020.

刘生全. 教育成层研究 [M]. 北京：教育科学出版社，2011.

卢晓中. 比较教育学 [M]. 北京：人民教育出版社，2020.

陆有铨. 教育的哲思与审视 [M]. 北京：人民教育出版社，2016.

马健生. 比较教育 [M]. 北京：高等教育出版社，2010.

戚万学. 现代西方道德教育理论研究：上卷，下卷 [M]. 北京：人民教育出版社，2020.

秦惠民，王名扬. 高等教育与家庭流动 [M]. 北京：科学出版社，2019.

任钟印. 东西方教育的覃思 [M]. 北京：人民教育出版社，2017.

桑戴克. 世界文化史 [M]. 陈廷璠，译. 上海：上海三联书店，2005.

单中惠．在世界范围内寻觅现代教育智慧[M]．北京：人民教育出版社，2014．

石筠弢．学前教育课程论[M]．2版．北京：北京师范大学出版社，2014．

世界银行政策研究．撒哈拉以南的非洲教育政策——调整、复兴和扩充[M]．朱文武，皮维，张屹，译．杭州：浙江大学出版社，2008．

孙有中．跨文化研究论丛[M]．北京：外语教学与研究出版社，2019．

滕大春．教育史研究与教育规律探索[M]．北京：人民教育出版社，2019．

滕大春．美国教育史[M]．2版．北京：人民教育出版社，2001．

万作芳．谁是好学生：关于学校评优标准的社会学研究[M]．长春：吉林人民出版社，2006．

王成安，等．葡语国家发展报告（2014—2015）[M]．北京：社会科学文献出版社，2015．

王成安，等．葡语国家发展报告（2016—2017）[M]．北京：社会科学文献出版社，2018．

王成安，等．葡语国家发展报告（2020）[M]．北京：社会科学文献出版社，2020．

王承绪，顾明远．比较教育[M]．5版．北京：人民教育出版社，2015．

王定华，秦惠民．北外教育评论：第1辑[M]．北京：外语教学与研究出版社，2019．

王定华，杨丹．人类命运的回响——中国共产党外语教育100年[M]．北京：外语教学与研究出版社，2021．

王定华，曾天山．民族复兴的强音——新中国外语教育70年[M]．北京：外语教学与研究出版社，2019．

王定华．教育路上行与思[M]．北京：人民出版社，2020．

王定华．美国高等教育：观察与研究[M]．2版．北京：人民教育出版社，2021．

王定华．美国基础教育：观察与研究[M]．2版．北京：人民教育出版社，2021．

王定华．中国基础教育：观察与研究[M]．北京：人民教育出版社，2021．

王定华．中国教师教育：观察与研究[M]．北京：人民教育出版社，2020．

王晓辉．比较教育政策[M]．南京：江苏教育出版社，2009．

乌本．校长创新领导力：引领学校走向卓越[M]．8版．王定华，译．上海：华东师范大学出版社，2021．

吴式颖，李明德．外国教育史教程[M]．3版．北京：人民教育出版社，2015．

习近平．论坚持推动构建人类命运共同体[M]．北京：中央文献出版社，2018．

习近平．习近平谈"一带一路"[M]．北京：中央文献出版社，2018．

谢维和．教育活动的社会学分析：一种教育社会学研究[M]．修订版．北京：教育科学出版社，2007．

谢维和．我的教育觉悟[M]．北京：人民教育出版社，2016．

徐辉．国际教育初探——比较教育的新进展[M]．2版．成都：四川教育出版社，2005．

杨汉清．比较教育学[M]．3版．北京：人民教育出版社，2015．

叶朗，朱良志．中国文化读本：普及本[M]．2版．北京：外语教学与研究出版社，2016．

裔昭印，徐善伟，赵鸣歧．世界文化史[M]．增订版．北京：北京大学出版社，2010．

苑大勇．终身学习视角下英国高等教育扩大参与政策研究[M]．北京：高等教育出版社，2013．

曾天山，王定华．改革开放的先声——中国外语教育实践探索[M]．2版．北京：外语教学与研究出版社，2019．

郑通涛，方环海，陈荣岚. "一带一路"视角下的教育发展研究 [M]. 广州：世界图书出版广东有限公司，2017.

中国地图出版社. 世界国旗国徽地图册 [M]. 北京：中国地图出版社，2013.

二、外文文献

ALMEIDA P R D. História do colonialismo português em África[M]. Lisboa: Estampa, 1978.

ANDERSON P. Portugal e o fim do ultracolonialismo[M]. Rio de Janeiro: Civilização Brasileira, 1966.

AZEVEDO R A D. O problema escolar de Angola[M]. Luanda: Edições Casa da Metrópole, 1945.

BA A H. Aspects de la civilisation africaine [M]. Paris: Présence Africaine, 1972.

BENDER G. Angola sob o domínio português: mito e realidade[M]. Luanda: Editorial Nzila, 2009.

BERNARDINO B M L. Estratégias de intervenção em África uma década de segurança e defesa na comunidade dos países de língua portuguesa [M]. Lisboa: Prefácio, 2008.

CASTRO C. África contemporânea[M]. São Paulo: Gráfica Biblos Limitada, 2ª , 1963.

DILOLWA C R. Contribuição à história económica de Angola [M]. Luanda: Imprensa Nacional de Angola, 1978.

DIAS A G S. O ensino em Angola[M]. Luanda: Imprensa Nacional, 1934.

Gulbenkian. Estudo global da Universidade Agostinho Neto[M]. Lisboa: Fundação Calouste Gulbenkian, 1987.

HENDERSON L. A igreja em Angola[M]. Lisboa: Editorial Além-Mar, 1990.

Instituto Nacional de Investigação e Desenvolvimento da Educação do Ministério da Educação de Angola. Plano curricular do pré-escolar e ensino primário [M]. Luanda: Editora Moderna, 2019.

KAGAME A. As culturas e o tempo[M]. São Paulo: Vozes, 1975.

KAJIBANGA V. Ensino superior e dimensão cultural de desenvolvimento[M]. Porto: CEAUP, 2000.

LIMA M D. Os kyaka de Angola[M]. Luanda: Távola Redonda, 1988.

MARTINS J P D O. O Brasil e as colônias portuguesas[M]. 5ªed. Lisboa: Livraria Editora ZAMPARONI, 1920.

MPLA. A importância do Marxismo-Leninismo na educação ideológica do povo[M]. Luanda: DIP, 1978.

NETO A A. Discursos políticos escolhidos[M]. Luanda: Edições DIP do MPLA, 1985.

NETO T J A. História da educação e cultura de Angola: grupos nativos, colonização e a independência[M]. Chamusca: Zainaeditores, 2010.

PÉLISSIER R, WHEELER D. História de Angola[M]. Lisboa: Tinta da China, 2011.

PIRES L. Literaturas africanas de expressão portuguesa[M]. Lisboa: Universidade Aberta de Portugal, 1995.

PNUD. Os desafios pós-guerra[M]. Luanda: Nações Unidas, 2002.

ROCHA A. Economia e sociedade em Angola [M]. Luanda: Luanda Antena Comercial (LAC), 1997.

SANTOS M. História do ensino em Angola[M]. Angola: Edição dos Serviços de Educação, 1970.

UAN–Universidade Agostinho Neto. Livro do finalista 2007/2008[M]. Luanda: UAN, 2008.

Universidade Católica de Angola. Relatório social de Angola 2015 [M]. Luanda: UCA, 2016.

VALENTE P J F. Seleção de provérbios e adivinhas em umbumdu[M]. Lisboa: Junta de Investigação do Ultramar, 1964.

ZAU F. Educação em Angola: novos trilhos para o desenvolvimento[M]. Luanda: Movilivros, 2009.